Cemeteries of Allegany County

Compiled by
Margaret Kaufman

Transcribed by
Laura Wayland-Smith Hatch
&
George E. Bell

Publishers:
Salmon Creek Publishing & Wayne Ridge Publishing

Cemeteries of Allegany County
Compiled by Margaret Kaufman
Transcribed by Laura Wayland-Smith Hatch & George E. Bell

Second Edition

Copyright © 1994 & 2010 by Laura Wayland-Smith Hatch & George E. Bell
All rights reserved. No part of this book may be reproduced by any means without the written consent of the publishers.

Published by:
Salmon Creek Publishing
7580 Salmon Creek Road, Williamson, NY   14589
&
Wayne Ridge Publishing
1941 Ridge Road, Ontario, NY   14519

ISBN: 978-0-9716794-2-9
Library of Congress Control Number: 2010929620

This Book is Dedicated to
Margaret Kaufman

All of the data in this collection of cemetery records was collected by Margaret Kaufman over the course of several years. Literally hundreds of hours were spent trying to read many old stones and then recording the information alphabetically on three-by-five index cards. In doing his family history, George Bell stumbled upon Margaret Kaufman and her historical treasure. She generously allowed George and me to borrow her data so that we could make it available to other researchers and historians. Her dedication to preserving a bit of Allegany County's history is what has made this publication possible.

Publishers
Laura Wayland-Smith Hatch
George E. Bell

Table of Contents

Allen Cemetery 1

Allen Center Cemetery 6

Atherton Cemetery 8

Bellville Cemetery 9

Black Creek Cemetery 22

Burrville Cemetery 64

Caneadea Cemetery 65

Chamberlain Cemetery 75

Clover Leaf Valley Cemetery 79

East Caneadea Cemetery or German Settlement 80

Emery Family Cemetery 83

Gleason Hill Cemetery 83

Higgins Cemetery 84

Holy Cross Cemetery 89

Oramel Cemetery 109

Riverside Cemetery, Belfast 114

Rockville Cemetery 176

White Creek Cemetery 177

Allen Cemetery

"Here sleep the Pioneers"

Abby
    David
    Phoebe   d. 28 Dec 1871   72 yrs
    Abner (Alson) G., son   d. Mar 1871   6 mo
Atherton, Mrs.   d. Feb 1912
Alsworth
    William   1855 - 1923(9)
    Mary Dora, wife   1857 - 1901
    Herbert F., son   1885 - 3 Apr 1962
    Evelyn M., daughter   1914 - 9 Apr 1955   married Whorral
    Mrs.   d. 7 Sep 1901
Bacon
    Thomas   d. 19 Dec 185_   60 yrs
    Francs A.   d. 28 Feb 183_   4 yrs
    Betsy   d. 18 Jun   69 yrs
Barnes
    Josiah   d. 26 Sep 1862   44 yrs
    Mary   d. 29 Mar 1853   2 yrs
Bascom, Orpha   d. 8 Feb 1854   60 yrs
Batterson, Mrs.   189_
Behrens
    John   1855 - 1930
    Alma, wife   22 Oct 1856 - 18 Apr 1897
    Ida G., daughter   14 Oct 1879 - 12 Mar 1889
Bennett
    Byron   d. 1892
    Mrs.
    Martin   d. 24 Nov 1860   8 yrs
    Louise   d. Jun 1887
Bently, Oliver
Birdlebough
    Jessie Oaks, wife   1889 - 30 Apr 1963
    John Chester   1894 - 1981
Boss (Boys), Ellis G.   3 Aug 1867   7 yrs
Brown
    Thomas   d. 3 Mar 1873   98 yrs
    Betsy   d. 7 Mar 1867   74 yrs
Brundage, Clarinda   d. 1865
Bryant, Richard   d. 30 Jan 1862   70 yrs
Burt
    Alfred   d. 1874
    Edward D.   d. 1886 (?)
    Ida G.   d. 29 Sep 1865   18 yrs
    Mrs. William   d. 16 Feb 1903
    William's daughter   d. Sep 1916
Burt
    Deacon Henry B.   1801 - 27 Aug 1854   53 yrs 4 mo 21 da, born in Springfield, MA
    Henry B., son   1829 -
    Sarah S. Paul, 1st wife   d. 15 Nov 1860   30 yrs

    Grace Lourie, 2nd wife   born in Scotland

Chaffee
- Deacon Lyman — d. 26 Jan 1880 — 90 yrs
- Mary — d. 30 Oct 1872 — 77 yrs
- Lyman E. — 12 Dec 1834 - 10 Sep 1914 — 79 yr 8 mo 28 da
- Ann M. Seely, 1st wife — d. 17 Apr 1870 — 35 yrs
- Livonia, 2nd wife — 1849 - 1928

Cole
- Thomas — 12 Feb 1791 - 9 May 1881 — b. Rockington, NJ, d. Allen, NY
- Catharine, wife — 15 Dec 1796 - 25 Jun 1845 — b. Sommerset, NJ, d. Allen, NY
- Harriet Webster — 14 Feb 1793 - 30 Apr 1863

Cole
- Thomas J. — 10 Jan 1836 - 16 Apr 1864 — 27 yr 10 mo 6 da
- Tunis — 1 Dec 1821 - 29 Oct 1903
- Tunis — d. 17 Dec 1852 — 94 yrs
- T.
- G. D.
- Freddie — d. 6(9) Sep 1870 — son of Damon & Julia
- Bertie — d. 10 Feb 1867 — 10 mos.

Coombes
- Raymond — 13 Jan 1920 - 24 Nov 1988
- Lois, wife — 22 Nov 1924 -

Crowell
- Sulivan
- Mrs. Sulivan

Evarts, George

Everett, Leatha

Faecke
- Otto — 1864 - 1941
- Anna, wife — 1869 - 1939
- Julius C., son — 1902 - 1968
- Hazel M., wife — 1916 - 1988

Ferguson, Adah — d. 13 Feb 1863

Fisk
- George — d. 19 Aug 1870 — 45 yrs
- Mary, wife — 1829 - 1895
- Charles — d. 17 May 1849 — 27 yr 3 mo 25 da
- Sally — d. 20 Jul 1851 — 20 yr 1 mo 20 da

Fisk
- Isaac — 2 Oct 1791 - 21 May 1860 — b. Mont___, d. Allen, NY
- Dulcina Loring, wife — 25 Jul 1798 - 9 Aug 1876 — b. Petersham, MA
- George — 31 Jan 1825 - 29 Aug 1870 — b. Gorham
- Mary J., wife — 1829 - 1898

Foreman, Mrs. — d. 6 May 1901 — wife of F.A.

Franklin
- Benjamin — d. 8 Jul 1868 — 71 yrs
- Chloe, wife — d. 15 Mar 1871
- Harlo D., son — d. 11 Dec 1880 — 22 yrs
- Betsy — d. 24 Apr 1863
- Mrs. N. — d. 7 Oct 1865
- Amelia — d. 4 Jun 1866 — 33 yrs
- Emmon R. — d. 14 Apr 1866 — 15 mos
- Nora — d. 26 Apr 1865 — 4 yrs

Franklin
- Spencer — d. 31 Jan 1901
- Mrs. S., his wife — d. 21 Oct 1900

Franklin
- William — 1810 - 1895

Laura	1813 - 1874	
A. Delia	1835 - 1901	
Freeborn, Orin's child	d. 1882	
Gillespie		
Mrs.		stone flat on ground
Maria		daughter of Thomas & Rachel
Gloden		
Joseph	d. 16 Feb 1863	
Adeline	d. 13 Feb 1863	
Lucinda	d. 13 Nov 1874	34 yrs
Merton	d. between 1884/98	13 yrs
Gourdan (Gordan)		
Julia	d. 6 Apr 1882	
Susan	d. 30 Apr 1882	
Robert	d. 21 May 1900	
Peter	d. 30 Oct 1900	
daughter of Peter	d. 18 Mar 1902	
Hall		
Hiram	1837 - May 1899	Co F. 1st NY Dragoons
Polly, wife	d. 1903	
Merton, son	Feb 1867	2 yrs
Mrs.	d. 18 Jul 1902	
Cyrana	d. 1899	
Dear Lina	d. 1901	
Hampton		
Josiah	d. 25 Aug 1876	
Our Baby		1 mo 24 da
Joseph	d. 21 Jan 1899	86 yrs
Jane D., wife	d. 1894	75 yrs
Egbert T.	1854 - 1922	
Emma B., wife	1860 - 1903	
Mary B.	1 Dec 1881 - 1 Sep 1907	
J. Melvin	3 Feb 1840 - 21 Jul 1911	
Hooker		
Mary Jane Fisk	d. 22 Dec 1898	
Charles William	d. 30 Aug 1864	3 yrs
Hattie DeEtte	d. 15 Dec 1872	5 mo 3 da, daughter of Alonzo & Electa
Hoyt, Maria P.	d. 14 Jan 1875	67 yrs
Jennings, Amelia M.	d. 17 May 1869	27 yrs, wife of George W.
Johnson, Lydia	d. 1875	
Kellogg, Karl	d. 30 Mar 1854	50 yrs
King		
Robert K.	27 Feb 1802 - 29 Feb 1888	
Susan T., wife	14 Jun 1804 - 16 Mar 1881	
George N., son	2 Oct 1830 - 19 Jul 1854	
James	7 Sep 1784 - 4 Mar 1845	
Elizabeth, wife	8 Apr 1764 - 23 Jan 1847	
Mack		
William	d. 27 Mar 1867	8 mos
child	d. Apr 1869	
Mart (Mack ?)	d. Aug 1915	
Oaks		
Ezra	9 Jan 1792 - 1 Jul 1870	b. Athens, VT
Polly Porter, wife	15 Jun 1793 - 15 Oct 1876	
Lydia, daughter	8 Dec 1830 - 23 Mar 1832	
Seth	1826 - 1899	
Margaret, wife	1831 - 1911	
Ezra	1859 - 1939	

Adell Baker, wife	1860 - 1926	

Oaks
Belinda	1814 - 7 Feb 1852	
Emeline	1816 - 30 May 1839	

Peary
Abigail		
Rundel		
William	d. Aug 1859	14 yrs

Peckham
Joseph	18 Jun 1798 - 20 Aug 1875	
Abigail, wife	d. 2 Mar 1871	81 yrs 6 mo
- Abigail name on monument, Sally name in book		

Penfield
James	d. 13 Nov 1868	88 yrs
Delia, wife	d. 28 Mar 1868	83 yrs, stone broken
Charles	d. 23 Sep 1873	52 yrs 7 mo
Lola	d. 27 Nov 1868	83 yrs

Piatt
Greydon	d. 12 Nov 1973	
Lucretia F., wife	d. 13 May 1971	81 yrs

Pierson
Samuel	1807 - 1892	
Elizabeth, wife	1807 - 1891	
Our Mother	1774 - 1860	
John, son	d. 16 Dec 1868	31 yrs
Ege	d. 18 Aug 1860	56 yrs
Ephraim	d. 20 Jan 1860	36 yrs
Joseph	d. 23 May 1858	25 yrs
Ella	d. 2 Sep 1858	4 yrs
Flora	d. 26 Sep 1858	5 mos
Annette	d. 5 Sep 1862	15 yrs

Pitt
Arthur Burt	1866 - 5 May 1949	
Fanny		

Post
Capt. Abram	1805 - 1889	
Lorinda, wife	1810 - 1897	
Mary E., daughter	d. 26 Nov 1865	16 yrs
Allen	d. 3 Dec 1870	35 yrs
Chandler		

Roch, Lucian   81 yrs

Saunders
David H.	d. 27 Feb 1875	62 yrs
Mary Ann, wife	d. 25 May 1873	53 yr 1 mo
Elbridge D., son	d. 19 Jul 1863	19 yr 7 mo

Scott -erected in memory of husband & child 1876
Charles	1803 - 29Nov 1880	77 yr 9 mo 9 da
- in Roxboroughshire, Scotland		
William	d. 6 Jun 1875	37 yrs 9 mo 19 da
- born in Roxboroughshire, Scotland		
Margaret J.	d. 18 Dec 1874	9 mo 15 da, Our baby, born in Angelia
Sarah Seely	1847 - 1926	

Scoville
Lynia	d. Jan 1912	wife of Almon
Warren D., son	d. 6 Feb 1880	20 yr 9 mo 11 days
1 stone flat on ground		

Seaver
- Catherine — d. 21 May 1866 — 26 yrs
- Kitty — d. 23 Apr 1856 — 26 yrs, wife of William S.

Seely
- Eber S. — 16 Apr 1807 - 21 Jul 1869 — born in Westford, VT
- Jannett, wife — 2 Mar 1810 - 3 Mar 1872 — born in Scotland
- Silas S., son — 22 Apr 1842 - 11 Oct 1868 — born in Allen
- John W. — 30 Sep 1849 - 26 May 1871
- Elias G. — d. Nov 1871

Seely
- Capt. Robert R. — 1837 - 1926 — Co I 160th Reg NY Vol
- Jennie A., wife — 1844 - 1928

Shewit (Shuart)
- William — d. 22 Dec 1850 — 49 yrs
- Wife — d. 21 Apr 1850 — 47 yrs
- Mary A. Franklin Shuart — d. 7 May 1872 — 40 yr 6 mo, wife of Thompson D.
- John J. Shuart — d. 28 Nov 1871 — 72 yrs
- 3 stones flat on ground
- Mother
- Father

Smith
- Aaton — d. 1 Feb 1862 — 70 yrs
- Sarah, wife — 11 Feb 1791 - Jul 187_
- Joshua — d. 7 Jan 1865
- Clair C. — 3 yrs

Stockwell, Mary L. — d. 25 Sep 1865 — 33 yrs

Strong, Fannie

Travis
- Leonard — d. Jun 1914
- Betsy H., wife — d. 8 Feb 1870
- Corydon, son — d. 24 Sep 1867
- John B.
- Sarah, wife — d. 1892
- Marcello, son — d. 5 Nov 1868 — 11 yr 1 mo 21 da
- Eva M., daughter — d. Dec 1870 — `14 mo.
- Jessie, daughter — d. 9 Jun 1880

Upthegrove
- Thomas — 1777 - 30 Sep 1854 — 77 yrs
- his wife — d. 30 Jan 1852

Vincent, child — d. Feb 1862 — stillborn

Vokes (Voakes)
- George — d. 7 Nov 1852 — 52 yrs
- Ann — d. 17 Nov 1860

Walker
- G. Lysander — Jul 1819 - 24 Oct 1882
- Aurelia, wife — 17 Sep 1825 - 1 Mar 1890
- Martha, wife — d. 27 Apr 1852 — 30 yrs
- Emily E., wife — d. 30 Jun 1856 — 28 yrs
- Martha, daughter — d. 26 May 1852 — 1 mo
- Dexter — d. 1 Jan 1836 — 33 yr 16 da
- Ann Eliza — d. 3 Sep 1871 — 48 yrs
- Dexter's 2 children — d. 1897

Allen Center Cemetery

Basswood Hill between the Lutheran Church and the old school house,
which is now the Town Hall.

Ballerstein
- William G. — 20 Jun 1845 - 5 Oct 1910
- Dorothea H. — 20 Jan 1852 - 9 Apr 1913
- Carl A. — 14 Feb 1851 - 19 Sep 1900
- William A. — 1877 - 1913
- Margaret L., wife — 1890 - 1983
- Rudolf H., son — 1912 - 1962

Behrens
- Henry A. — 1870 - 1952
- Louise E., wife — 1872 - 1959
- Charles — 1869 - 1950
- Mary, wife — 1864 - 1946
- Fred E. — 23 Nov 1881 - 4 Sep 1917
- Caroline, wife — 21 Apr 1877 - 5 Oct 1928
- Charles H. — 27 Jul 1865 - 2 May 1934
- Louise, wife — 9 Apr 1863 - 21 Apr 1927

Behrens
- Lawrence — 1899 - 1983
- Bertha M., wife — 1901 -
- Lloyd A. — d. 1937

Breneka, Fredrick C. — 1874 - 1896

Damon
- Daniel S. — 1899 - 1986
- Tina E., wife — 1900 - 1972

Davis
- George W. — Father, Co. E 136th Regt. NY Vol.
- unreadable — Mother

Dorvit
- James Arthur
- Dorothy L. — 1941 - 1947

Franke
- Christian E. — 28 Nov 1852 - 21 Feb 1927
- Wilhelmine L, wife — 17 Feb 1855 - 26 Feb 1907

Gallmann
- William — 1870 - 1938
- Emma B., wife — 1867 - 1943
- Clara — 1899 - 1981
- Erwin W. — 1896 - 1980
- Matilda, wife — 1898 - 1931
- Walter H. — 1901 - 1982
- Helen P., wife — 1903 - 1982

Gaus
- Fred H. — 1877 - 1942
- Minnie E., wife — 1875 - 1975
- Ilse Dorothea — wife of Herbert

Gaus
- John Henry — 1839 - 1900
- Mary S., wife — 1847 - 1931
- Hans Hendrick — infant son of J. Henry & Mary S.
- Albert — 1876 - 1888

Dorothea	1872 - 1884	
Emma		
Feddie		

Gaus
    William F. 1886 - 1956
    Marie L., wife 1895 - 1982
    Herbert A., son 1915 - 1941

Leache, William 1851 - 1926

Lehmann
    Alfred 20 May 1862 - 25 Mar 1946
    Anna E. 16 Oct 1865 - 18 Jun 1922

Link
    Jacob 1850 - 1942
    Maria C., wife 1867 - 1944
    Albert E. 1875 - 1940 Father
    Wilhemina, wife 1883 - 1951 Mother
    L. Hennrietta, sister d. 1991

Miller, Mother & Father

Newville
    John d. 27 Sep 1852 73 yr 11 mo
    John A. 1840 - 1934 Co G 1st NY Dragoons
        - according to record, buried in Michigan
    Ann Deming, wife d. 1926

Otte
    Ernest C. 1872 - 1953 Father
    Louise H., wife 1872 - 1934 Mother

Rotch
    ? 1867 74 yrs.
    Galdwin
    Barr
    Hubert
    - 13 flat stones, 5 in German, old and weathered. Tall, 7 ft. monument at far west in brush that is unreadable.

Schielinski
    Carl 3 Feb 1871 - 9 Sep 1926
    Anna, wife 15 Jan 1868 - 1 Oct 1952 "Blessed be the dead which die in the Lord"
    Carl E., son 1898 - 1962
    Marie H., daughter 1904 - 1985
    Otto F., son 1906 - 1987

Schultz
    Arthur M. 1928 -
    Laura Rath, wife 1928 -

Wesche
    Clarence E. 1918 -
    Rosemary S., wife 1930 -
    Adolph L. 1877 - 1961
    Agatha M., wife 1887 - 1971

Wesche
    H. William 1843 - 1898
    Louise Dorothea, wife 1849 - 1931
    Maria Louise, daughter 1974 - 1879
    William E. 1870 - 1957
    Emma C., wife 1881 - 1924
    Richard F. 1912 - 1987
    Clara D. 1916 - 1917
    Anna E. 1918 - 1918

Zorn
    Fred F. 1868 - 1947
    Louise M. 1876 - 1949

Atherton Cemetery

Righthand side of the road going up Oramel Hill Road. Surrounded by cedar trees.
Once had a very detailed picket fence around it.

Atherton
- John — 1889 — 69 yrs
- Lovina D., his wife — d. 9 Oct 1855 — 32 yr 7 mo
- Dulannah H. — d. 1910 — 84 yrs
- Ella E. — d. 1917 — 59 yrs

Atherton
- William — 32 in 1855 — b. Allegany Co.
- Mary Ann, his wife — 35 in 1855 — b. Pennsylvania
- Warren W. — 1844 - 1864 — Civil War Veteran, born in Allegany Co.

Atherton
- Zachariah Taylor — 1848 - 1915 — 68 yrs, Father
- Edward James, son — 1873 - 1947

Atherton
- William — 78 yr 13 da
- Phebe, his wife — d. Jun 1851 — 54 yrs

Conable
- Cecil H. — d. 1888 — 40 yrs
- Edward H. — d. 9 Mar 1871 — 20 yr 19 da

Cronk
- Edward B. — 1843 - 1909
- Sarah, his wife — 1844 - 1882
- Marion I, daughter — 2 yr 6 mo 3 da

Muldoon
- Patrick — 1816 - 27 Feb 1885 — Committed suicide.
    "Tis finished. The conflict is past. The months of affliction are o'er. The days and months of distress. We see him in anguish no more."
- Maria, wife — 1814 - 1887
- Edward, son of P & M — 1849 - 1930 — Indian Wars Veteran
- Julia — 1849 - 1933 — 2nd wife of Edward
- Daniel, son of P & M — 1855 - 1859
- 1815 - 1892
- 1815 - 1890
- Emma L. — 1882 - 1891
- Frank Sherman
    - At edge of Muldoon lot from Histed book, Baby Stevens, probably baby of Margaret Muldoon Stevens and Enoch Stevens.

Bellville Cemetery

Bellville, Allegany County, New York

This cemetery data was collected and recorded by Elaine Swift and her 4-H group. The number at the end of each entry indicates the plot number in Bellville Cemetery.

Allen
    Gilbert W.   1854-1928   150B
    Francis J.   1855-1938   150B
Allen
    Isabel S.   18 Mar 1850   39 yr 2 mo 15 da   37
    Husband: A. K. Allen
    Adaline   28 Sep 1832   7 mo   37
    Charles L.   1 Feb 1852   Son of Merrott Allen   37
    Melinda   17 Aug 1834   13 yr 9 mo 27 da   37
    Ruth Ann   28 Dec 1847   37
Allen
    Verlina   1845-1920   88
    Bogar   1869-1914   88
Baker
    Charles F.   1848-1922   70
    Harriet A., his wife   1854   70
Baker
    Elbert B.   1854-1907   101
    Clara, his 1st wife   1855-1876   101
    Flora A., his 2nd wife   1859-1911   101
    Lena   1850-1896   101
Baker
    Fred   1868-1950   99
    Effie   1870-1955   99
    Ada   1870-1898   99
    Ethel   1892   99
Baker
    Isaac N.   18 Mar 1818-26 Jul 1884   52/5
    Elizabeth B., his wife   11 Aug 1817-2 Apr 1873   52/5
    Jane   11 Jul 1827-19 May 1902   52/5
    Isaac N.   20 Mar 1858   62 yr 4 mo   52/5
    Lybia, Isaac's wife   13 May 1852   52/5
    Sweeton Emma L. Baker   8 Aug 1865   52/5
Baker
    John   29 Apr 1874   91 yr   204
    Sally, his wife   17 Jul 1869   76 yr   204
    Oliver   12 May 1870   46 yr   204
    Mollie   30 Oct 1883   62 yr   204
Baker
    Thomas   1839-1916   100
    Elizabeth, his 1st wife   1836-1865   100
    Mary, his 2nd wife   1845-1918   100
    Eddie   20 Dec 1879   4 yr 7 mo 8 da,   100
        - Son of Thomas & Mary Baker
    Emma   25 Dec 1879   1 mo 3 da,   100
        - Daughter of Thomas & Mary
    Mary   25 Dec 1879   2 yr 1 mo 3 da,   100

    -Daughter of Thomas & Mary

Ballard
- Emma H. — 1857-1898 — Husband: J. A. Ballard — 65
- Allen J. — 3 May 1898-1 Feb 1899 — 65
- Lilly May — 1885 — 8 wks — 65

Barber
- Lyman — 2 Aug 1840-18 Aug 1921 — Co. F. 1st N.Y. Vet. Cav. — 155
- Esther Jane, his wife — 12 Jun 1835-8 Jul 1894 — 155
- Frank E. — 1935 — 155
- Etta, Frank's wife — 1927 — 155

Barber
- S.B. — 19 Jan 1889-7 Feb 1946 — 244A
- Nora E. — 11 Feb 1886 — 244A

Bell
- James E. — 1782-1859 — Wife: Davidson — 71
- Nathaniel D. — 25 Aug 1814-14 Sep 1878 — Wife: Rebecca A. Davidson — 71
    - Born: Washington NH, Died: Kane PA
- Rebecca A. Davidson — 1819-1911 — Husband: Nathaniel D. Bell — 71
- Nathaniel R. — 1814-1878 — 71

Bell
- Rodney — 15 Jan 1802-23 Apr 1892 — 135
- Almira, his wife — 20 Apr 1820-27 Jan 1867 — 135
- Charles N. — 1829-1901 — 134
- Jane, his wife — 1839-1913 — 134

Bennett
- Oliver — 1820-1902 — 138
- Clarissa, his wife — 1820-1878 — 138

Bennett
- Reuben — 15 Jun 1862 — 76 yr — 137
- Nancy — 1785-1870 — 137
- F.M. — 5 Mar 1851 — 22 yr — 137

Berry
- Eben Jr. — 1906-1961 — 262
- Hazel I., his wife — 25 Jan 1908-18 Nov 1986 — 262

Bliss
- Abram — 27 Oct 1875 — 82 yr 10 mo — 58
- Sarah, his wife — 88 yr 8 mo 15 da — 58
- Isaac, son — 22 Sep 1846 — 23 yr 19 da, son of Abram & Sarah Bliss — 58
- Wrieft. — 22 Feb 1881 — 53 yr, Husband: Alfred Wrieft — 58

Bogar
- I. D. Lojos — 259/
- Roza — 259/
- Karoly — 259/
- Lajos — 259/

Bogar, Louis — 4 Mar 1991 — 62 yr — 259B

Bosard
- Charles — 7 Jun 1831 — 64
- Almeda P., his wife — 10 Aug 1845 — 64
- Della B., daughter — 6 Feb 1882 — 64

Bosworth (Infant) — 3 Jan 1883 — 121

Bosworth
- Abram — 18 Jul 1881 — 72 yr — 171
- Amanda, his 1st wife — 12 Mar 1860 — 42 yr — 171
- Nancy. his 2nd wife — 1831-1907 — 171

Bosworth
- Amasa — 25 Feb 1860 — 86 yr 8 mo — 132
- Theresa, his wife — 25 Sep 1862 — 78 yr — 132

Bosworth

Jesse S.	1874-1965		247
Edna P.	1882-1968		247

Bosworth
Milford W.	20 Jun 1920-4 Dec 1963	13th F.A., 24th Inf. Div. WW II	248
Ruth E.	1922		248

Bosworth
Nehemial	14 Oct 1783-20 Dec1874		117
Betsy Randall, wife	28 Jun 1799-28 Jan 1855		117
Martha, daughter	5 Mar 1825-2 Sep 1843	18 yr 6 mo	117
Jessie J., son	8 Jul 1838-29 Dec1842	4 yr 67 mo	117

Botens
Archie R.	1883-1937		222
Bernice S., his wife	1898-1971		222

Botens
Charley	1854-1896		191
Ada A.	1857-1920		191
Mabel E.	1885-1886		191

Botens
Stanley H.	1887-1982		175

  - Father: Charles Botens; Mother: Ada Lafferty;Daughter: Elaine Botens

Anna Belle Dunlap	18941981		175

  - Father: Dwight Dunlap; Mother: Myrtie Frost; Husband: Stanley Botens; Daughter: Elaine Botens

Boughton
Lewis	14 Apr 1861	61 yr	69
Elizabeth, his wife	1861/1867	61 yr	69

Breadon
Charles	1871-1964		202
Mabel	1881-1885		202
Grace M.	1875-1945		202

Briggs, Lucy P.	1888-1957	"Mother"	168
Brown, George W.	1834-1910	Co. F RS Reg NYV	219

Brown
James	1807-1876		91
Marilla A.	1807-1868		91

Brunell, Dorothy	1913-1933		33

Buchanan
Fred James	1889-1971	"Gramps"	220B
Myra M.	1885-1960		220B
Donald L.	1919-1976	PFC, US Army WW II	220B

Bump
Lloyd	1902		55
Cecile H.	1901		55

Burger
James	25 Dec 1824-9 Nov 1907		24/2
Mary, his 1st wife	5 May 1848	29 yr 1 mo 9 da	25/2
Catherine H., 2nd wife	25 Feb 1829-31 Jan 1892		24/2
Sarah J.		Daughter of James & Mary Burger	25/2
T. Eugene	1 Sep 1850-22 Jul 1884		24/2

Button
Bessie May	1899-1954		245

Campbell, Myrtle M.	1891-1931		164B

Carpenter
Fred	1860-1942		112A
Gertrude	1867-1934		112A

Carpenter
William B.	16 Mar 1892	56 yr	78B
Harriette E., wife	29 Nov 1880	42 yr 8 mo	78 B

Chase

Asael	1853-1934		7
Caroline E.	1884-1942		7
Rox F.	1886-1959		7

Chase
Frankie F.	22 Jun 1877	12 yr	47
- Father: Henry C.; Mother: Roxanna			
Mary V.	28 Jan 1877	11 yr 9 mo 6 da	47
- Father: Henry C.; Mother: Roxanna			

Clark
George	1810-1873		107
Sarah A., his wife	1815-1888		107
Sidney C.	1836-1907		107
John W.	28 Sep 1843-26 Jul 1897	Co. A 136th Reg. N.Y.V.	107/
Louise H.	1845-1877		107
Abbie J.	1855-1882		107

Clark
Lydia M.	26 Feb 1863	21 yr 4 mo 23 da	181
Husband: Marin Clark			

Clark, Mary E.	1848-1914		39
Clark, Nora,E.	1888-1959		20

Clark
Sidney C.	1836-1907	Co. B 189th Reg NYV	105
Elsina Salsbury, his wife	1826-1907		105

Coetz
John H.	1869-1943		32
Clara	1907-1921		32

Cole, Adline	20 Oct 1866-22 Jan 1894	Husband: Orientt Cole	68

Cole
Ernest R.	24 Aug 1923-2 Jun 1977	VFW	249
Helen M., his wife	15 Aug 1924-15 May 1962		249

Cole
Floyd	1850-1926		213
Elizabeth	1852-1934	213	
Charles	1879-1938		213

Cole
Harry E.	14 Nov 1863-18 Aug 1942		55
Lillian B., his wife	5 Jan 1871-10 Jan 1940		55
Darrell Bump, son	30 Nov 1905	3 mo, Son of H. E. & L. Cole	55
Ruth J. Bump	25 Apr 1930	Daughter of Lloyd & Cecile Bump	55

Cole
Lyman J.	1847-1915	Co. B. 189th Regt. NYV INF.	180
Felora, his wife	23 Feb 1877	28 yr 11 mo 23 da	180
Edith	1886-1975		180

Cole
Orange	18 Jul 1827-11 Nov 1900		36
Minerva B., his wife	16 Dec 1829-25 Jan 1896		36

Conway
James	1815-1876		12
Mary McIvor, his wife	1835-1910		12

Cooley
Elvira Aretas	26 Apr 1871	77 yr	57/5
Mary Elizabeth			57/5

Cooley
Samuel A.		Son of Arelas Cooley & Elvira	15

Cooper, Berta R.	17 Apr 1881-29 Apr 1881	Infant of Harvey L. & Rosan Cooper	113

Cooper
Clarence E.	1881-1903		160
Scott			160

Cooper			
George	1853-1923		192
Hanford	1895-1972		192
Harrison	1888-1944		192
Minnie	1868-1934		192
Cooper			
William	1863-1903		129
Maude	1865-1941		129
George W.	1888-1965		129
Frank W.	1891-1966		129
Corsette			
Volneys H.	1893-1962		245
Viola W.	1889-1963		245
Coy			
Elish	21 May 1813	80 yr, Revolutionary War Veteran	87 ?
Mary, his wife	22 Sep 1819	85 yr 8 mo 25 da	87 ?
Curtis, Albert C.		Son of Albert & Pluma Curtis	59
Daminska, Mary	22 Nov 1988	91 yr	
Davis			
Hepsie	30 Mar 1883	28 yr 1 mo, - Daughter of N. & R. Davis	124
Mary Haines	1832-1899	2nd wife of N. Davis Jr.	124
Davis, Julius Elbert	2 Jan 1850-13 Mar 1900		110
Davis			
Nathan	1786-1854		123
Nathan Jr.	1821-1900		123
Rosetta	1822-1896	Nathan Jr.'s wife	123
Dickey			
John B.	18 Oct 1812-12 May 1881		121
Delilah, his wife	8 Feb 1831-21 Mar 1922	121	
James V.	22 Dec 1854-30 Dec 1918		121
Dolph			
Avery M.	1902-1974		268
Helen L., his wife	1912		268
Dolph, Eliza	21 Apr 1873	71 yr 11 mo	51
Dolph			
Gwinn W.	1852-1908		205
Amanda, his wife	1863-1948		205
Avis, daughter	1890-1910		205
Dolph			
Hannah E.	1809-1867	31 yr 3 mo 24 da	35
Husband-Elizcia Dolph			
Ethelbert Dolph	1856-5 Jul 1867		35
Hana J.	11 Aug 1811	Daughter of Elizcia & Hannah Dolph	5
Marion	1853	9yr, Son of Elizcia & Hannah Dolph	35
Dolph			
Ira	1892-1938		78A
Mae	1894-1936		78A
Dolph, Richard A.	2 May 1990	56 yr	73 A
Dowe			
Christopher S.C.	1807-1868		28
Rebecca H. Chapin	1804-1843	Christopher's 1st wife	28
Aurelia Tucker	1807-1884	Christopher's 2nd wife	28
Paul	1835-1922		28
Mary A. Davis, his wife	1843-1928		28
Dunlap			
Thomas	1832-1871		79
Emeline	1830-1899		79
Thomas	24 Nov 1861	60 yr 1 mo 20 da	79

Dunlap,
    homas Dwight   1861-1939   233
    Leon D.   1899-1932   233

Ecker
    Owen A.   1887-1977   228
    Mary S.   1891   228
    Alice M.   1914-1923   228

Emery
    Zeghabiah   2 May 18--   68 yr   49
    Betsey, his wife   13 Jan 1861   49

Fargo, Addie   27 Apr 1885   31 yr 8 mo, Husband: Albert C. Fargo   40

Ferris
    E. N.   1853-1940   Mother   113
    F. E.   1894-1937   Son   113

Ferris, I. J.   1850-1921   154

Frost, Alvin   29 Apr 1869   64 yr   133
    Sally   134
    Milton   20 Jun 1853   133
    Charles   16 Jun   133

Frost
    Charles   1877-1955   233
    Myrtie   1865-1941   233

Frost
    Freeman   22 Jan 1899   38 yr   142
    Clara A., daughter   14 Jan 1899   5 yr 11 mo   142

Frost
    Lucius   21 Nov 1875   77 yr 11 mo, "Father"   158
    Roxanna   6 Aug 1879   78 yr, "Mother"   158
    Louisa   12 Jun 1873   45 yr, "Sister"   158

Frost
    Martin   1841-19__   116
    Victoria, his wife   1846-1873   116
    Elsie A.   1846-19__   116

Frost, Norman   11 May 1878   44 yr   131

Fuller
    Charles   29 Apr 1869   64 yr 9 mo 10 da   60
    Harriet E., his wife   16 Oct 1885   68 yr 1 mo 5 da   60
    John A., son   7 Oct 1852   2 yr 5 mo 2 da   60
    Adaline S., daughter   7 Oct 1852   2 yr 1 mo 18da   60
    Gidron N., son   15 Oct 1852   5 yr 4 mo 8 da   60

Fuller
    Henry C.   1836-1918   45
    Adeline   1843-1912   45
    Dorr   1868-1914   45
    Charles   1878-1963   45

Fuller
    James M.   1839-1933   61
    Charles   11 Sep 1880   34 yr 10 mo ?   61

Gere
    Lewis   6 Nov 1862   80 yr 1 mo 11 da   75
    Hannah, his wife   1 Dec1881   48 yr 9 mo 13 da   75

Gere
    Lewis H.   1839-1922   187
    Almeron   1846-1922   187
    Julia E.   1852-1935   187
    Josephine M.   1888-1980   187

Gere
    Marshal   8 Feb 1815-14 Nov 1902   186

Almira, his wife	1 May 1822-1 Jan 1885		186
Gleason			
Herbert	16 Dec 1852-16 Apr 1907		128
Joseph			128
Marium			128
Gould			
George	23 Apr 1784-7 Feb 1852		72
Hepzibah, his wife	6 May 1794-30 Mar 1882		72
Laura	8 Apr 1852	31 yr, Husband: Downing Gould	72
Amina J.	20 May 1850	3 yr 5 mo,	72
- Parents-Downing & Laura Gould			
Greene, Ruth J.	7 Jan 1992	58 yr, Parents: James & Ruth Greene	
Harbeck			
Robert	1867-1933		230
Ida S.	1865-1948		230
Laura E.	1889-1969		230
Robert L.	1893-1958		230
Harch, Laura Simons	23 yr 22 d	Daughter of James & Phed Simons	103
Harper, Albert	1871-1899		164A
Harris			
Stephen	1841-1893		189
Orilla, his wife	1844-1890		189
Marion C.	8 Mar 1890	45 yr	189
Hartman. Phillip	1872-1956		113
Hillman			
Harley B.	27 Jun 1808-? Jan 1878		81
Lucy E., his wife	13 Apr 1819-6 Nov 1901		81
Louisa	9 Apr 1844-4 Mar 1895	Daughter of Harley Hillman	81
Ficher ?			81
Hoag, Lucinda	18 Oct 1893	63 Yr, Husband: Elish Hoag	87 ?
Hoag			
Perry	16 Sep 1874	65 yr 5 da	140
Vastia, his wife	3 Nov 1867	39 yr 9 mo 20 da	
?			140
Hogg			
Frank W.	1864-1935		160
Bertha S., his wife	1872-1944		160
Hotchkiss			
Frankie W.	1886-1965		13
Jerry B.	1914-1956		13
Hurd			
J.C.	5 Feb 1877	67 yr	149
Lydia, his wife	8 May 1880	73 yr	149
Lydia E.	28 Feb 1857	7 yr 7 mo	149
Reuben V.	22 Nov 1862	20 yr 2 mo	149
Hurd, Lydia E.	1877	7 yr 7 mo	165
- Daughter of Jared & Lydia Hurd			
Ives			
C. M.	1831-1905		20
Roxina, his wife	1834-1889		20
Ives			
Henry D.	25 Feb 1863	62 yr 3 mo	21
Sarah, his wife	3 Jun 1886	82 yr 7 mo	21
Susan	10 Feb 1885	48 yr 8 mo, Daughter of H. & S. Ives	21
Moratio N.	2 Jun 1859	17 yr, Son of H. & S. Ives	21
Edward M.	20 Sep 1857	18 yr 8 mo, Son of H. & S. Ives	21
Ives			
J. F.	1826-1897		5/4/

Eleanor G.	1840-1897		5/4/
Newel	28 Jun 1962	63 yr	5/4/
Elizabeth, wife of Newel	9 Jan 1872		5/4/
Georgiana	1876-1941		5/4/
Eugene H.	1870-1953		5/4/
Ives, Marion F.	12 May 1987	75 yr	Cremated
Jennison			
ElizaDunn	1812-1871	Our Mother	44
Hattie A.	1847-1884		44
Mary E.	15 Nov 1859	15 yr	44
Johnson			
J. Melvin	1846-1910	Co. D 189th Regt NYV	41
G. Marcella	1843-1923		41
Benjamin E.	29 Dec1879	69 yr	41
Johnson, Lydia A.	28 Feb 1830- Feb 1894	Husband: B. F. Johnson	40
Jones, Caroline R.	1866-1924		6
King, Elvena H.	1887-1945		32
King, Henry B.	1916-1929		13
King, Leland	1907-1936		33
King			
Milo M.	1832-1933		221
Cornelia	1849-1927		221
Kroll, Harrison A.	1928-1980	U.S. Marine Corp.	265
Lace, Roger H.	22 Jul 1984	"Our Son, In God We Care"	257
Lafferty			
Charles W.	1848-1932		148
Margaret Ann	1855-1944		148
Lafferty			
Daniel	19 Mar 1821-15 May 1889	Co H 199th Reg. NYV	174
Electa, his wife	25 Feb 1822-29 Dec1903		174
Lafferty			
Eber	1826-1899		156
Orisa A., his wife	1829-1887		156
Lafferty			
Joseph E.	1855-1932		112B
Marium E., his wife	1854-1922		112B
Lafferty			
Riley A.	1850-1925		95
Belle	1857-1947		95
Homer D.	1871-1925		94
Cora M.	1876-1959		94
Hartley	1894-1900		95
Theron	1884-16 Feb 1889	4 yr 4 mo	95
Lane, Harriett E.	1840-1900	Husband: William M. Lane	96
Lawton, Margaret Hurd	17 Sep 1867	35 yr,, Husband: S. Lawton	149
Lewis			
Ezra	16 Aug 1804-16 Apr 1892		62
Eliza, his wife	17 Aug 1801-17 Mar 1888		62
Lindsay			
John	1 Feb 1798-23 Jun 1879		199
Margaret	1 Jan 1804-21 Apr 1889		199
Robert B.	1847-1923		199
John	4 Dec 1839-14 Apr 1864	Father: John Lindsay	199
Loomis			
Reuben M.	26 Jan 1850-16 Sep 1865		23/2
Lydia M., his wife	31 Dec 1807-22 Aug 1880		23/2
Charlotte J.	3 Aug 1840-4 Jul 1841		23/2
Loomis			

Walter	1807-1890		38
Polly	1810-1905		38
Ezra			38
Roxana			38
Polly			38
Luce, Ida Marie	21 Feb 1990	78 yr	265B
Luce			
Millard Paul	1908-17 Mar 1989		264C
Rhetta P.	1909-1973		264
Darwin R.	13 Aug 1954	Baby	264
Luce, Roger H.	13 Nov 1955-22 Jul 1984		
Mack			
George	1829-1915		54
Elizabeth	1840-1902		54
Gertrude	1887	33 yr	54
Madison			
Glenn W.	1891-1952		147
Agnes N.	1904-1945		147
Iva A.	1895-1934		147
Eva M.	1932-1935		147
Marsh			
George	1826-1896		111
Charlotte C.	1827-1892		111
Marsh			
Royal	12 Sep 1822		127
Margaret, his wife	1823		127
McElheny			
Oliver	1847-1923	(Father)	120
Luella, his wife	1861-1933	(Mother)	120
Genevieve, daughter	1901-1982		120
Son	16 Apr 1883-24 Mar 1899		120
McKinney, Robert	28 Sep 1853	26 yr	164A
McMalan, Samuel L.	24 May 1862-19 Sep 1890	Father: Donald J. & Jane McMalan	215
McVey			
Joseph T.	1825- Sep 1867		184
Margaret A.	1833-1914		184
Mix			
Ludwig Meleka	1830-1912		15
Hannah	1827-1911		15
Herman	1855-1932		15
Caroline	1851-1918		15
Morse, Addie E.	1877-1914	"Mother"	
Moses, Anna Ogden	1873-1963		169
Moses, Edwin	1909-1983		
Moses			
Lafayette	1845-1885		172
Mary A., his wife	1848-1908		172
Arthur L.	7 Jan 1876-18 Apr 1952		172
Mowers			
Lynn H.	1860-1893		1
Lila	1902-1965		1
Larry	1940-1940		1
Napiesiski, Nicole	11 Nov 1976-20 Nov 1976		
Newman			
DanForth	14 Apr 1865	61 yr 2 mo	6/5
Laura, wife	1 Apr 1840	36 yr 11 mo	6/5
Perry			90A
Perry, B. J.	24 May 1822-26 Nov 1862		154

Cemeteries of Allegany County

Perry
- Chester F. — 1838 — 168
- Filinda, his wife — 1839-1907 — 168
- Freddine, son — 1880-1882 — 168

Perry
- Ephraim — 16 Oct 1863 — 79 yr — 153
- Hannah — 12 Dec 1844 — 58 yr — 153
- Austin — 13 Jun 1888 — 75 yr — 152
- Julia, Austin's wife — 4 Oct 1898 — 84 yr 9 mo — 152
- Charles Fremont — 6 Mar 1861-9 Jul 1869 — Son of A. & J. Perry — 153
- Foster — 10 Aug 1844-2 Feb 1926 — 152
- Mary A., Foster's wife — 2 May 1858-2 Apr 1905 — 152

Petty,
- Ira — 6 Jan 1865 — 55 yr 11 mo — 181
- Caroline, his wife — 24 Mar 1884 — 70 yr 8 mo 27 da — 181
- Davis — 2 Feb 1861 — 27 yr — 181

Petty
- William H. — 1837-1909 — Co. A 136th Regt NYV — 197
- Margaret Baxter, his wife — 1831-1925 — 197
- Carrie — 16 Apr 1871 — 11 yr 2 mo 17 da — 197
- Nancy Jones — 16 Apr 1871 — 11 yr 2 mo 17 da — 197
    - Father: William Petty; Mother-Margaret Baxter

Ponton, Myra L. — 1894-1969 — 261
Redding, Iola Q. — 20 Oct 1986 — 64 yr — 147B

Resch
- Gerald E. — 1937 — 256B
- Alice S. — 1938 — 256B

Reynold, William — 19 Jun 1839 — 74 yr — 67
Reynolds, Sally Ann — 17 May 1840 — 17 yr 6 mo 9 da — 83
    - In memory of Sally Ann, Daughter of Lewis and Rhoda Reynolds

Robinson
- George H. — 1872-1958 — 144
- Elsie A. — 1872-1952 — 144

Robinson, Mursyett — 30 Jan 1888 — 42 yr, Husband: W. H. Robinson — 142
Rowley, Gladis Irene — 1901-1906 — 14
    - Granddaughter of S. F. Wherry and Martha E.

Salisbury, Mary J. — 13 Jul 1881 — 16 yr 8 mo 27 da — 124

Salisbury
- Nathan — 25 Oct 1818-9 Nov 1890 — 126
- Hepsy — 12 Nov 1818-17 Jul 1901 — 126

Santangelo, Jessa — 15 Apr 1987

Scott
- Dwight — 1826-1915 — 159
    - Co. D 64th Reg. N.Y. Vol., Co. C. 1st N.Y. Dragoons
- Mary A. — 1851-1899 — 159

Scott
- George — 4 Mar 1801-16 Jul 1875 — 80 yr 5 mo 7 da, Born: Granby, MA — 108
- Maria, his wife — 4 Mar 1801-31 Jan 1892 — Born: Granby, MA — 108
- William — 23 Sep 1873 — 73 yr 6 mo — 109
- John S. — 19 Aug 1875 — 38 yr 8 mo 9 da — 109
- Henry — 1842-1914 — 109

Scott,
- Jason — 1877-1963 — 176
- Mary A. — 1884-1910 — 176
- Edith R. — 1885-1942 — 176

Searl
- Robert J. — 1922 — Father: Guy Searl; Mother: Thurzy — 252B
- Gertrude E. Slater, wife — 1911-1983 — Elmer & Pearl Williams Slater — 252B

Seen, Steven Edward	31 Aug 1966-18 Jul 1993	Parents: Gerald & Marie Moses Seen	
Shaffer			
Homer	1875-1934		118
Oletha B.	1913-1927	118	
Shaffer, Richard T.	26 May 1938-13 Mar 1938	9 mo ?	213
Simons			
John L.	25 May 1833	33 yr 1mo, Son of J & P Simons	103
Slater			
Elmer	1873-1945		244B
Pearl Williams, his wife	1885-1961		244B
Slater			
George K.	1913-1977	251	
Flora Searl, his wife	1918	Mother	251
David G.	1939-1969		251
Slater, William	1917-1970	Parents: Elmer & Pearl Williams Slater	252A
Smith			
Eli	20 Feb 1873		119
Elmada, his wife	11 Feb 1873	66 yr	119
Milton, son	31 Mar 1871	4 yr	119
Charlotte-	11 Apr 1844	28 yr	119
Mary	12 Apr 1844	79 yr, Dau. of William & Mary Smith	119
Charles Leroy		Son of Charles & Mary Analine	119
Ellema			119
Smith			
Harry S. Capt.	25 Mar 1865	24 yr	122
Mary D.	3 Oct 1873	52 yr 5 mo, wife of Columbus Balcon	122
A. C.	28 Sep.1865	69 yr	122
Betsy, A. C.'s wife	13 Jul 1873	31 yr 3mo 12 da	122
Smith			
Henry	1824-1909		125
Sally D., his wife	1824-1899		125
Eddie R.	1858-1927		125
Marian	1857-1907		125
Nellie May	13 Dec 1884	2 yr 1 mo, Daughter of E. E. & M. Smith	
Smith, Mary L. Burger	1 Jan 1852	Husband: M. E. Smith	24/2
Sowersby, Donald J.	1884-1917		218
Sowersby			
George	1871-1929		196
Olive	1877-1966		196
William	1900-1961		196
Lansing J.	1901-1972		196
Marguerite	1903-1963		196
Sowersby, Pearl	1 Nov 1903-6 Jan 1987		
Sowersby			
William, W.	1843-1899	Co. F 5th NY VGT Vol Cav	214
Matilda, his wife	1845-1907		214
Nathaniel	2 Dec 1862-2 Nov 1875		214
Thomas B.	1874-1903	Parents: William & Matilda Sowersby	214
Starr			
Walter	1933		90B
Mattie	1926		90B
Straight			
Elisha	17 Dec 1825-6 Jan 1896		63
Laura, his wife	12 Aug 1824-7 Aug 1910		63
Hopkins	9 Mar 1794-15 Dec 1869		63
Esther, his wife	17 Dec 1794-12 Mar 1877		63
Straight			
George H.	1852-1920		92

Julia A.	1852-1937		92
Arthur M.	1880-1968		92
Jessie J.	1881-1964		92
Edith M.	1881-1920		92

Sulton

Myron	1843-1917		229
Eliza	1844-1904		229
Dell	1874-1891		229

Sweet

Nelson	29 Jan 1847	Parents: Eber & Eliza	26
Daniel	30 Mar 1853	11 yr 21 da, Parents: Eber & Eliza	26
Daniel	2 Mar 1843	56 yr	27
Maryett B.	4 Jul 1837-15 Sep 1889	Husband: Orson Sweet	27

Sweetland, Ezra   6 Sep 1818-4 Apr 1887   157

Sweetland

Lorenzo P.	1849-1928		173
Mattie J., his wife	1855-1922		173

Swift

Jennie	1879-1917		217
Donald	1914-1917		217

Swift

Roger D.	1930		256A
Mary N.	1936		256A

Swift

Stanton S.	1906-1949		257
Ruth B.	1903-1982		257
Stanton S. Jr.	1928-4 Mar 1991	62 yr	257C
George A.	1938-21 Apr 1971	33 Yr	257D

Tadder

Louis	1900-1957		8
Ethelyn	1902		8
Eldona	1891-1958		8

Tapp, Albert   1872-1907   48

Totten

David G.	1892-1974		258
Matilda E., his wife	1899-1947		258
John R. Col.	1919-1963		258

Totten, Jeanne B.   3 Oct 1986   59 yr   17gD

Totten

John C.	1860-1922		207
Sarah E., his wife	1867-1914		207
Daniel O.	1859-1921		207
Liona L.	1862-1939		207
W.George	1888-1912		207
Nathley A.	1912-1912		207

Treadway

Claude M.	1903-1976		254
Mazzie E.	1907-1974		254

Treadway, Richard F.   1930-1935   183
Treadway, Robert L.   21 Jan 1988   76 yr   254g
Treusdale, Lawrence L.   1 Feb 1915-13 Jun 1983

Turner

Abraham	15 Dec 1908		104
Betsy M.	26 Dec 1908		104
Florence B.	25 Jun 1903	29 yr 8 mo	104
Arthur E., son	25 May 1891	29 yr	104

Turner

Ezra A.	4 Aug 1843	5 yr	167

Father-Thomas Turner			
Franklin	16 Jul 1853	7 yr	167
Julia	12 Apr 1849		167
Treadway, Edward F.	1869-1943	184	
Treadway, Margaret B.	1883-1977	184	
VanName, Harold B.	1911-1911		173
Wasson			
Archie N.	1857-1937		265
Lillie E.	1866-1952		265
Watson, Brewster ?			2
Westfall			
Austin	1849-1911		141
Mary L., his wife	1852-1922		141
Emma J., daughter	1873-14 Oct 1875		141
Westfall			
Clarence G.	1907-1967		250
Helen B.	1905		250
William G.	18 Dec 1939-8 Feb 1983	Married: 29 Oct 1957	250
Joyce Bradfield, his wife	2 Aug 1937		250
Tort Lynn	29 Sep 1963-10 Nov 1968		250
Westfall			
Marcus	21 Aug 1822-13 Apr 1898		143
Betsy M., his wife	18 Jun 1822		143
Westfall			
William L.	1877-1941		89
Effie D.	1881-1952		89
Berdean G.	1901-1903		89
Jessie G.	1905-1906		89
Wheeler			
Daniel	1830-1906	Co. F 141st Reg. NYV	20
Susan			20
Wherry			
S. F.	1857-1934		14
Martha, his wife	1857-1933		14
Ralph E.	1884-1921		14
White, Clifford B.	24 Sep 1902	4 mo 20 da, Son of F. L. and F. E. White	96
Williams			
John	2 Jul 1847	78 yr	74
D. Highlander	188?-1894		74
Wray			
S. G.	11 Sep 1872	78 yr	46
Esther, his wife	9 Apr 1874	76 yr	46
Wright			
Abel	1807-1882		136
Eliza, his wife	1 Mar 1846		136
Laura	1821-1901		136
Wright, Julia Turner	1827-1895		185

Black Creek Cemetery

New Hudson, Allegany County, New York
This cemetery data was collected and recorded by Richard Lewis, New Hudson, New York. The number at the end of each entry indicates the plot number in Black Creek Cemetery.

Ackley, Daniel	10 May 1817-18 Sep 1859		5
Adams, Cora Reed	27 Sep 1940	73 yr 3 mo, Born: Smithport, PA	102
- Husband 1: Samuel Lounsbury; Husband 2: Adams; Undertaker: Glen Loveridge			
Adams, Eliza Frazier	15 May 1933	Born: Glen Alice, TN	16
Adams, Emma G.	1895		13
Adams, June Harbeck		Parents: John Emmett & Alva Harbeck	12
Alexander			
Bradley	13 Dec 1871	33 yr	125
- Parents: Joel H. & Catherine Eckert Alexander			
Cornelia Angel	1 Oct 1868	24 yr 4 mo, Husband: Bradley Alexander	125
- Parents: Lloyd Angel & Elizabeth Loomis			
Alexander			
Joel	1814-20 Nov 1902	88 yr 8 mo 7d	126
- Born: New Hudson, NY; Occupation: Farming; Father: Soloman; Mother: Gratia			
Catherine Eckert	1819-28Aug 1902	83 yr 7 mo 14 d, Husband: Joel Alexander	126
- Born: Germany; Father: Elias Eckert born Germany; Mother: Chestine			
Alexander, Daniel	10 Sep 1784-5 Dec 1829		145
Alexander			
John E.	31 May 1821-8 Apr 1888	Wife: Helen Angel	73
- Born: Oswego, NY; Occupation: Carpenter; Soldier: Co. B 189 Regt NYV			
- Undertaker: F. A. Loveridge, Cuba, NY			
Helen Angel	5 Oct 1837-20 Dec 1923	Husband: John E. Alexander	73
Born: Black Creek, NY; Father: William Angel born NY State; Mother: May Hitable			
Pitt	4 Mar 1885-29 Mar 1904		73
- Wife: Fannie Van Schaick, Occupation: farmer; Parents: John E. Alexander & Helen Angel			
- NY Co.? 64 Regt NYV			
Fannie VanSchaick	19 May 1857-1919	Husband: Pitt Alexander	73
Alexander, Nelson A.	27 Nov 1878	35 yr, Wife: Ellen Wakley	118
- Occupation: Farmer; Father: Joel born New Hampshire; Mother: Catherine Eckert, born NY?			
Alexander, Scott	6 Jul 1881 17 Jun 1934	Single	21
- Occupation: Mechanic; Father: Pitt Alexander; Mother Fannie Van Schaick born Black Creek, NY			
- Spanish American War; Undertaker: James A. Fagar, Bath, NY			
Alexander, Susan	31 Oct 1787-15 Sep 1847		5
Allen			
Albert Floyd	1867-Oct 1921	Wife: Luella Jane Hathaway	122
- Occupation: Farmer; Undertaker: F. A. Loveridge, Cuba, NY			
Burt F.	1921		122
Allen, Calvin	7 Jan 1803-9 Jun 1878	Wife: Minerva Rogers, Occupation: MD	41
Allen, Calvin	1872	Occupation: MD	54
Allen, Mary	6 Mar 1768-24 Oct 1848	Husband: Capt. Samuel Allen	5
- Occupation: Weaver			
Allen			
? MD.		Mother: Minerva Rogers, Occupation: MD	41
Otis	1838-1906	Father: Calvin; Born: Black Creek, NY	41
Minerva Rogers	10 Oct 1809-19 May 1888	Husband: Calvin Allen; Brother: Levi	41
Allen, Orrin Eugene	1969		122
Allen,			

Joseph	1825-1903	Wife: Phoebe Comfort	157
Phoebe Comfort	2 Nov 1827-16 Dec 1915	Husband: Joseph	157

- Born: Canisteo, NY; Father: Richard Comfort born Hornell, NY; Mother: Sarah Upson born Purdy Creek, NY
- Undertaker: L. J. Sizer, Belfast, NY

Allen, Phoebe	1842-1911		85
Allen, Seneca (Samuel) MD		Wife: Mary; Soldier, Capt.	5-5

- Buried in the Allen Cemetery

Andrews, Grace A.	Dec 1841-17 Sep 1873	31 yr 9 mo, Single, Father: J. L. Andrews	x

Andrews

Isaac L.	1800-20 Feb 1868	Wife: Martha	3
Martha	30 Mar 1887	80 yr, Husband: Isaac Andrews	3
Martha A.	16 Feb 1839-16 Mar 1839	Parents: Isaac & Martha Andrews	3
Orson A.	29 Feb 1828-14 Mar 1828	Parents: Isaac & Martha Andrews	3
William S.	16 Mar 1828-16 Apr 1828	Parents: Isaac & Martha Andrews	3
Abigail	19 Jul 1809-29 Oct 1890	Husband: Silas Angel	3

Andrews

William	31 Mar 17__-11 Dec 1857	Wife: Susannah	6
Susannah	1775-25 Jan 1857	Husband: William Andrews	6
Angel, Mehetabel	1820-5 Jun 1846	Husband: William Angel	5

Angel

Renselaer W.	1827-1907 , 1827	Wife: Sarah A.	137
Sarah A.	1840-1903 , 1840	Husband: Renselaer	137
Angel, Silas	11 May 1801-14 Nov 1888	Wife: Abigail	3
Aroskar, Janardan		Ashes	7
Arnold, Meletiah L.	25 Sep 1814-8 Jun 1880	Husband: Gilbert Arnold	94
Atwood, M. W. Dr.	22 May 1846-19 Aug 1877	Wife: Frances W.; Son: George M. B.	2

Ault,

Simon P.	1818-1897		10

-1st Wife: Emily J Butterfield; 2nd Wife: Martha H. Drew

Emily J.	1824-1875	Husband: Simon P. Ault	10
Frederick	1848-1850	Parents: Simon P. & Emily Ault	10
Martha H. Drew		Husband: Simon P.	10
Avery, Christianna Elizabeth Hathaway	24 May 1831-26 Dec 1853	Husband: Gordentio H. Avery	5

- Born: Black Creek, NY
- Parents: John M. Hathaway & Rebecca DeKay, both born Orange Co., NY

Avery, Sarah Ann	8 Oct 1943	62 yr 1 mo 7 da	140

- Undertaker: Thomas R. Clark, Bradford, PA

Bailey, Polly A.	1848-1881		113

Baker

William	1952		168
Charlotte G.	1972		168

Baker

Berl	1959		105
Verna A.	1881-1964	Husband: Elbert J. Baker	105
Bard, Alberta Estelle	27 Oct 1872	20 yr 23 da	129

- Father: Elijah F. Bard born Johnstown NY; Mother: Mercy H. Clapp born Pultney, NY

Bard, Caroline B.	1812-4 Jan 1840	Husband: Merritt Bard	8

Bard

Elijah F.	26 Feb 1822-21 May 1895		129

- Born: Johnstown NY; Died: Cortland, NY

Mercy H. Clapp	4 Oct 1820-5 Mar 1887	Husband: Elijah F. Bard	129

- Born: Pultney, NY; Died Cortland, NY

Bard, Phebe , Spaulding	1837-8 Jan 1853	15 yr 7 mo	10

- Father: I. C. Spaulding; Mother: Rebecca (adopted)

Bartlett

Clarence Bradley	1897-1975		54
Elizabeth Luckey	1902-1957		54
Mildred Irene	30 Jun 1930	7 hours	54

- Parents: Bradley Bartlett & Bessie Luckey ; Undertaker: G. Loveridge

Bartlett,

Clarence Emerson	27 Oct 1859-4 Jul 1935	Wife: Isa M. Conrad	130

- Born: Farmersville, NY; Occupation: Carpenter; Parents: Uriah Bartlett & Rosetta Alexander
- Undertaker: Earl V. Pettit

Isa Conrad	3 Apr 1859-30 Oct 1899	40 yr 6 mo, Born: Ischua, Catt. Co., NY	130

- Husband: Clarence E. Bartlett; Father: William H. Conrad born Ischua, NY; Mother: Eliza born Machias, NY

Ray	1891-1951	Parents: Clarence Bartlett & Isa Conrad	130
Fred	1 Feb 1896	7 yr , Born: Black Creek, NY	10

- Father: Clarence born Black Creek, NY; Mother: Isa Conrad

Uriah	19 Aug 1818-26 Apr 1884	Wife: Rosetta Alexander	10
Rosetta Alexander	4 Aug 1836-1 Nov 1926	Husband: Uriah Barltett	10

- Born: Farmersville, NY; Parents: Joel Alexander & Catherine Eckert

Barton

Harry	1881-1959		52
Norma	1890-1959		52
Russel Eugene	1928-4 Mar 1930	Father: Harry Barton	52

- Undertaker: H. F. Halwig, Olean, NY

Bassett, Eva Hilyer	14 Jul 1853-1 Nov 1904	Husband: George Cole	26

- Born: New Hudson, NY; Father: John Hilyer born Nunda, NY; Mother: Rosina Brown born New Hudson, NY

Bates, Donna	1925-1980		18
Beahre, Vernie Wheeler	1962	Husband: Rensselaer R. Osmun	52
Benjamin, Clarissa	21 Jul 1804-29 Jan 1845	Husband: Ephraim Benjamin	116

Bleeks

Clyde	1908-1963		16
Alice E.	1881-1962	Husband: Clyde Bleeks	16
J. (James W.)?	1959		16

Bleeks

John	7 Jul 1914	Wife: Bertie Savage	17

- Occupation: farmer; Undertaker: F. A. Loveridge

Bertie Savage	1868-24 Dec 1926	Husband: John F. Bleeks	17

- Parents: Ward E. & Mary L. Savage; Undertaker: F. A. Loveridge, Cuba, NY

Bliven

Charles H.	1838-1865		111
Lydia	1797-1865		111

Blossom,

Noah S.	7 Jan 1851-23 Dec 1937	Born: Hinsdale, NY	155

- 1st Wife: Eliza Habgood; 2nd Wife: Margaret Habgood
- Parents: Orson Blossom & Margaret Keller ; Undertaker: L. J. Sizer, Belfast, NY

Eliza Habgood	28 Jul 1904	52 yr 1mo 18 da, Husband: Noah	155

- Born: Dorset, England; Father: Charles Habgood born Dorset, England; Mother: Helen Hamett born England

Bosworth,

Albert E.	30 Mar 1873-28 May 1925	Wife: Maude Grover; Occupation: Farmer	45

- Father: Abraham; Mother: N. Baker born New Hudson, NY; Undertaker: F. A. Loveridge, Cuba, NY

Maude, Grover	1875-1955	Husband: Albert (Bert), DD	45
Bosworth, Ronald	10 Oct 1911 18 Aug 1994	Spouse-Lucy Booth	120

- Parents: Albert E. Bosworth & Maude Grover ; Brother: Gerald; Sister: Onnolee (Mrs. Maurice Briggs)
- Daughter: Annette (Mrs. Richard Lindamer); Son: David Donald

Briggs

Ephram	5 Oct 1785-8 Dec 1829	Wife: Elizabeth	5

- Next grave South marked JHB

Elizabeth	9 Nov 1793-29 Jan 1860	Husband: Ephram Briggs	5
Calvin	1814-6 Feb 1828	Parents: Ephram & Elizabeth Briggs	5
James	21 Dec 1898	72 yr 8 mo	5

- Father: Ephram Briggs born MA; Mother: Elizabeth Cheesman; Occupation: Farmer

Lucinda	30 Jul 1816-13 Jul 1838	22 yr 13 d	5
Orman	1839-27 Mar 1862	Co. F 85th Reg NYV	5

Briggs
Elias D.	1810-21 Apr 1880	Wife: Roxanna	8
Roxanna	1814-12 Nov 1877	63 yr 6 mo, Husband: Elias D. Briggs	8
Ellis	1854-7 Nov 1851	Parents: Elias D. & Roxanna Briggs	8
Isabelle	1852-13 Mar 1932		8
Orysha	1845-4 Nov 1928	Female	8

Briggs, Elizabeth A.	1832-1910	Husband: Lewis C. Briggs	55

Briggs,
Wallace G	1 Apr 1944	89 yr 6 mo 20 da	60

- Occupation: Farmer; Born New Hudson, NY; Undertaker: Glen Loveridge

Ida M. Pratt	1 May 1859-29 Sep 1918	Husband: Wallace Briggs	60

- Born: New Hudson, NY; Parents: Egbert Pratt & Nancy Patterson ; Undertaker: F. A. Loveridge

Briggs
John	1822-1913	Wife: Melvina	2
Melvina L.	1830-1907	Husband: John Briggs	2
Walter L.	1858-15 Oct 1874	Parents: John & Melvina Briggs	2

Briggs, Lewis C.	1829-1912	Wife: Elizabeth A.	55
Brooks, Elton H.	10 Aug 1892-16 Jun 1919	Wife: Helen Ramsey	18

- Born: Belfast, NY; Occupation: Farmer; Parents: William Brooks & Jane Allen; Undertaker: W. F. Benjamin Rushford

Brooks, Ester Jane, Allen	1868-22 May 1917	Husband: William J. Brooks	146

Undertaker: L. J. Sizer, Belfast, NY

Brooks
John	15 May 1865		3
Tenia	Jun 1862	3 yr, daughter of H. and E.	3

Brooks, Nelson	1865		15
Brown, Arsula Crabb		Died: Willard State Hospital	32

- Born: New Hudson; Parents: Abraham Crabb & Martha Alexander

Brown, Charles S.	25 Mar 1926	86 yr, Died :Willard State Hospital	101

- 1st Wife: Ursula Crabb; Veteran

Brown
Noris	9 Apr 1865	55 yr	74
Lovina	2 Sep 1864		74

Brown, Lucius C.	27 Aug 1806-2 Jul 1885		70
Brown, Sarah L.	1841-18 Nov 1926		8

- Undertaker: Herman Rice, Angelica, NY

Bunk, Joseph	1927-1986	Veteran	98

Burlingame
Olney	19 Dec 1772-25 Nov 1845	Wife: Frances Angel	9
Frances Angel	11 Apr 1772-10 Feb 1838	Husband: Olney Burlingame	9

- Father: William & Susan A. Angel

Caleb	5 Mar 1805-21 Jan 1889	Wife: Abigail	9

- Born: Otsego, NY; Occupation: Farmer

Abigail	19 Jan 1803-4 Aug 1848	Husband: Caleb Burlingame	9
Noel F.	10 Aug 1835-Jun 1843	Parents: Caleb & Abigail Burlingame	9
Noel H.	5 Jul 1844-11 Apr 1865	Parents: Caleb & Abigail Burlingame	9

- Veteran Co. F 85 Reg NYV

Burlingame
Frank S.	1858-1954		125
Altha Adelaide	9 Mar1860-13 Jul 1941	Husband: Frank Burlingame	125

- Father: Lewis; Undertaker: Richard G. Sullivan

Evelyn Lovella	1885-1949		125
Burlingame, Catherine Almira	5 Jan 1904	79 yr 10 mo	142

- Father: William Milliken, born Rhode Island; Mother: Susannah Littlefield

Burlingame
Francis	1838-1904	Wife: Julia Morse, Occupation: Farmer	43
Julia, Morse	1841-5 Jun 1930	Born: Burke NY; Husband: Francis B.	43
Noel C.	14 Dec 1872-3 Apr 1940	Wife: Cora Van Skoik	43

- Parents: Francis Burlingame & Julia Morse; Occupation: Farmer; Undertaker: G. Loveridge

Cora Van Skoik	1875-1949		43
Burlingame			
Leslie Francis	1861-1918	Born: New Hudson; Wife: Mettie Miner	23
- Parents: Francis Burlingame & Julia Morse; Undertaker: F. A. Loveridge			
Mettie, Miner	24 Mar 1887	25 yr, Husband: Leslie Francis Burlingame	23
- Father: James Miner & Angeline Sayers, both born Black Creek, NY			
Miner	24 Mar 1887-8 Apr 1887		23
- Father: Francis, Leslie born Black Creek, NY; Mother: Mettie Miner born Black Creek, NY			
Burlingame, Linus	1825-1900	Wife: Catherine Almira	142
- Occupation: Farmer			
Burlingame, Silas	20 Dec 1822-8 Mar 1902	Wife: Helen Occupation: Farmer	131
Helen B.	5 Mar 1833	Husband: Silas Burlingame	131
William G.	25 Apr 1854-24 Mar 1891	Parents: Silas & Helen B. Burlingame	131
Burt, Helen Van Fleet		Husband: Harold E. Burt	3
Barber, Bert	1879-1959		105
Campbell, Elnora	16 Jan 1919	1 mo	00
- Undertaker: L. G. Sizer, Belfast			
Caldwell, Maria	1830-18 Apr 1849	Husband: Rev. Abel Caldwell	5
Calvert			
Harry F. Sr.	2 Sep 1906-29 Mar 1989	Wife: Marie Taylor	17
- Parents: Emory Calvert & Charlotte Jackson ; Sons: George & Harry Jr.; Veteran WW II			
- Undertaker: Treusdell Funeral Home			
Marie Taylor	24 Oct 1922-3 May 1991	Husband: Harry F. Calvert Sr.	17
- Born: Camden. NJ; Died: Houghton Nursing Home, Undertaker: Treusdell Funeral Home, Belfast, NY			
Parents: Cecil F. Taylor & Elnora L. Johnson ; Brothers Willard & Cecil Jr.			
- Sisters: Mrs. Robert (Eva) Jackson, Mrs. Ronald (Doris) Pierce, Mrs. George (Virginia) Krivulka			
Harry C. Jr.	1949-1982		17
- Parents: Emory Calvert Sr. & Charlotte Jackson; Brother: George D.			
Campbell			
Clarence M.	1891-Oct 1935	Born: PA, Wife: Minota Avery	139
- Father: Burt, Mother: Sarah Carpenter born Potter Co., PA, Occupation: Farmer, Undertaker: L. G. Sizer, Belfast			
Chester C.	1 Jul 1919-16 Dec 1980	Wife Alma B.	139
- Veteran US Army WW II			
Alma	20 Sep 1923		139
Campbell			
Andrew G.	5 Oct 1829-30 Aug 1898	Wife: Lavina Van Slyke	59
Lavina, VanSlyke	19 Jan 1840-3 Dec 1930	Husband: Andrew J. Campbell	59
- Parents: Nelson Van Slyke & Clarissa Stockwell; Undertaker: G. Loveridge, Cuba, NY			
Clarisa E.	16 Mar 1858-5 Nov 1879		59
- Parents: Andrew G. Campbell & Lavina Van Slyke			
Robert M.	10 May 1788-24 Feb 1869	Wife: Elizabeth	59
Elizabeth	12 Jul 1788-7 Nov 1866	Husband: Robert M. Campbell	59
Campbell, Angie	1964		9
Campbell			
Burton G.	1864-1932	Wife: Rachel Carpenter	148
- Undertaker: L. G. Sizer, Belfast, NY			
Sarah, Carpenter	16 Dec 1908	45 yr 2 mo 3 da,	148
- Husband: Burton G. Campbell; Father: Louis Carpenter born Jasper NY; Mother: Rachel Fis			
Harry	1885-1927		148
- Parents: Burton Campbell & Sarah Carpenter; Occupation: Laborer; Undertaker: H. F. Halwig, Olean, NY			
Carey, Lora T.	3 Jun 1891-30 Nov 1910	Husband: Maurice Carey	20
Carl, Phoebe, Patterson	1848-22 Oct 1901		39
- 1st Husband: Elias Luce; 2nd Husband William C. Gee; Parents: Porter Patterson & Abigail Lewis			
Carpenter, Aden B.	26 Jun1842-5 Sep 1844	Parents: Ezekial & Eluciba	7
Carpenter, Anna	1861-1948	Husband: John B. Carpenter	34
Carpenter, Charles W.	20 Nov 1869-27 Dec 1941	Born: New Hudson, NY	77
- Undertaker: Earl V. Pettit			
Velma	1876-1955	Husband: Charles Carpenter	77

Mildred N.	1902-1956		77
Vaughn	1904- 1972	Veteran WW II	77
Carpenter			
Thomas	1805-1878	Wife: Elizabeth	6
Elizabeth Rogers	1803-1845	Husband: Thomas Carpenter	6
Carpenter			
E. Ralph	1897-1973		80
Eva L.		Husband: Ralph D. Carpenter	80
Carpenter			
Willis Lyman	1833-1904	1st Wife: Hannah Vaughn	52
- Occupation: Farmer			
Hanna Vaughan	1833-1880	Husband: Willis Lyman Carpenter	52
Carpenter, Harry Clyde	1882-1965		32
Carpenter, Henry	27 Oct 1872-28 Feb 1935	Wife: Grace Barton	181
- Undertaker: Harold Davis, Friendship, NY			
Carpenter			
John Byron	23 Jul 1857-26 Mar 1929	Born: New Hudson, NY	34
- Wife: Anna Crone; Occupation: Cheesemaker			
Julia Reddy	1894-17 Dec 1939	Husband: Harry Carpenter	34
- Father: Patrick Reddy; Undertaker: E. V. Pettit, Cuba, NY			
Carpenter, Virginia		Husband: Maurice D. Carpenter	124S
Carryer, Gertrude, Wales	1882-26 Feb 1929	Husband: Clair Carryer	14
- Parents: Hiram S. & Sereptia Wales ; Undertaker: Frank Mas, Friendship, NY			
Case			
Charles C.	10 Dec 1815-26 Aug 1890		31
- 1st Wife: Celestia Baldwin; 2nd Wife: Gemira Webster; Father: John Case born Rhode Island			
Gemira (Sibley)	20 Oct 1819-11 May 1893	Husband: Charles Case	31
- Father: George Webster; Mother: Martha Gemira born Woodstock, NY			
Frank Revells	25 May 1849-20 Nov 1929	Born: Cuba, NY	31
- Wife: Myrta M. Alexander, Parents: Charles C. Case & Celestia Baldwin			
- Occupation: Farmer; Undertaker: G. Loveridge, Cuba,, NY			
Myrta M. Alexander	1 Jul 1851-4 Jul 1914	Husband: Frank Case	31
- Parents: Joel Alexander & Catherine Eckert; Undertaker: F. A. Loveridge, Cuba, NY			
Cassidy, Inise Irene Stockings	1909-Apr 1931	Husband: Harry Cassidy	36
- Father: George Burton Stockings born Leicester, NY; Mother: Dora; Undertaker: F. E. Williams, Canisteo, NY			
Caswell,			
Decimal W.	11 Aug 1847-24 Nov 1893	Wife: Orlinda Roat; Occupation: Farmer	20
Orlinda Roat	22 Mar 1854 -28 Oct 1927	Husband: Decimal W. Caswell	20
- Undertaker: L. G. Sizer, Belfast, NY			
Annabelle	11 Dec 1929	42 yr, Undertaker: G. Loveridge, Cuba, NY	20
Darwin W.	22 Apr 1889-11 Jun 1938	Born: Lyndon Catt. Co., NY	20
- Parents: Decimal Caswell & Orlinda Roat; Undertaker: Earl V. Pettit			
Lora T. Carey	3 Jun 1891-30 Nov 1910	Husband: Darwin Caswell	20
Chamberlain			
Anne Marie	19 Nov 1955	Father: Lawrence; Mother: Stella Smoke	121
Sharon E.	15 Jul 1951	Father: Lawrence; Mother: Stella Smoke	121
Mabelle	18 Nov 1898-12 Jun 1991	Husband: Paul Chamberlain	121
- Parents: Oliver & Luella McElheny; Sons: Gerald and Lawrence; Daughter: Mrs. Donald (Lois) Marsh			
- Brothers: Wallace, Herbert, Leo, Clarence McElheny; Sisters: Celia Williams, Cora Almony, Genevieve McElheny			
- Undertaker: Nicholson Funeral Home, Cuba, NY			
Chapman			
Moses	Mar 1801-23 Oct 1850	49 yr, Wife: Susan B.	9
- Daughter: Mrs. Geo. VanNoy			
Susan	30 Jan 1795-30 Sep 1880	85 yr, Husband: Moses Chapman	9
- Daughter: Mrs. Geo. VanNoy			
Calvin	1768-19 Mar 1842	79 yr, Veteran War of 1812	9
John C. (MD)	14 Jul 1814-24 Jul 1892		9

Christ			
Lesley R.	1900-7 Feb 1955	Wife: Vera McElheny, Veteran WW I	13
Vera McElheny	1902-7 Feb 1955	Husband: Lesley R. Christ	13
Clapp, Lucinda S.	3 Oct 1876	63 yr, Husband: George Clapp	15
Clapp			
Sears	26 Sep 1796-4 Nov 1864		11A
Phepe	29 Jan 1805- 16 Jul 1882		11A
Clark, Forest	1883-1967	Lot Owner	16
Clark Guy	1879-1958 , 1879		38
Clark, Hilda R. Wigent	10 Jul 1910-17 Jul 1931	Husband: Harry G. Clark	38
- Father: Lawrence A. Wigent; Mother: Iva Hilda born Columbia City, IN			
Clark, Leslie	1914-1983	Wife Ruth Barber	38
Clark, Lucie E. Harris	1881-3 Aug 1943	61y 8m 14d, Husband: Guy Clark	38
- Father: Harris; Undertaker: G. Loveridge, Cuba, NY			
Clark, Ruth Barber		Husband: Leslie Clark	38
Clark,			
David B.	1915-1982	Wife: Helen	98
Helen H. Hall	23 Nov 1927-1 Apr 1993	Husband: David B. Clark	98
- Parents: Clair Hall & Leah Van Gilder; Stepson: Leslie Clayson			
Clayson			
Roy	1877-1945		29
Lizzie	1882-1970		29
Guy Henry	1902-1968		29
Ruth Mildred	29 Jan 1927-11 Nov 1927		29
- Father: Guy born Lyndon, NY; Mother: Irene Storms; Undertaker: F. A. Loveridge			
Margaret	5 Nov 1929-8 May1930	Born: Lyndon NY	29
-Father: Guy born Lyndon, NY; Mother: Irene Storms			
Clark			
Richard	2 Jan 1863	67 yr, Wife: Sarah Veteran	123
Sarah	21 Oct 1870	64 yr 6mo, Husband: Richard Clark	123
Rosalie	7 Jun 1872	48 yr 7 mo	123
Daniel	16 Mar 1901	78 yr 8 mo	123
- Born: Canisteo, NY; Father: Richard			
Comfort, Myrta May	16 Jul 1857-22 Jan 1861	Father: E. C. Comfort; Mother: S. A.	124
Compfort Robert C.	8 May 1915-4 Jun 1993	78 yr, Wife: Elma B. Brooks	146
- Died: Bradford, PA; Parents: David Compfort & Katherine Smith			
- Brothers: John & Donald; Sisters: Mildred Davis & Betty Davis			
Comstock, Dale R.	6 Jun 1947-11 Mar 1968	Mother: Neva Rork	42
Conderman, Mary	1828-1919		158
Congdon			
Mariah	4 Jul 1811-29 Mar 1860	Husband: John E. Congdon	4
Philinda	27 Aug 1840-29 Oct 1845	Parents: John E. & Maria L. Congdon	4
Cooley			
Emogene Harbeck	1869-1900	Husband: Rev. Canfield T. Cooley	25
- Parents: John Harbeck & Catherine Space			
Eugene	1900-1900		25
- Parents: Rev. Canfield T. Cooley & Emogene Harbeck			
Cooper, Mary E. Webster	4 Mar 1845-13 Mar 1889	Wife of L. D. Cooper	2
- Brother: Will Webster			
Corbin, Richard Mahlon	Mar 1916	3 weeks, Father Glenn M. Corbin	2
Crabb			
Abraham	1804-3 Jun 1877	78 yrs, Wife: Martha	32
Martha Alexander	1812-8 Jun 1877	61yrs, Husband: Abraham Brother	32
- Father: John Alexander			
Crabb, Bethiah	1770-21 Mar 1841	71 yr, Husband: Isaac Crabb	2
Crabb, Isaac		Wife: Bethiah; Soldier War of 1812	16
Crabb			
Melvin	1842-1908	Wife: Elizabeth Gee	44

Sarah Elizabeth Gee	17 Dec 1842-2 Jul 1921	Husband: Melvin Crabb	44
- Born: Black Creek, NY; Father: William A. Gee born Black Creek, NY; Mother: Mary Ann Lyon born Waterbury, VT- Undertaker: F. A. Loveridge, Cuba, NY			
Crone, Burt	1882-1912	Wife: Nellie M. Giboo	104
- Father: Charles; Mother: Cornelia Burt born New Hudson			
James	6 Dec 1900	87 yr 3 mo, Wife: Eliza	104
- Veteran; Born: New Jersey; Occupation: Farmer			
Eliza	8 Aug 1900	84 yr, Husband: James Crone	104
Marjorie M.	1881-1962		104
Crone, Charles B.	Feb 1924	71 yr, Wife: Cornelia Burt	14
- Father: James; Mother: Eliza; Undertaker: F.A. Loveri			
Cornelia Burt	2 Jun 1851-12 Aug 1938	Husband: Charles B. Crone	14
- Born: Ischua, NY; Parents: Charles & Sarah Burt; Undertaker: G. Loveridge, Cuba, NY			

Culp
Lester M.		6 mo, Parents: Joshua & Laurall Culp	11
William H.	8 Aug 1847	18 mo, Parents: Joshua & Laurall Culp	11

Culp
Samuel E.	28 Jul 1833-17 Jul 1834	Parents: Cornelius & Sarah Culp	2
Sarah	1802-5 Mar 1840	Husband: Cornelius Culp	2
Cushing, Pauline	1982		133
Christ, Leslie and Vera			14
Dager, Mercia E.	13 Sep 1819	3 mo	8-18
Parents: Rev. Jacob & Laniadia Dager			
Dailey		Wife: Angeline	134
Dailey, Charlie	1873-12 May 1934	Parents: David M. Dailey & Sylvia Slater	126
- Undertaker: Sizer, Belfast, NY			
David M.	1846-Dec 1925	Wife: Sylvia	126
- NY Veteran Co. K, 16th Penn. Regt, Undertaker: Sizer, Belfast			
Sylviaette ?	1853-12 Mar 1939	Husband: David M. Dailey	126
- Born: Wayne, Ohio; Undertaker: Sizer, Belfast, NY			
Dailey, Fred	1947		134
Davidson, James	15 Jan 1781-23 Feb 1843	Wife: Jane; War of 1812	8
Jane	24 Nov 1785-18 Sep 1868	82 yr 9 mo 23 da, Husband: James Davidson	8
John	1829-27 Aug 1850	21yr, Parents: James & Jane Davidson	8

Davis
Homer	1888-1944		99
Rena V.	1888-1959	Husband: Homer Davis	99

Dean,
G. Fillmore	3 Jun 1848-3 Aug 1850	Parents: Squire & Polly Dean	11
Lydia	1832-30 Jul 1856	Husband: James H. Dean	11
Maria P.	18 Dec 1839-31 Jan 1861	Parents: Squire & Polly Dean	11
Roxy	11 Apr 1846-11 Aug 1850	Parents: Squire & Polly Dean	11
Decker, Sarah E.	17 Feb 1852-3 May 1857	Parents: Martin & Sarah Decker	1
Degolia, Addi Lockwood		Father: Allen M. Lockwood	170

DeKay
Alfred S.	1844-1894	Wife: Alice A. Lamphear	93
- Born: Cuba, NY; Father: Joseph born Orange Co.; Mother: Eliza A. Hyde			
Alice A. Lamphear	1851-8 Mar 1927	Husband: Alfred S. DeKay	93
- Father: Lamphear; Undertaker: F. A. Loveridge, Cuba, NY			
DeKay, Artman F.	15 Apr 1859-17 Feb 1863	Father: Thomas D. DeKay	99
DeKay, Charles M.	23 Apr 1917	73 yr. Born Nunda, NY	x
- Undertaker: H. A. Duryea, Nunda, NY			

DeKay
Burdette Thomas	1848-1909	Wife: Kate Davenport	54
- Born: Clarksville, NY; Father: Nathaniel born Warwick, Orange Co., NY; Mother: Silvia Drew			
Kate Davenport	1853-27 Sep 1933	Husband: Thomas Burdette DeKay	54
- Undertaker: G. Loveridge, Cuba, NY			
Fred B.	1890-1970		54

DeKay,
- Joseph Roe 1812-1887 Wife: Eliza A. 80
  - Born: Orange Co., NY; Parents: Thomas DeKay & Elizabeth C. Roe
- Eliza A. Drew 1822-1901 Husband: Joseph DeKay 80
  - Born: Tompkins Co., NY
- Mary O. 1853-1872 Parents: Joseph DeKay & Eliza Drew 80
- Susie E. 1839-1876 Single; Parents: Joseph DeKay & Eliza Drew 80

DeKay, Hannah E. 9 Oct 1830-15 Jan 1850 Born: Allegany NY 11-8
- Parents: Thomas DeKay & Elizabeth Christina Roe, both born Orange Co., NY

DeKay, Joseph 1919 106

DeKay Nathaniel 9 Aug 1816-15 Aug 1904 92
- 1st Wife: Sylvia Drew; 2nd Wife: Sarah Ann Stuart; Parents: Thomas DeKay III & Elizabeth C. Roe
- Sylvia Drew 13 Aug 1824-19 May 1851 Husband: Nathaniel DeKay 11-5
  - Parents: Charles & Elizabeth Drew
- Sarah Ann Stuart 7 Jul 1829-13 Dec 1896 Husband: Nathaniel DeKay 92

DeKay
- Nathan Otis 1878-Nov 1935 50
  - Parents: William DeKay & Anna B. Davenport; Undertaker: Emmett E. Spink, Olean
- Mrs. Nathan O. 1954 50

DeKay
- Samuel 1834-19 Aug 1872 Wife: Emily 112
  - Parents: Thomas DeKay III & Elizabeth C. Roe, both born Orange Co.
- Luella 14 Sep 1862-5 Oct 1862 Parents: Samuel & Emily DeKay 112

DeKay
- Thomas III 31 Oct 1790-24 Jan 1876 Wife: Elizabeth C. Roe 11-6
  - Born: Orange Co., NY; Occupation: Farmer & Blacksmith
- Elizabeth Christina Roe 1789-1882 Husband: Thomas DeKay III 11-7

DeKay, William N. 27 Mar 1928 Wife: Anna B. Davenport 48
- Undertaker: H. F. Halwig, Olean, NY.
- Anna B. Davenport 1854-1 Aug 1933 Husband: William N. DeKay 48
  - Undertaker: H. F. Halwig; Maiden name possibly Ross

Deming
- Lyman V. 1898-1971 74
- Lauretta 1907 Husband: Lyman Deming 74

Dember, Luella, Hathaway 13 Mar 1934 67 yr 9 mo 14 da 122
- Born: Black Creek, NY; Father: John Hathaway; Mother: Elizabeth Miller born Lyndon, NY

Derhammer
- Clyde A. 1878-1968 10
- Ada E. 1882-1965 10
- Edgar 1905-Jul 1921 Parents: Clyde A. & Ada Derhammer 10
- Velda 1907-1973 10

Daily, David M. 1846-1925 126

Dillon
- George 2 May 1960, 7 Feb 1888 Wife: Clara Della Cummings 139
  - Born: Lawrenceville PA; Died: Frewsburg, NY; Married: 12 Dec 1907 Corning, NY
  - Sons: Kenneth & David; Daughters: Mildred Thomas, Nettie Thomas Wilkenson, Verna Taylor
  - Brothers: Orvis, Fillmore, Marian; Sisters: Ruth Kelly, Ella Rogers, Ola Dillon
- Clara Della C. 5 Oct 1891-5 Aug 1970 Husband: George W. Dillon 139
  - Born: Tioga, PA; Died Cuba Memorial Hospital; Parents: George W. Cummings & Zelina Baker
  - Brothers: Roy, Vern, Earl, Charlie; Sister: Mildred; Undertaker: Loveridge, Cuba, NY.
- Kenneth B. 20 Nov 1908-8 Aug 1991 Wife: Irene Gordon 139
  - Born: Tioga, PA; Died: Olean Gen. Hospital, Olean, NY; Married 1 Oct 1931, Occupation: Teacher
  - Daughter: Dorothy Smith; Parents: George Wesley Dillon & Clara Della Cummings
- Irene G. 14 Jan 1914-9 Sep 1985 Husband: Kenneth B. Dillon 139
  - Born: Yates Center, Woodson Co., Topeka KS; Died: Olean General Hospital, Olean, NY
  - Parents: Willis B. Gordon & Mae Whitten
  - Brothers: Otho & Earl, Half Sisters: Bertha Smith, LaNora Coombs, Sarah Voorhis Hunt
  - Undertaker: Nicholson Funeral Home Cuba, NY

Dillon, Mary E.	20 Jul 1859	Parents: R. S. Dillon & E. S. Dillon	5
Dinsmore			
Almena	5 Feb 1818-9 Dec 1839	21 yr 7 mo 4 da	10
Hugh	20 Feb 1820-12 Jun 1828	8 yr 5 mo 23 da, Parents: James & Betsy A.	10
Thomas J.	1830-24 Jul 1841	Parents: James & Betsy A. Dinsmore	10
Dolan			
Charles	1954		29
Clara	1965		29
Frank McCleod	1975		29
Dolph			
Robert Bennett	26 Oct 1843-4 Sep 1924		127

- 1st Wife: -?; 2nd Wife: Jennie Smith; 3rd Wife: Jennie Swift; Parents: Elizer Dolph & Hannah Crabb,
- Undertaker: F. A. Loveridge

Jennie Smith	Oct 1901	64 yr, Husband: Robert B. Dolph	127

- Born: Mexico, NY; Father: E. Smith,

Jennie Swift	Feb 1852-14 Dec 1933	Husband: Robert B. Dolph	127

- Born: New Hudson, NY; Father: Thomas Swift born Madison Co., NY: Mother: Phoebe Jane Atwater
- Undertaker: Earl Pettit, Cuba, NY

Drew			
Cornelius	10 Mar 1837-22 Jan 1903	Wife: Elizabeth P. Smith	129

- Parents: Charles Drew & Elizabeth Lounsbury

Elizabeth P. Smith	14 Jan 1837-9 Feb 1916	Husband: Cornelius Drew	129

- Born: Angelica NY; Parents: William Smith & Almira Baker 129

Lulu May	11 Mar 1880-29 Aug 1913	Parents: Cornelius & Elizabeth Smith	129
Clair	1871-1877	Father: Cornelius Drew	x
Eastwood			
Edgar	6 Dec 1899, 1836	Wife: Jemina Crawford	1

- Born: Otsego Co. NY; Parents: Reuben & Lydia Eastwood, both born Otsego Co., NY

Jemina	13 Jun 1915, 6 Feb 1835	Husband: Edgar Eastwood	1

- Parents: John Crawford & Lucinda Patridge; Undertaker: F. A. Loveridge Cuba, NY

Edwin	Dec 1919	86y	1

- Parents: Reuben & Lydia Eastwood, both born Otsego Co., NY; Undertaker: W. L. Carter

Eastwood			
Reuben W.	1 Oct 1830-17 Jan 1894	Wife: Jane	30

- Born: Chenango, NY, Parents: Reuben & Lydia Eastwood, both born Otsego Co., NY; Occupation Wagon Maker

Jane			30

- 1st Husband: Reuben Eastwood 2nd Husband: William Eastwood

William H.	6 Mar 1903	80y 3m 14d, Wife: Jane	30

- Parents: Jonas & Ann Eastwood; Occupation: Blacksmith; Co. F 17th Ill. Vol. Cav.

Eastwood			
Emma J.	1852-1904, 1852		x
Nicholas C.	1846-1900	Co. G 98th N.Y. Vol Cav.	x
Carlisle	1836-1899		x
Eaton			
Frank	12 May 1856-2 Oct 1890	Wife: Ann Gee	59

- Born: : Rushford, NY; Parents: Josia Eaton & Jane Swift

Carrie	1882-26 Feb 1902,	born New Hudson	59

- Father: Frank born Rushford NY; Mother: Ann Gee born New Hudson, NY

Eaton			
Melvin	1886-1953		159
Jessie	1886-1956		159
Edwards, Jane H.	20 Jul 1990	Cremated, Ashes on this lot.	125
Edwards			
Scott David	28 Jan 1959-8 Apr 1959		172
Wesley Alan	27 Dec 1960-2 Jan 1975		172
Baby	1959		172
Elliot, Madge	27 Feb 1900-14 Jul 1988,		16

- Parents: Michael Sullivan & Minnie Gage; Nephew: Glenn Clark

Cemeteries of Allegany County

Emerson, Baby	30 Apr 1940-30 Apr 1940	Parents: Lewis Emerson & Harriet Moyer	26
Emery, George F.	6 Sep 1845-16 Nov 1849,	Parents: Rev. J. S. & Lucy Emery	2
English, Ida May	1969	Soldier	140
Erwin, Charles D.	1844-13 Nov 1858	Parents: Robert Erwin & Amarilla Coon	1
Evans, David	29 Apr 1897	64 yr, Mother: Minerva	x
Evans			
Thomas J.	4 Nov 1929	85 yr, Wife: Miranda J. Hillman	33
- Undertaker: G. Loveridge Cuba, NY; Co. D 2nd NY Heavy Artillery			
Miranda G. Hillman	12 Aug 1849 15 May 1937	Husband: Thomas G. Evans	33
- Born: Farmersville, NY; Parents: Harley Hillman & Lucy Stron; Undertaker: G. Loveridge, Cuba, NY			
Benjamin W.	27 Nov 1940	69 yr 10 mo 11 d, Born: Franklinville, NY	33
- Father: Thomas J. Evans; Undertaker: Glenn Loveridge Cuba, NY			
Ewing			
Andy	1909-1984		54
Peggy	1924		54
Fairbanks, Philip L.	1956-1975		191
Feuchter, Harold	1916-1983	Wife: Bethel Williams WW II	77
Feuchter			
Robert C.	15 Oct 1924-21 May 1990	Wife: Jean Christ	13
- Born: Portville NY; Died: Olean, NY; Veteran US Air Force WW II: Undertaker: Nicholson Cuba, NY			
- Mother: Belle Hamilton; Daughters: Linda, Judy, Nancy; Brothers: Harold, Joseph, Clifford			
Jean Christ	1925-1976	Husband: Robert C.	13
- Parents: Lesley Christ & Vera McElheny; Daughters: Linda Noether, Judy Karst, Nancy Brinkwart			
Ford			
John D.	21 Sep 1873-29 Mar 1939	Wife: Rosa Marsh	77
- Undertaker: J. A. Benjamin, Rushford, NY			
Fannie Rosella	1871-1962		77
Ford, Grace, Kellogg	1853-12 Mar 1926		144
- Undertaker: Sherman H. Crane, Hornell, NY			
Fox			
James	1854-20 Mar 1854		150
Monroe	1932	Brother of Sarah Ann Swift	150
Frank			
Harry	1894-1973	Wife: Bernice E.	80
Hazel, Briggs	22 Feb 1897-30 Mar 1922	Husband: Harry Frank	55
- Born: New Hudson, NY; Parents: Wallace Briggs & Ida M. Pratt			
Bernie E.	1895-1983		80
Freeborn			
Hannah	17 Aug 1809-1 Apr 1880	Parents: Stephen & Lucy Freeborn	17
Rowena	17 Jun 1806-23 Feb 1884	Parents: Soloman & Lydia Freeborn	17
Freeborn			
Samuel	24 Sep 1880, 20 Nov 1807	Wife: Lydia	70
Lydia A.	3 Apr 1814-16 Jul 1895	Husband: Samuel Freeborn	70
Freeman			
Eri Wilber	1855-1930, 1855	Wife: Lydia Marilla Brown	58
- Born: Rushford NY; Parents: Eri Bethuel Freeman & Harriet Taylor; Undertaker: W. S. Davis, Arcade NY			
Lydia Brown	1860-1938	Husband: Eri Wilber Freeman	58
- Undertaker: W. S. Davis, Arcade, NY			
Genevieve	12 Sep 1887-25 Feb 1895		58
- Parents: Eri Wilber Freeman & Lydia M. Brown			
French			
George W.	1830-Jun 1918	Wife: Ann Eliza Brown	22
- Undertaker: F. A. Loveridge, Cuba, NY			
Ann Eliza Bacon	1832-Nov 1915	Husband: George W. French	22
- Undertaker: F. A. Loveridge, Cuba, NY			
Fuller, Andrew G.	22 Oct 1821- 16 Nov 1891	Born Vermont Father: Nathan E. Fuller	20
Fuller			
George B.	1818-1889	Wife: Mary A.	24

Mary A.	1830-1902	Husband: George B. Fuller	24
Jay W.	21 DeC 1844-9 Nov 1897	Wife: Sarah Louise Marshall	24
Sarah Louise	1845-30 Aug 1924	89 yr, Husband: Jay W. Fuller	117

- Parents: Amos Marshal & Melissa Comfort; Undertaker: C. C. Roseboom, Carthage, NY

Gage

George	1838-1883	Wife: Charlotte Thompson	50
Charlotte Thompson	6 Apr 1930	90 yr, Husband: George Gage	50
Lottie Morton	1899	Parents: J. W. Morton & C. M. Morton	50
Genie	7 Dec 1874-1 Mar 1878	Parents: George & Charlotte Gage	50

Gage

Monroe	16 Jun 1857-15 Jan 1920	Wife: Nora B. Daley	131

- Born: Smethport PA; Father: George Gage born PA; Mother: Charlotte Thompson born Steuben Co., NY

Nora Daley	1864-1897	Husband: Monroe Gage	131
Carey	30 Nov 1888-31 May 1912		131

- Father: Monroe born Smethport PA; Mother: Nora B. Daley; Occupation: Railroad Section man

George	1891-1974		131
Donna	1964	Husband: George Gage	131

Gage

Wilber	7 Jul 1856-1 Apr 1936	Wife: Angeline Steward	49

- Parents: Wilber Gage & Demis Pendleton

Demis Pendleton	12 May 1821-25 Jan 1872	Husband: Wilber Gage	49
Angeline Steward	4 Feb 1938	83 yr, Husband: Wilbur Gage	49

- Parents: John Steward & Harriet Waite

Henry	1847-Nov 1917	Parents: Wilber Gage & Demis Pendleton	49

Gallagher

Frank M.	1885-1952	Wife: Dorothy	66
Dorothy (Daisey)	1884-1950	Husband: Frank M. Gallagher	66

Gaston

Ebenezer	1782-26 Jan 1863	Wife: Hannah	8
Hannah	1790-9 Nov 1853	Husband: Ebenezer Gaston	8

Gardon

Willis B.	1865-1956	Wife: Mae Whitney	x
Mae, Whitney	1880-1949	Husband: Willis B. Gardon	x

Gay

Stephen	15 Oct 1822-10 Dec 1894	Born: Mass., Wife: Sylvia J. Lyon (Rogers)	42
Silvia Lyon	8 Sep 1824-19 May 1917	Born: New Hudson	42

- 1st Husband: George Rogers; 2nd Husband: Stephen Gay
- Parents: Spencer Lyon & Betsey Ricker both born Waterbury, CT

Clara M.	31 Dec 1868-2 Oct 1883	Parents: Stephen Gay & Silvia Lyon	42
Ruth	3 Jan 1869	43 yr 7 mo 19 da	42

Gee

Aaron L.	18 Sep 1832 10 Feb 1895	Wife: Gracia Upham	31

- Father Soloman Gee; Sgt. Co. A 136 Reg NYV Occupation: Carpenter

Blanche	1867	2 mo 20 da	31

- Parents: Aaron L. Gee & Gracie Upham

Gee, Frank L.	30 Apr 1929	74 yr	50
Gee, Freeborn A.	31 Aug 1858-29 Nov 1894	Wife: Louise Space	33

- Born: New Hudson, NY; Parents: Isaac Gee & Alice Jane Brown

Gee

Isaac L.	1836-1866		34
Alice Jane Brown	1837-1914	Husband: Isaac Gee	81
Adrian L.	1860-26 Feb 1936	Born: Black Creek, NY	81

- Parents: Isaac Gee & Alice Jane Brown

Nora	1864-1865	Parents: Isaac Gee & Alice Brown	81
Perry	1865-1866	9 mo 23 da, Parents: Isaac & Alice	81
Isaac L.	1866	9 mo 23 da, Parents: Isaac & Alice	81
Janey	1888-1895	Parents: Clarence & Harriet M. Gee	34

Gee, Lena A.	1871-9 Oct 1882	Born: Black Creek, NY	79
- Parents: Lucius Gee & Kate Johnson			
Gee, Phoebe	1901		39
Gee, Sally	7 Nov 1788-11 Feb 1846	Husband: Derozel Gee	12
Gee			
Solomon	1792-24 Oct 1860	68 yr, Wife: Sarah	6
Sarah	25 May 1798-25 Apr 1876	Husband: Solomon Gee	6
Moses	15 Sep 1831-14 Jun 1906,	76 yr 7mo, Wife: Clarinda Crabb	72
- Parents: Soloman Gee & Sarah Andrews; Occupation: Mason			
Clarinda Crabb	3 Feb 1836-21 Oct 1891	Husband: Moses Gee	72
- Father: Abram Crabb born Rushford, NY; Mother: Martha Ann			
Gee			
William A.	15 Jun 1878	55 yrs, Wife: Mary Ann	44
Mary Ann	1819-27 Aug 1878	59 yr, Husband: William A. Gee	14
- Mother: Betsy Ricker			
Gee, William Carl	1853	Wife: Phoebe Patterson	39
- Raised by Derosel Gee			
Genung, O. S.	20 Mar 1813-13 Nov 1883		142
Gere, Laura Hyde	1867-1948	Husband: Williston Gere	37
Gere, Williston F.	24 Oct 1937	77, Wife: Laura Hyde	37
- Father: Marshall Gere; Occupation: Telegrapher (RR)			
Giles			
Orrin	25 Nov 1815-31 Dec 1886	Wife: Mary M. Gray	35
Mary M. Gray	14 Jun 1818-29 Dec 1898	80 yr 6 mo, Husband: Orrin Giles	35
- Parents: Aaron Gray & Lucy Fischer			
Gilmour			
Julian F.	1895-1960		3
Lucy Thomas	1893-1975		3
Gleason, Gladys Briggs	28 Dec 1888-9 Apr 1927	Husband: True Gleason	61
- Parents: Wallace Briggs & Ida M. Pratt			
Gleason, Leonard	1908-1985		75
Gleason			
Robert S.	1857-5 Dec 1929	73 yr, Wife: Aby Hilyer	13
- Father: Starkey Gleason			
Aby E. Hilyer	1859-Jun 1933	74 yr, Husband: Robert S. Gleason	13
-Parents: John Hilyer & Rosanna Brown			
Fred	1884-1966		13
Edith May	12 Feb 1888-Marsh, 4 Dec 1923	Husband: Fred Gleason	13
- Born: New Hudson, NY; Parents: Otis Marsh & Edith Sears			
Gordon			
Otho	24 Feb 1909-5 Feb 1964	Wife: Julia Niles	10
- Married 29 Aug 1933; Parents: Willis Bird Gordon & Mae Whitten			
- Brother: Earl; Sister: Irene Dillon; Half Sisters: Bertha Smith, Sarah Voorhis Hunt, LaNora Coombs			
- Sons: Frank, Paul, John; Daughter: Mabel Colley			
Julia Niles	1 Aug 1911	Husband: Otho Gordon	10
- Born: Lyndon NY; Sons: Paul, Frank, John Daughter: Mabel Colley			
Gordon			
Willis Bird	23 Aug 1865-25 Feb 1956	Born: Rose Center, Mich.	143
- Died Black Creek, NY			
- 1st Wife: Mary Ellen Yorton; Daughters: Sarah Voorhis Hunt, Bertha Smith, LaNora Coombs			
- 2nd Wife: Mae Whitten; Sons: Otho & Earl Daughter: Ire Dillon.			
- Brothers: James and Nathaniel; Sister: Eliza			
Mae Isabell Whitten,	23 Dec 1880-14 Jun 1949	Husband: Willis Bird Gordon	143
- Married 14 Mar 1907 Galesburg, IL			
- Sons: Otho & Earl; Stepdaughters: Bertha Smith, LaNora Coombs, Sarah Voorhis Hunt			
Gray			
Zoah	1801-1884	Wife: Zebina	4
Zebina	1799-1884	Husband: Zoah Gray	4

Aaron A.	23 Nov 1828-28 Jul 1829,	Parents: Zoah & Zebina Gray	4
Alberta	1865-1901		
Betsey	14 Feb 1826-5 Oct 1827,	Parents: Zoah & Zebina Gray	4
Electa	8 Jan 1836-13 May 1837	Parents: Zoah & Zebina Gray	4
Ellen	5 Aug 1841-28 Mar 1843	Parents: Zoah & Zebina Gray	4
Mary Ann	10 May 1833-12 Oct 1849	Parents: Zoah & Zebina Gray	4

Gray
Sylvester	1831-1907	Wife: Harriet Wood	46
Harriet Wood	18 Aug 1899	67r y 5 mo, Husband: Sylvester Gray	46

- Father: Solomon Wood; Mother: Ann

Fred E.	1869-1895	Parents: Sylvester Gray & Harriet Wood	46
Greek, Fred B.	2 Nov 1912-16 Oct 1989	Wife: Kathleen Reed	160

- Born: Richburg, NY; Parents: James M. & Mabel Bertron; Sons: Fred H. & Charles; Daughter: Mabel Emch

Kathleen J.	19 Jun 1913-28 Nov 1987,	Born: Ischua, NY; Husband: Fred B.	160

Green
James	25 Sep 1873-1 Jul 1947	Born: England, Wife: Grace Trevarrow	59
Grace Trevarrow	1879-1962	Husband: James Green	59
Green, Neva Adams	1917		13
Guild, Alice J.	1857-30 Jan 1920	63 yr, Died Salamanca, NY	x

Guilford
Earle	1 Oct 1846- 27 Jan 1860		85
Jane Horten	31 Mar 1819-10 Jun 1855		85
Orter	30 Jun 1812-24 Aug 1891	Soldier	85
W.	30 Jun 1812-24 Aug 1891	Soldier	85
Guilford, Fern Phillips	11 Jan 1907	19 yr 6 mo, Husband: Roy Guilford	138

- Father: Jerry Phillips born Steuben Co., NY; Mother: Nettie Comfort born Catt. Co., NY

Gulp, Samuel T.	12 Jul 1891	Father: Cornelius Gulp	x

Habgood
Charles	14 Aug 1910	80 yr 8 mo 26 d, Wife: Helen	155

- Born: Dorset England; Parents: William Habgood & Elizabeth Barrett, both born England

Helen Hammant	1832-5 Jun 1898	Husband: Charles Habgood	155

- Born: England; Parents: Henry & Eliza Hammant, both born England

Habgood
Harry	1870-1955		30
Cora Bell	1873-1960	Husband: Harry Habgood	30
Haggerty, Minota Campbell	1902-1980		139

- Husband: 1st Clarence Campbell; 2nd Sumner; 3rd Haggerty

Hall, Charles W.	23 Apr 1855-24 Apr 1917	Born: New Hudson, NY	120

- 1st Wife: Fannie; 2nd Wife: Alice
- Father: Charles R. born New Hudson; Mother: Susan Marie Mosier born Portage, NY
- Occupation: Cattle Dealer

Hall
Clair	13 Dec 1896-25 Dec 1990	Wife: Leah Van Guilder	145

- Born: Town of Allen; Parents: Hiram Hall & Ella Mack; Son: Richard Hall; Daughter: Helen Clayson
- Member Cuba Lodge 691 IOOF Orien Encampment 53

Grant H.	1894-1962, 1894	Wife: Vivian	145
Leah V. Van Guilder	1893-14 Aug 1968	Husband: Clair Hall	145

-Son: Richard; Daughter: Mrs. David (Helen) Clayson

Vivian	1885-1972	Husband: Grant Hall	145
Hall, Clara B. Alexander	24 May 1888-9 Mar 1938	Husband: Hulbert F. Hall	21

- Born: Black Creek, NY; Parents: Pitt Alexander & Fannie VanSchaick

Halsey
Alice Giles	1860-16 Dec 1901	41 yr 5 mo 28 da, Born: Belfast, NY	120

- Husband: Charles W. Halsey; Parents: Benjamin & Sarah A. Giles

Fannie	26 Jan 1877	19 yr, Husband: Charles W. Halsey	120
Halsey, Charles N.	2 Aug 1895	75 yr, Born: Portage, NY	x
Jefferson B.	1852-22 May 1930	Wife: Ruth Burlingame	142

- Father: Charles N.

Cemeteries of Allegany County

Name	Dates	Notes	Page
Ruth Burlingame	1854-14 Mar 1934	Husband: Jefferson B. Halsey	142
- Born: New Hudson, NY; Father: Linus Burlingame; Mother: Catherine Elmira from Block Island			
Hamilton, Guy E. Jr.	1930-1976		104
Hamilton, Kathleen			144
Hamilton, Melissa	1975-1975	Baby, Parents: Cindy & Martin	82
Harbeck, Baby	19 Oct 1958	Father: Floyd; Mother: Katherine Swift	15
Harbeck, Beverly, Barber		Husband: Richard Harbeck	2
- Parents: Wayland & Lila E. Barber			
Harbeck, C. Elbert	1942	Buried in Valoris, NY	30
Harbeck, Claude Melville	18 Jun 1905-6 Apr 1928	Wife: Louise Dehrman	155
- Born: Black Creek, NY; Occupation: U.S. Navy & Musician; Veteran			
-Father: Jay B. Harbeck born New Hudson, NY; Mother: Lillian Hatch born Catt. Co., NY			
Louise Dehranan	1989	Husband: Claude M. Harbeck	151
- She is not buried here. Actually buried in Haw; Daughter: Claudia J. Brand Keanaaina			
Harbeck			
Fred	1869-Oct 1935	65yr, Wife: Edna Warner	58
- Parents: Elijah Harbeck & Ellen C. Lindsay; Occupation: Cheesemaker			
Edna V.	13 Sep 1943	72 yr 7 mo 21 da, Husband: Fred	58
- Born: West Almond, NY			
Harbeck			
Elijah S.	1824-1895	Wife: Ellen C. Lindsay	98
- Parents: John & Deborah Harbeck			
Ellen C Lindsay	Mar 1916, 1842	Husband: Elijah Harbeck	98
Roscoe	1867-1908	Wife: Eliza Frazier	98
- Parents: Elijah Harbeck & Ellen C. Lindsay			
Howard	1898-1906	Parents: Roscoe Harbeck & Eliza Frazier	98
Harbeck			
Frank Martin	22 Sep 1891-5 Aug 1942	Divorced	30
- Undertaker: R. H. Marble, Olean, NY			
Lillie Amania	27 Dec 1928	68 yr, Husband: C. Elbert Harbeck	30
Harbeck			
Jay B.	22 Apr 1867-29 Dec 1930	Wife: Lillian Hatch	151
- Born: Black Creek; NY, Parents: John & Harbeck & Catherine Beem			
Lillian Hatch	1873-4 Dec 1943	70 yr 1 mo 9 da, Husband: Jay B. Harbeck	151
Jay Jr.	12Mar 1907-22 May 1909	Parents: Jay B. Harbeck & Lillian Hatch	151
Hazel M.	30 Apr1893-4 May 1893	Born: New Hudson	151
- Father: Jay B. Harbeck; Mother: Lillian Hatch born Lyndon Catt. Co., NY			
Harbeck			
John	1788-1843	Wife: Deborah; War of 1812	11B
Deborah	1784-1842	Husband: John Harbeck	11B
Harbeck			
John	1820-7 Jan 1900	73 yr, Wife: Catherine E.	25
- Born: Wyoming Co.; Parents: John & Deborah Harbeck			
Catherine E.	1832-27 Jan 1900	67 yr 9 mo, Born: Dryden, Tompkins Co.	25
- 2nd Husband: John Harbeck			
Harbeck			
John Emmett	1902-1974	Wife: Elva	12
Elva, Harker	1899	Husband: John Emmett Harbeck	12
-Brother: Charles Harker			
Harbeck			
Joseph R.	31 May 1823-16 Nov 1902	Wife: Louisa	137
Louisa	15 Dec 1833-6 Jul 1895,	Husband: Joseph Harbeck	137
Frank	21 Aug 1863-4 Aug 1889	Parents: Joseph R. & Louisa Harbeck	137
Carter	3 May 1867-7 Apr 1870	Parents: Joseph R. & Louisa Harbeck	137
Harbeck			
Maurice E.	20 Aug 1896-27 Dec 1982	Wife: Gertrude Van Fleet	15
- Parents: Jay B. Harbeck & Lillian Hatch; Daughter: Elsie Schulz; Sons: Raymond, Floyd, Ralph			
Gertrude Van Fleet	1900-1986,	Husband: Maurice E. Harbeck	15

- Daughter: Elsie Schulz; Sons: Raymond, Floyd, Ralph			
Harbeck, Robert E.	17 Dec 1933	66 yr	

Harbeck
Robert L.	1893-19--	Lot Owner	36
Maude Amorette	1894-24 Apr 1930	Husband: Robert L. Harbeck	36
-Parents: Theodore S. Thomas MD & Eugenia Williams			
Harriet E.	1928-31 Jul 1928		36
- Parents: Robert Lindsay Harbeck & Maude Amorette Thomas			

Harbeck
William Arnold	5 Sep 1860-28 Aug 1937	Wife: Florence Miner	6
- Parents: Joseph R. & Louisa Harbeck			
Florence Miner	1869-Feb 1921	Husband: William A. Harbeck	6
- Parents: Cornelius W. Miner & Betsey M. Dudl			
Harker, Charles A.	1898-1969	Sister: Elva Harbeck	12

Harvey
Elmer	1864-30 Aug 1913	74y 33m 23d	128
- Born: New Hudson, NY; Operated a billiard room, Sexton of cemetery grounds			
Lyman L.	1818-1895	Wife Emily Quick	128
Emily Quick	24 Mar 1824-14 Mar 1914	Husband: Lyman L. Harvey	128
- Born: PA; Mother: Hannah Van Gorter			

Haskins
Alexander	19 Nov 1975-14 May 1978	Father: Gary Haskins	101
Joanne, Brockel		Husband: Gary Haskins	101
Philys J.	16 Mar 1986-24 Oct 1988	Parents: Gary Haskins & Joanne Brockel	123

Hatch
Arthur Austin	1870-25 Dec 1943	73 yr 6 mo 14 da, Wife: Nina Tripp	97
- Born: Lyndon NY			
Nina Tripp	1861-1945		97
Husband: Arthur	97 Hatch, Arthur Burdell	1960	
Ray M.	1897-28 Mar 1899	1 yr 8 mo	86
- Born: Lyndon, NY; Parents: Arthur Hatch & Nina M. Tripp			

Hatch
Ernest E.	1879-1945		33
Louise Gee	1861-1946		33

Hatch
Melville Vorman	26 May 1845-22 Dec 1919	Wife: Mary A.	86
- Born: Lyndon NY; Parents: Joseph Hatch & Sarah Vorman; Occupation: Wagonmaker			
Mary A.	1851-1907	Husband: Melville V. Hatch	86
Frank M.	1875-6 Jul 1895	20 yr, Parents: Melville V. & Mary A. Hatch	86

Hathaway
Andrew Jackson	10 Oct 1832-9 Dec 1853	Born: Black Creek, NY	5
- Father: John M. Hathaway; Mother: Rebecca DeKay born Orange Co., NY			
Thomas DeKay	28 Apr 1844-8 May 1876	Born: Black Creek, NY	5
- Parents: John M. & Rebecca DeKay			
Hathaway, Hannah Elizabeth Miller	1842-5 Jan 1917	74 yr, Husband: John Hathaway	x

Hathaway
John M.	14 Mar 1794-28 Jun 1884	Born: Orange Co., NY	87
- 1st Wife: Naomi Paddock; 2nd Wife Rebecca DeKay			
Rebecca, DeKay	24 Dec 1893	83 yr, Husband: John M.Hathaway87	
-Parents: Thomas DeKay & Christina Roe, both born Orange Co., NY			
John	15 Nov 1834-10 May 1905	Wife: Elizabeth Miller	86
- Born: New Hudson, NY; Parents: John M. Hatchaway & Rebecca DeKay, both born Orange Co., NY			
Elizabeth Miller	7 Jan 1842-2 Jan 1917	Husband: John Hathaway	86
- Born: Lyndon, NY; Father: Ansel Miller born Seneca Co., NY; Mother: Artimeria Congdon			
Frances A.	22 Dec 1847-11 Mar 1916	born Black Creek, NY	53
- Parents: John M. Hatchaway & Rebecca DeKay, both born Orange Co., NY			
Frank	1850-1906	Wife Eva Riley	53
- Born: Black Creek, NY; Parents: John M. Hatchaway & Rebecca DeKay, both born Orange Co., NY			

Cemeteries of Allegany County

Hauck
    Karl Oscar   1899-1983   Veteran WW II   97
    Marie E.   1907   97

Hendryx
    Albert Van Buren   18 Mar 1847-23 Apr 1896   49 y, Wife: Mettie C. Bradley   44
        - Born: Cuba, NY; Father: James Hendryx born Woodstock, Madison Co., NY; Mother: Cynthia Sibley
    Mettie Bradley   1849-Jan 1917   Husband: Albert V. Hendryx   44
        - Died: Gowanda State Hospital; Parents: Ulysses H. Bradley & Jeannett Scott

Hendryx, Baby   1901   144
Hendryx, Fred   18 Dec 1857-11 Sep 1879   132

Hendryx
    Lemuel Tryon   14 May 1851-24 Jan 1903   Wife: Anna E. Buckman   32
        - Born: Cuba, NY; Parents: James Hendryx & Eunice Tryon - See *Allegany and Its People*, p. 844
    Anna E. Buckman   11 Aug 1849-13 Feb 1905   Husband: Lemuel T. Hendryx   32
        - Parents: Franklin Buckman & Martha Hampton
    Lemuel T.   1897-24 Dec 1898   Father: Dayton Mother: Rose Rock   32

Hibbard
    Harry   27 Jul 1808-16 Oct 1893   Wife: Lavinia Comfort   85
        - Born: VT; Parents: Richard & Nancy Hibbard
    Lavinia Comfort   20 Sep 1817-8 Aug 1897   Husband: Harry Hibbard   85

Hibbard
    Perry S.   17 Jan 1872   31 yr 8 mo 15 d, Wife: Cinthia   98
    Cynthia   12 Nov 1840-6 Mar 1928   Husband: Perry   x

Hibbard
    Thomas F.   11 Dec 1777-12 Oct 1851,   Wife: Gracy   11B
    Gracy   10 Oct 1777-14 Aug 1847   Husband: Thomas F. Hibbard   11B
    Adeline   27 Mar 1814-29 Sep 1897   11B

Hickey
    Harold L.   1908-1978   61
    Evelyn   1915-1983   61

Hickey, Mary E.   1895-1976   x

Hicks,
    Frank A.   15 Mar 1861-2 Nov 1926   Wife: Edith Ricker   25
        - Born: Lyndon Catt. Co., NY; Parents: Royal & Helen Hicks; Occupation: Merchant
        - Undertaker: G. E. Stanley, Frewsburg, NY
    Edith   1869-1964   25
    Edith Baby   16 Nov 1959   25
    Flossie Mae   1895-1969   25

Hicks, Robert R.   1862-1956   Veteran WW I   25

Hill
    Jackson D.   29 Jun 1828-21 Mar 1905   Wife: Ellen   101
    Ellen   11 Dec 1877   37 yr, Husband: Jackson D. Hill   101

Hilyer
    John   2 Dec 1826-1 Feb 1890   Wife: Rosina Brown   26
    Charles   1854-7 Nov 1933   Born: New Hudson, NY   26
        - Father: John born near Nunda, NY; Mother: Rosina Brown born New Hudson

Hillabush
    David R.   1906-17 Feb 1989   82 yr   x
    Mildred S.   1910   x

Hitchcock, Julia Ann   1825-1 Jun 1865   40 yr, Husband: C. E. Hitchcock   47
Holcomb, Maria, Westfall   1851-? Oct 1924   Born: New Hudson, NY   47
    - 1st Husband: Henry Norman; Undertaker: R. M. Marble, Portville, NY

Hopkins, Baby   1926   x
Horner, Fred   7 Jul 1894-28 Apr 1988   Wife: Thurzy Searl   57
    - Parents: Fred Horner & Lena Fedick; Veteran WW I
Horner, Thurzy Searl   1983   1st Husband: Guy Searl   57
Hosford, Julia E.   6 Apr 1933   76 yr   12
    - Undertaker H. F. Halwig, Olean, NY

Howell, Baby	1919		148

- Do not know whether this baby is Howell or Campbell or parents at this time.

Howell			
Charles J.	1880-21 Dec 1929	Wife: Cloe Campbell	7
Burton	15 Jul 1917-9 May 1988	Father: Charles J.; Mother: Cloe Campbell	147
Yvonne Ann	1939-1960		147
Gordon Baby	1950	Son of Betty & Gordon Howell	7
Hubert M.	21 Feb 1924-13 Jan 1985	U.S. Army WW II	7
William Henry	Mar 1920-Feb 1921	Father: Charles J.; Mother: Cloe Campbell	7
Howell, Paul	1942-1953		148
Hurd, Fannie	2 Feb 1949	62 yr	62
Rev. Reuben	14 Feb 1782-22 Jul 1850	Wife: Jane	4
Jane	29 Feb 1800-3 Jan 1866	65 yr, Husband: Rev. Reuben Hurd	4
Isabel	1 Mar 1851	61 yr, Parents: Rev. Reuben & Jane	4
Hutchings			
John A.	14 Jan - 4 Jan 1905	Wife: Melinda	45
Melinda Reynolds	15 May 1835-30 Sep 1891	Husband: John A. Hutchings	45

   -Parents: Eli & Mary Reynolds; Brother: Orson J.; Sister: Catherine Reynolds Luce

Hyde, Charles	1862-22 Nov 1927	65 yr, Wife: Blanche Rowley	37

   - Born: Black Creek, NY; Parents: Perry Hyde & Winnie Cannon

Blanche Rowley	20 May 1870-24 Nov 1922	Husband: Charles Hyde	13

   - Born: Willet, Cortland Co., NY
   - Father: Hartson A. Rowley born Freetown Cortland Co.; Mother: Mary E. Tiffany born Delaware Co., NY

Hyde			
Horatio	1866-1945		37
Nora B.	11 Mar 1873-12 Feb 1940	Husband: Horatio A., Born: Otto, PA	37
Hyde			
James	6 Apr 1814-11 Apr 1897	84 yr, Wife: Fannie Keyes	136

   - Born: Burlington, VT
   - Father: Eri Hyde came to Rushford ca 1830 from Burlington, VT; Mother: Pamelia Keyes

Fannie Keyes	5 Jan 1813-14 Jun 1865	Husband: James Hyde	136
Emma	16 May 1851-7 Jun 1874	Parents: James Hyde & Fanny Keyes	136
Hyde			
James M.	1864-1950		17
Rachel Norman	26 Jun 1870-5 Mar 1917	Husband: James M. Hyde	17

   - Born: New Hudson, NY; Mother: Marie Westfall born New Hudson

Hyde			
Perry	15 Jun 1837-1 Apr 1918	Born: MI, Wife: Winnie Cannon	136

   - Parents: James Hyde & Fanny Keyes

Winnie Cannon	184212 Sep 1929	Husband: Perry Hyde	136

   - Father: Peter Cannon born Ireland

Ingalls, Clara Jospehine McElheny	25 Jan 1882-6 Jul 1937	Husband: Frank Ingalls	66

   - Father: Newell C. McElheny Born Black Creek, NY; Mother: Florence Dunlap

Ingalls			
John W.	31 Dec 1806-26 May 1893,	Wife: Elizabeth H.	135
Elizabeth H.	8 Jul 1804-8 Feb 1887	Husband: John W. Ingalls	135
Emma M.	18 Jun 1849-15 Sep 1865	Parents: John W. & Elizabeth H. Ingalls	135
Hibard J.	29 May 1829-May 1842	12 yr 11 mo 18 da	135

   - Parents: John W. & Elizabeth H. Ingalls

Orpha J.	15 Dec 1838-9 Jul 1840	Parents: John W. & Elizabeth H. Ingalls	135
Isted, Stephen	20 Feb 1891	80 yr	141
Ikhin, Charles D.	18 May 1858		x
Jameson			
James	1761-16 Mar 1837	76 yr	10
Margaret	1749-10 Jun 1846	97 yr, Husband: Hugh Jameson	10
Jenks, Washington	9 Jun 1855	30yr	A , 6, 12
Jennings			
Lyman	1876-1951		19

Cemeteries of Allegany County

Lola A. Treusdell	1874-1945	Husband: Lyman Jennings	19
- Parents: Beebe Burt Treusdell & Ethel Hedden			
Jewell, Elizabeth B.	30 Sep 1824-10 Jan 1882	Husband: Leanard	5
Jordan, Cora Watts	8 Jan 1864-27 Dec 1926	Husband: Franc M.	47
- Parents: David Lewis & Cora Watts, both born Orange Co., NY			
Jordan			
R. Lafayette	1852-Nov 1929		108
Elizabeth	1855-27 Jun 1944	88 yr 11 mo 9 da, Husband: Lafayette	108
- Father: Bartoo			
Jordan, Frank Henry	1887-1959		62
Jordan, Frank M.	1959		47
Jordan, George Robert	1906-27 Aug 1926	Parents: Ernest & Mary Jordan	1
- Undertaker: W. D. Grover, Dansville, NY			
Jordan			
Henry Mearl	1898-Jan 19358	Wife: Clara Green	169
- Parents: Ernest & Mary Jordan			
Clara G. Green	1905-1955		169
Grace Elizabeth	Oct 1934-11 Jan 1935	Parents: Mearl Jordan & Clara Green	169
Mary	19 Jun 1928-24 Oct 1939,	Parents: Mearl Jordan & Clara Green	x
Jordan, Minerva Elizabeth	2 May 1912	7months, Father: Ernest; Mother: Mary	1
Kayes			
William H.	1877-12 Jan 1944	66 yr 5 mo 8 da, Wife: Ethel DeKay	48
Ethel DeKay	1888-1972	Husband: William H. Kayes	48
Kazanjian			
Agha	7 Jul 1925	Lot Owner	166
Grace Lockwood	21 Jul 1932-20 Feb1988	Husband: Agha Kazanjia	166
- Parents: Jay Lockwood & Carrie Niles			
Keller, Frances MurielJordan	17 Sep 1890-1985,	Born: Otego, NY	47
- 1st Husband: Robert Briggs; 2nd Husband John Keller; Daughter: Neysa Briggs Randolph			
- Parents: Frank Jordan & Cora Watts			
Kellogg, Elmond L.	25 Aug 1841-3 Mar 1922	Born: Eagle NY, Wife: Eunice Pierce	144
- Father: John W. Kellogg born Pultney; Mother: Sarah L. Nash born Saratoga, NY			
Kenwell, John J.	1868-1913	Wife: Carrie	74
- Norman Occupation Veterinary Surgeon			
Kerman, Mary L.	13 Mar 1849-7 Jan 1878	Born: Dansville, NY	100
- Mother: Hannah Torkington born Vernon, NY			
King, Bernice	1972		82
King, Sarah B.	1842-1894, 1842	Husband: Frank King	8
Koch,			
Robert Henry	25 Sep 1961-28 Dec 1989	Wife Dorothy Payne Cassford	72
- Born: Buffalo, NY; Parents: Francis X. Koch & Mary Moot			
- Brothers: Frances, Kenneth; Sisters: Kathleen Valenti, Maty Ann Jauch, Elizabeth AnnKoch			
- Stepsisters: Karla Cassford & Christ Cassford; Stepson: Corey Cassford			
- US Army 1979-81; Member Legion Post 5 Shinglehouse, PA			
Dorothy Payne			72
- 1st Husband: Cassford; 2nd Husband: Robert Henry Koch; Son: Corey Cassford			
Krivulka			
Charles	1871-1954		4
Julia	1871-1951	Husband: Charles Krivulka	4
Alexander	27 Feb 190?-22 Jan 1919	Born: Hungary	4
- Father: Charles born Hungary; Mother: Julia Demeter born Hungary			
George A.	1919-1987		4
Lacy			
Oscar J.	1825-17 Aug 1900	76 yr, Wife: Julia Carpenter	83
Julia A. Carpenter	1826-17 May 1896	71 yr, Husband: Oscar Lacy	83
- Parents: Willard Carpenter & Hannah W. Dewey			
Clarence J.	31 Jan 1859-2 Mar 1934	Born: Black Creek, NY	83
- Parents: Oscar J. Lacy & Julia A. Carpenter			

Carlos	16 Dec 1893	87 yr, Born: Madison Co., NY	83
- Parents: Sherman & Lorra Lacy			
Lorena	Feb 1785-14 Mar 1868	Husband: Sherman Lacy	83
Lane			
George	1820-21 May 1892	born England, Wife: Sarah Roberts	29
Sarah, Roberts	1820-1904	Husband: George Lane	29
Lanning			
Richard	1812-1901	Wife: Susan S.	105
Susan S.	1828-1904		105
Charles H.	1857-1870		105
Larrabee			
Adrian Burdette	28 Sep 1897	Born: Eldred, PA	45
- Wife: Jennie Rogers (buried Belfast, NY)			
- Parents: Jacob Larrabee & Mariah Holcomb (buried Portville, NY)			
Jennie Rogers	1860-25 Jan 1925	Husband: Adrian Burdette	45
- Born: New Hudson, NY; Father: George D. Rogers; Mother: Sylvia Lyon born New Hudson			
Carroll	1894-1955	Father: Adrian Burdette; Soldier	45
Learn, Adam	1958		11
Learn, Harold Allen	1896-1896	Parents: Ernest Learn & Ella Allen	157
Lewis, Dale Z.	27 Nov 1951-13 Jan 1973	Parents: Richard M. Lewis & Ruth Fish	81
Lewis, Isaac	1 Apr 1851-17 Jan 1872	Parents: Gideon & Bethiah Lewis	11
Lewis, Manerva	27 Dec 1845-8 Aug 1850	Parents: Aaron & Nancy Lewis	x
Libbey			
Isaac	1819-4 Nov 1889	70 yr, Wife: Emma J.	79
Emma J.	1834-1900	Husband: Isaac Libbey	79
William H.	1853-Sep 1924	Wife: Lillian	79
- Parents: Isaac & Emma J. Libbey			
Lillian	1852-Aug 1917	Husband: William Libbey	79
Lindsay			
James C.	23 Oct 1931	77 yr, Soldier	138
Caroline	24 Apr 1874	81 yr	138
Mary H.	15 Aug 1828-24 Apr 1874		138
Lockwood			
Allen M.	8 Jul 1860-4 Aug 1933	Born: Ischua, NY	170
Arthur Monroe	23 Apr 1883-1 Jul 1939	Father: Allen M. Lockwood; Soldier	171
Jack	1916-1960		171
Geraldine Perkins	1967	Husband: Jack Lockwood	171
Elizabeth B.	1945		171
Lockwood, Archie	1914-1977	Soldier WW II	172
Lockwood, Francis	23 Aug 1894-26 Dec 1968	Veteran WW I	180
Lockwood, Mildred L.	1933-1975		191
Lockwood, Millard Russell	15 Jun 1989	Died at Raleigh, Wake Co., NC	161
-Interred Black Creek 9 Sep 1994			
Lockwood			
Ralph L.	1898-1980	Soldier	167
Jay	1903-1984		167
Carrie F.	1909-1987	Husband: Jay Lockwood	167
Lockwood, Rufas M.	1899-1977	Soldier WW II	168
Lockwood, Viola	11 Nov 1902	51 yr 3 mo 23 da, Husband: Charles	122
- Born: Cortland Co., NY; Parents: Orson J. Reynolds & Sarah Ann Hutchings, both born Cortland Co., NY			
Lockwood, Mary O.	1920		
Lockwood, Beulah M.	1910		x
Lockwood, Ellen A.	18 Dec1908-19 Mar 1867		x
Lord			
Robert	1803-1857	Wife: Eliza	2
Eliza	1808-1859	Husband: Robert Lord	2
Orestis A.	7 Aug 1844	Parents: Robert & Eliza Lord	2
Oscar S.	Aug 1832-31 May 1837	Parents: Robert & Eliza Lord	2

Lowe, Bertha L.	14 Jul 1988		x
Lounsbury, Adalaide Wakley	1843-24 Jul 1866	Husband: Charles; Father: Nathan Wakley	30

Lounsbury
- Andrew — Jan 1828-5 Mar 1912 — Wife: Amy — 2
  - Parents: Mathew Lounsbury & Eliza Shuart
- Amy — 1830-1 Feb 1915 — Husband: Andrew Lounsbury — 2
- Charles A. — 22 Feb 1860-12 Feb 1918 — Parents: Andrew & Amy Lounsbury — 2
  - 1st Wife: Myra Lawton; 2nd Wife: Josephine Ackerman
- Myra Lawton — 3 Apr 1868-29 May 1897 — Husband: Charles A. Lounsbury — 2
  - Parents: George & Marietta Lawton

Lounsbury
- Mathew — 1798-1884 — Wife: Eliza — 9
- Eliza — 1803-1886 — Husband: Mathew Lounsbury — 9
- Catherine — 1825-1842 — Parents: Wesley & Marya Lounsbury — 9
- Ella S. — 14 Sep 1853-16 Apr 1856 — Parents: Wesley & Eliza Lounsbury — 9
- Eva S. — 1851-1854 — Parents: Wesley & Eliza Lounsbury — 9
- Margaret — 1833-1861, 1833 — Parents: Wesley & Marya Lounsbury — 9
- Sally — 1822-1856 — Parents: Wesley & Marya Lounsbury — 9
- Savilla — 1846-1851 — Parents: Wesley & Marya Lounsbury — 9

Lounsbury
- Samuel — 11 Feb 1874 — 78 yr 9 mo — 67
  - 1st Wife: Mary; 2nd Wife: Melissa, Soldier
- Mary — Nov 1795-12 Jun 1864 — Husband: Samuel Lounsbury — 67
- Melissa — 15 May 1884 — 50 yr, Husband: Samuel Lounsbury — 67

Lounsbury, Samuel Albert — 1866-Jun 1914 — Wife: Cora Reed — 102
- Parents: Samuel & Malisia Lounsbury

Lowe, Bertha L. — 14 Jul 1988

Luce
- Elias — 26 Dec 1836-15 Apr 1891 — — 89
  - 1st Wife: Catherine Reynolds; 2nd Wife: Phoebe L.
- Catherine A. Reynolds — 14 Feb 1836-25 Mar 1884 — Husband: Elias Luce — 89
  - Parents: Eli & Mary Reynolds; Brother: Orson J. Reynolds; Sister: Melinda Reynolds Hutchings
- Baby — — Parents: Elias & Catherine Luce — 89

Luce
- Charles H. — 26 Jul 1931 — 75 yr 7 mo 15 da, Wife: Nellie Lewis — 138
  - Occupation: Blacksmith; Undertaker: G. Barton, Rochester
- Nellie Lindsay — 1863-1961 — — 138

Luce
- Eli H. — 9 Nov 1940 — 72 yr 2 da, Wife: Cora Thornton — 156
  - Born: New Hudson
- Cora Thornton — 1875-1962 — Husband: Eli H. Luce — 156
- Harold E. — 1897-1897 — Parents: Eli Luce & Cora Thornton — 156
- Herman B. — 17 Mar 1899-14 Mar 1928 — Wife: Roberta Wixson — 156
  - Father: Eli Luce; Mother: Cora Thornton Herman born Belfast, NY

Luce
- Howard — 1876-1952, 1876 — — 103
- Mrs. Howard (Myrtie) — 1881-1948 — Husband: Howard Luce — 103

Luce, Royal E. — 1898-1954 — — 109

Luce
- Ozer — 5 Oct 1808-12 May 1886 — — x
- Abigail — 5 Oct 1808-20 Mar 1890 — Husband: Ozer Luce — 76
- Elizabeth — 3 Jan 1811-2 May 1886 — — 76

Lyon, Bertha — 1867-1968 — — 22

Lyon
- Chester — — Born: New Hudson — 132
  - Parents: Wesley Spencer & Marcia Lyon
- Martha M. — 29 Nov 1859-25 Jul 1917 — Husband: Chester Lyon — 132

Lyon, Henry Jonathan	27 Oct 1847-5 Jul 1920	Wife: Susie Alexander	28
- Parents: Ralph Lyon & Diadama Peterson			
Lyon, Jessie D.	2 Aug 1876-3 Aug 1941	Born: Birdsell, NY, Wife: Bertha French	32

Lyon
Lemuel Ralph	25 Mar 1822-16 Feb 1889	Wife: Diadama Peterson	27
- Born: New Hudson, NY; Parents: Spencer Lyon & Betsy Ricker, both born VT			
Diadama Peterson	15 Jan 1819-15 Feb 1899	Husband: Lemuel Ralph Lyon	27
- Born: Truxton, NJ; Parents: Jonathan Peterson & Dorothy Smith			
Amelia	1848-21 Apr 1911	Single	27
- Parents: Lemuel R. Lyon & Diadama Peterson			
Vina D.	14 Apr 1851-5 Apr 1887	Born: New Hudson, NY	x
- Parents: Lemuel R. Lyon & Diadama Peterson			
Lemuel R.	24 Feb 1856-5 Dec 1931	Wife: Mary White	28
- Parents: Lemuel R. Lyon & Diadama Peterson			
Mary H. White	12 Apr 1883-10 Apr 1899,	36 yr, Husband: Lemuel R. Lyon	28
- Born: Tompkins Co. NY; Father: Wesley White; Mother: Marinda born Sanborn, NY			
Susie O Alexander	15 Aug 1852-3 May 1935	Husband: Henry J. Lyon	28
- Born: Black, NY; Parents: John E. & Helen Ann Alexander			

Lyon
Otis Spencer	3 Jul 1859-17 Feb 1931	Wife: Mary Eva Brown	53
- Born: Black Creek, NY; Father: Walter Spencer Lyon; Mother: Marcia Rogers born Shearow VT			
Mary Eva Brown	23 Jan 1864-15 Feb 1920	Husband: Otis S. Lyon	53
- Born: Erieville, Madison Co., NY; Father: Jerome Brown born Madison Co. NY; Mother: Mary Wooten born England			
Wesley S.	1884-29 Oct 1930	Born: Black Creek	53
- Parents: Otis Spencer Lyon & Mary Eva Brown			
Ethel Olive	1888-11 Jan 1910		53
- Parents: Otis Spencer Lyon & Mary Eva Brown			

Lyon
Spencer	11 Nov 1802-11 Aug 1878	Wife: Betsey Ricker	10
- Spencer came from Vermont in 1820			
Betsey	8 Sep 1793-12 Sep 1870	77 yr 4 da, Husband: Spencer Lyon	10
- Came from Vermont			
Henry J.	25 Apr 1817-16 May 1846	29 yr 21 da	10
Spencer D.	1824-1903	Wife: Lydia Ann Pratt	55
- Born: New Hudson, NY; Parents: Spencer Lyon & Betsey Ricker			
Lydia Ann Pratt	1823-1906	Husband: Spencer D. Lyon	55
Lucius B	18 Aug 1895	69 yr, Wife: Susan M.	68
- Born: New Hudson, NY; Parents: Spencer Lyon & Betsey Ricker			
Susan M. Upham	1836-14 Sep 1884	48 yr, Husband: Lucius B. Lyon	68
- Parents: Joseph Upham & Harriet Baker			

Lyon
Walter Spencer	1829-1904	Wife: Marcia Rogers	69
- Born: Black Creek, NY; Parents: Spencer Lyon & Betsey Ricker			
Marcia Ann	1832-26 Apr 1902	70 yr 1mo 1d, Husband: Walter S. Lyon	69
- Born: Shearow, VT			
Emma J.	1853-1866	Parents: Walter S. Lyon & Martha Rogers	69
Alberta	1861-1862	Born: Black Creek, NY	69
- Parents: Walter S. Lyon & Martha Rogers			

Mack
Nelson	1832-1908	Wife: Emily Hawks	x
- Reported buried in Caneadea			
Emily Hawks	29 Nov 1926	Husband: Nelson Mack	46
Mack, Omer Taft	1883		x
Mack, Clarence	1891		x
Magee, Helen, Brooks	1968		18Ma

Manning
Henry	1890-1983	Wife: Mary E.	8
Mary E.	1898-1976		8

Mapes
- Henry C. — 10 Oct 1843-12 Jan 1889 — Wife: Laura A. DeKay — 93
  - Co. I 19th NY Cav., Co. E 179th NY Inf.
- Laura Ann DeKay — 2 Feb 1846-9 Jan 1925 — Husband: Henry C. Mapes — 93
  - Born: Black Creek, NY; Parents: Joseph DeKay & Eliza A. Hyde

Marsh, Albert — 22 Feb 1863-30 Jan 1930 — Wife: Ann(Gee) Eaton — 78
- Born: New Hudson, NY; Father: Nelson born New Hudson; Mother: Mary Gleason
- Ann Gee — 31 Jan 1869-12 Jan 1919 — 59
  - 1st Husband: Frank Eaton; 2nd Husband: Albert Marsh; Parents: Moses Gee & Clarinda Crabb
- Alfred Eugene — 5 Jun 1943 — 77 yr 8 mo 10 da — 78

Marsh
- Frank B. — 7 Aug 1876-7 Nov 1933 — Wife: Elizabeth Reynolds — 125
  - Parents: Nelson Marsh & Mary J. Gleason
- Elizabeth — 1883-1963 — Husband: Frank Marsh — 125
- Mabel A. — 29 Apr 1906-3 May 1906 — Parents: Frank & Elizabeth Reynolds — 125
  - Born: Portville, NY
- Royal — 1908-1978 — 125
- Ward Burton — 3 Sep 1907-18 Nov 1907 — Parents: Frank & Elizabeth Reynolds — 125

Marsh
- Nelson — 30 Apr 1835-15 Aug 1920 — Wife: Mary J. Gleason — 78
  - Born: New Hudson, Father: Otis Marsh born VT; Mother: Rosella Holden
- Mary J. Gleason — 12 Apr 1841-26 Oct 1913 — Husband: Nelson Marsh — 78
  - Born: Belfast, NY; Parents: Starkey Gleason & Fanny Warl

Marsh, Robert — 1982 — Ashes, Veteran — 20

Marshal
- Amos — 2 Nov 1815-19 Mar 1890 — Wife: Melissa Comfort — 117
- Melissa Comfort — 4 Mar 1821-16 Jun 1895 — 74 yr, Husband: Amos Marshal — 117
  - Father: Richard Comfort

Marshall, Isaac L. — 28 Nov 1872 — 66 yr — 135

Mason: Emily — 7 Sep 1900 — 61 yr, Born: Cuba, NY — 141
- 1st Husband: Isted; 2nd Husband: Geo. Mason

Mastin
- Floyd — 1891-1949 — 124
- Thelma — 1916-1953 — 124

Melendy, John — 16 Feb 1884-30 Jul 1955 — Vet. WW I, S4 Co. NY Coast Artillery — 9

McElheny
- Andrew Jackson — 1835-22 Apr 1910, — 75 yr, Wife: Ellen Wakely — 118
  - Born: Black Creek, NY; Co. E 5th N.Y. Cav.; Father: Thomas born PA; Mother: Isabelle Ferguson
- Ellen R. Wakely — 6 Dec 1922 — Born: Tompkins Co., NY — 118
  - 1st Husband: Nelson A. Alexander; 2nd Husband: Andrew Jackson McElheny
  - Parents: Nathan Wakley & Sarah Bower

McElheny, Ann Marla — 6 Jul 1820-3 Jan 1845 — Husband: John McElheny — 8

McElheny
- Francis Eugene — 13 Sep 1847-30 May 1900 — Wife: Clara A. Brown — 97
  - Parents: James Madison McElheny & Mary Wood Abbo
- Clara A. Brown — 1847-11 Dec 1919 — Husband: William Brown — 97
  - Born: Angelica, NY
- Cassie S. — 30 Jun 1878-3 Sep 1878 — 97
  - Parents: Francis Eugene McElheny & Clara A. Brown

McElheny
- Frank L. — 15 Jun 1864-11 Jan 1915 — 80
  - 1st Wife: Mary Lang; 2nd Wife: Elizabeth Lang; Parents: James & McElheny Elizabe Hyde
- Mary Lang — 9 Oct 1868-20 Dec 1896 — Husband: Frank L. McElheny — 80
- Elizabeth Lang — 1870-1963 — 80

McElheny
- James — 20 Mar 1836-14 Oct 1916 — Born: Dryden, Tompkins Co., NY — 103
  - 1st Wife: Elizabeth A. Hyde; 2nd Wife: Mary E. Weeks; Parents: Marshall McElheny & Catherine Bush.
  - Co. B 189th Reg. NYV

Elizabeth A.	4 Oct 1838-5 Jun 1909	Husband: James McElheny	103
- Parents: James & Fanny Hyde			

McElheny

Marshall M.	14 Apr 1811-28 Feb 1869	Wife: Catherine Bush	95
Catherine Bush	24 Dec 1912-10 Nov 1885	Husband: Marshall M. McElheny	95

McElheny

Richard	1929-1971	Father: Leo & Marcia McElheny	121
Leo H.	20 Mar 1946	Btry F 305th Field Artillery WW I	121
Marcia	1899-1965	Husband: Leo McElheny	121

McElheny, Teresa 1911-1976 11

McElheny,

Valorus Joshua	7 May 1845-27 Jan 1911		40
- 1st Wife: Margaret E. Howden; 2nd Wife: Vonia Chamberlain			
- Father: James Madi McElheny; Mother: Mary Wood Abbott born Marcellus, NY; Co. B 2nd Reg NY Mounted Rifles			
Margaret Eliza	7 Jan 1848-25 Sep 1884	Husband: Valorus J.	40
- Father: Alexander Howden born Haddington, Scotland; Mother: Margaret Dorr Wells born Cambridge, NY			
Vonia C.	12 Apr 1849-17 Apr 1913		111
1st Husband: Young; 2nd Husband: Valorus McElheny; Father: Chamberlain; Mother: Higgins			
Edna	16 Mar 1880-11 Jan 1879		40
- Parents : Valorus Joshua McElheny & Margaret Eliza Howden			
Nellie H.	1881		40
- Parents: Valorus Joshua McElheny & Margaret Eliza Howden			
Rose C.	5 Feb 1878-25 Dec 1879		40
- Parents : Valorus Joshua McElheny & Margaret Eliza Howden			

McElheny

Wallace M.	28 Aug 1944	64 yr 7mo 8d, Wife: Jennie Baker	115
- Parents: Oliver & Luella McElheny; Son: Clair, Daughter: Vera Chr			
Jennie Baker	1882-1962	Husband: Oliver McElheny	115
- Mother: Luella, Son: Clair, Daughter: Vera Christ			
Clair A.	24 Nov 1992	74 yr.	115
-Parents: Wallace McElheny & Jennie Baker			

McElheny

William	11 Sep 1816-8 Mar 1889	Wife: Lucinda Gee	88
Lucinda Gee	28 Nov 1826-2 Feb 1905	Husband: William McElheny	88
- Parents: Solomon Gee & Sarah Ann Andrews			
Newell Cobb	25 Jun 1843-11 Nov 1924		79
- 1st Wife: Crawford; 2nd Wife: Florence Dunlap Hume			
- Father: William born Dryden, NY; Mother: Lucinda Gee; Vet. Co. F 85th Reg NYV			
Florence Dunlap	31 Mar 1855-25 Nov 1937	Husband: Newell Cobb McElheny	79
- Born: Yorkshire, NY; Father: Thomas Dunlap born Delevan, NY; Mother: Scott born Rushford, NY			
Roscoe C.	8 Jul 1879-11 Apr 1926	Wife: Mary Madison	79
- Parents: Newell Cobb McElheny & Florence Dunlap			

McVey

John R.	21 Jun 1866-8 Apr 1957		81
Linna Spencer	18 Jul 1868-12 Feb 1948		81
Edith	1893-1966		81
Fred	21 Apr 1892-12 Sep 1958,	Born: Amity, NY; Died: Rochester, NY	81
Sarah M.	8 May 1890	Parents: John & Linna	x

McVey

Thomas L.	1862-1948		82
Myrtie E. Gee	23 Aug 1865-3 Jul 1935	Husband: Thomas L. McVey	82
- Parents: Moses Gee & Clarinda Crabb			
Frank	1889-Dec 1925	Wife: Bernice Jennings	82
- Parents: Thomas L. McVey & Myrtie Gee			
Bernie	15 Apr 1880	10 yr 21 da, Son of F. D. & C. L.	x
Clarinda Ann	1895-1970		82

Milhollen

William J.	1828-7 Mar 1863	80 yr, Wife: Martha Upham	58

Cemeteries of Allegany County

    - Co. K 136th NYV

Martha Upham	5 Oct 1838-13 Jan 1924	Husband: William J. Milhollen	58

    - Born: Grove NY; Parents: Joseph Upham & Harriet Baker

William M.	1874	Soldier	58
Mills, Virginia	1920-1982		172
Mills, Lester	1920		179

Miner

F. Elmer	1867-1908	Parents: Henry Miner & Alice Sayers	78
Alice M. Sayers	1863-Jun 1932	Husband: F. Elmer Miner	78

    - Parents: John B. Sayers & Sarah Brown

Miner

Fred	6 Apr 1858-16 Jan 1934	Wife: Cora A. Drew	36

    - Born: Belfast, NY; Parents: James Miner & Angeline Sayers

Cora, Drew	28 May 1862-5 Jun 1933,	Born: Belfast, NY, Husband: Fred Miner	36

    - Father: Cornelius Drew; Mother: Elizabeth Smith born Orange, NY

Miner, Henry	1916	Wife: Louise Cole, Soldier	6
Louise A. Cole	1837-1916	Husband: Henry Miner	6

Miner

James W.	8 Feb 1831-12 Feb 1899	Wife: Angeline Sayers	23

    - Parents: Peter Miner & Catherine Wycoff

Angeline Sayers	20 Aug 1837-5 Feb 1910,	Husband: James Miner	23

    - Born: Black Creek, NY; Parents: Isaac Sayers & Eliza Turn

Miner, John Henry	1963		78

Miner

Catherine	19 Feb 1875	77 yr	8
Peter	30 Apr 1852	52 yr	8
William	1823-1862		8
Minor, Sarah Van Noy	5 Feb 1822-19 Dec 1894	Husband: S. V. Miner	9

    - Father: William Van Noy born NJ; Mother: Esther Westfall born PA

Mogg

Arnold S.	1907-1985		39
Carol	1936-1982	Father: Arnold Mogg	39
Marion West	1912-1986	Ashes	39
Marjorie Sue	1939-1946		39

Mogg

Charles	1949		104
Nina Susan Wakley	13 Jun 1943	57 yr 9mo 1d, Husband: Charles Mogg	104
Mogg, Daniel B.	12 May 1945-8 Nov 1989	Born: Cuba, NY, Wife: Iva White	18

    - Parents: Arnold Mogg & Mirian West; Daughters: Danielle, Delores, Colleen Cummings
    - Brothers: Keith, Thomas, Frank; Sisters: Mary Curtin, June Feller, Carol, Marjorie, Jennifer Roberts

Mogg, Rebecca	1905-1979		180
Mohr, Grace West	1958		12
Mohr, Hulet E.	20 Sep 1897-13 Jan 1923,	Wife: Grace West	12

    - Born: Greenbriar PA, Father: Christopher J. Mohr born Allegany, PA; Mother: Katherine born Brockwayville, PA

Moot

Allen T.	25 Jul 1890-30 Apr 1966	Wife: Blanche W.	28
Blanche W. Williams	8 Jun 1892-7 Oct 1986	Husband: Allen T. Moot	28
Charles M.	1860-1945		28
Genevieve Taylor	15 Apr 1860-13 Sep 1927	Husband: Charles M. Moot	28

    - Born: Rushford NY; Parents: Philo Taylor & Mary Jane Vaughan

Marjorie Ann	18 Nov 1927-25 Apr 1928	Parents: Allen T.& Blanche Williams	28
Morehouse, Carrie Norman	1878-8 Jul 1930		74

    - 1st Husband: John Kenwell; 2nd Husband: Clinton Morehouse; Parents: Henry Norman & Marie Westfall

Morse

Carlisle	1812-28 Nov 1891	Wife: Narcissa C.	49
Narcissa C.	1814-6 Jun 1873	Husband: Carlisle Morse	49

Morse

Nicholas C.	1846-1900	Wife: Emma J.	49

	- Co. A 98th Reg. NYV; Parents: Carlisle & Narcissa C. Morse		
Emma J.	1852-1904	Husband: Nicholas C. Morse	49
Morton			
Robert		Wife: Mercy; Soldier, War of 1812	7
Mercy	1779-21 Nov 1851	72yr, Husband: Robert Morton	7
David	1809-30 Apr 1884	25 yr, Parents: Robert & Susannah Morton	7
Mahala	1824-7 Apr 1840	10 yr ?, Parents: Robert & Mercy Morton	7
Susannah	1822-29 Mar 1840	Parents: Robert & Mercy Morton	7
Carter	21 Dec 1844-4 Sep 1848	Parents: Joseph & Catherine Morton	7
Moulton			
Gilbert W.	18 Mar 1882-28 Nov 1940,	Wife: Meryl Dudley	102
Meryl Florence Dudley	1882-1970		102
Mowers			
Floyd	1901-27 Nov 1981	Wife: Gladys Young	101
	- Daughters: Jean Haskins; Marjorie Nunn; Son: Gary; Kept Store in Black Creek 1940-1970		
Gladys Young	15 Dec 1899-29 Mar 1991	Husband Floyd	101
	- Born: Caneadea, NY; Parents: Samuel Young & Margaret Mack		
	- Sister: Bernice Botens; Brothers: Gordon Young, Forest Young, Frank Young		
Moyer			
George W.	1851-Nov 1923	72yr, Wife: Sarah Pifer	26
Sarah E. Pifer	1859-13 Apr 1931	72 yr, Husband: George W. Moyer	26
Emmet	1878-1957		26
Maude	1879-1956		26
Clifford	1903-1949	Grandson of George Moyer	26
Murphy, Harold C.	27 Mar 1911-28 Nov 1990	Wife: Anabelle M. Ramse	161N
	- Parents: Almond A. Murphy & Anabelle M. Chadwick,		
	- Sons: Harold K., Roy A., Richard A., Ronald H., Paul L.; Daughters: Carol J. Woodworth, Linda Livergood.		
	- Brothers: Edward, Robert, Merle, Burton; Sisters: Julia Horton, Ruth Murphy, Alice Mae Murphy		
	- Veteran WW II Infantry		
Myers, Ardys	1969		179
Neff, Cora	1960		50
Neff			
Lorenzo M.	1837-26 Oct 1901	64 yr, Wife: Lydia E. Ackerman	26
	- Born: Hartsville NY; Parents: Nathan & Jane		
Lydia E. Ackerman	1840-1912	Husband: Lorenzo Neff	26
Norman, Bertie May	24 Jun 1912	39 yr 3 mo 13 da, Single	47
	- Parents: Henry Norman & Maria Westfall		
Norman			
William	1794-30 Sep 1883	Wife: Rosanna Coon	9
Rosanna Coon	1822-7 Jul 1896	Husband: William Norman	9
Rachel	1843-2 Nov 1862	Single	9
	- Father: William Norman born England; Mother: Rosanna Coon born Canada		
Henry	1840-7 Sep 1905	64 yr 11 mo 20 da, Wife: Maria Westfall	47
	- Father: William Norman born England; Mother: Rosanna Coon born Canada		
Nunn			
George	1889-1961	Wife: Jennie	127
Jennie	1892-1977	Husband: George Nunn	127
Robert H.	1927-1985	Parents: George & Jennie Nunn	127
Marjorie Mowers	1926	Parents: Floyd & Gladys Young Mowers	x
O'Brien			
Edith May	1877-1955		11
Edward Joseph	1887-1961		11
O'Dell			
Henry B.	9 Oct 1828-13 Feb 1869	40 yr 4 mo 4 da, Civil War	6
Nelson J.	20 Nov 1834-7 Mar 1851	Parents: James & Margaret O'Dell	6
Thomas J.	1848-2 Mar 1852	Father: Nelson O'Dell	8
Oren	7 Dec 1859-11 Mar 1863	23 yr 3 mo 4 da,	6
	- Soldier; Parents: James & Margaret O'Dell		

O'Dell			
Robert Leroy	1965		62
Fannie	1954		62
O'Dell			
William	1833-1919	Wife: Mary S.; Soldier	104
Mary S.	1837-1910	Husband: William O'Dell	104
Osburne Samuel	22 Nov 1862	12 or 33 ?	57
Osmun, Rensselear	22 Apr 1856-3 Nov 1934	Wife: Verna Wheeler,	52
Palmer			
Ben C.	1856-Dec 1936	Wife: Florence M. Angel	137
- Parents: Marvin & Deborah C. Palmer			
Florence M. Angel	1864-Nov 1936	Husband: Ben C. Palmer	137
- Parents: Rensselaer & Sarah A. Angel			
Cora	1872		137
Marvin	1823-1906	Wife: Deborah C. Soldier	137
Deborah C.	1821-1897	Husband: Marvin Palmer	137
Palmer			
Horatio Richmond	1834-1907	Wife: Lucia A. Chapman	21
- Born: Sherbourne, NY			
Lucia A. Chapman	1834-1917, 1834	Husband: Horatio Richmond Palmer	21
- Father: Moses R. Chapman; Mother: Susan (1795-1880)			
Parker			
Eugene E.	1963		1
Mary S.	1959		1
Parker, Mary D.	12 May 1816		19
Parker, Sevila H. Carpenter	1873-17 Feb 1944	72 yr 22 da	35
Pasco			
Jeremiah	1849-6 Feb 1927	Wife: Mary Jane Lane	29
Mary Jane Lane	27 Oct 1847-13 Oct 1935	Husband: Jeremiah Pasco	29
- Born: England; Parents: George Lane & Sarah Roberts , both born England			
Pasco			
William	3 Aug 1803-23Aug 1882	Wife: Elizabeth	72
Elizabeth	26 Dec1808-8 Jul 1874,	Husband: William Pasco	72
Daniel	7 Mar 1845-23 Jul 1864	Parents: William & Elizabeth Pasco	72
- 82nd Mounted Rifles			
Patterson			
Aaron A.	15 Apr 1859-25 Nov 1937	Born: Birdsall, NY	9
- 1st Wife: Susan; 2nd Wife: Laura Thomas; 3rd Wife: Eva Nichols			
- Parents: Porter Patterson & Abigail Lewis			
Susan Allen	4 Apr 1912	62 yr 4mo 18 da, Husband: Aaron Patterson	9
- Born: Belvidere, NY; Parents: Daniel Allen & Sylvia Carpenter			
Laura Thomas	1858-22 Dec 1926	Husband: Aaron Patterson	9
Eva, Nichols	7 Jun 1866-20 Mar 1939	Born: Lyndon, NY	9
- 1st Husband: Lafferty; 2nd Husband: Aaron Patterson			
Patterson, Joseph P.	22 Nov 1861	19 yr	11
- Parents: Porter Patterson & Abigail Lewis; Co. F 85th Reg. NYV; Died at Elmira from disease.			
Pattyson			
Abigail	15 Oct 1818-8 Mar 1885	Husband: Porter Pattyson	34
Gideon L.	10 Apr 1844-12 Jan 1897	Father: Porter Co. K 186th NYV	34
John	10 Mar 1858-20 Mar 1878	Father: Porter Mother: Abigail Lewis	34
Payne, Walter H.	12 Oct 1930-20 Oct 1982,	Wife: Mary, Vet U.S. Air Force Korea	178
Perkins, Geraldine L.	1921-1967	I suspect this was a mistake in recording	x
Phillips			
Jeremiah M.	1848-1922	Wife: Nettie A. Comfort	138
Nettie A. Comfort	1863-Oct 1919	Husband: Jeremiah Phillips	138
Pike, Leonard	1841-6 May 1867	Co. K 136th NYV	4
Poore			
Alfred	1897-1957	Wife: May M.	114

Mae M. Gleason	9 Jun 1894-13 Feb 1988	Husband: Alfred	114
- Parents: Herbert Gleason & Sarah Marsh			
Poore			
Ephraim	12 Sep 1868-3 Aug 1941	born Freetown Ind., Wife: Ella, D	32
Ella	1870-8 Feb 1927	56 yr, Husband: Ephraim Poore	32
Mae	25 Nov 1940	74 yr 6 mo 10 da, Husband: Ephraim Poore	32
- Born: Borden, IN			
Chester	19 Mar 1891-7 Oct 1939	Father: Ephraim & Ella Poore	32
Claude	1904-1960		32
Poore			
Sherman	1912-1972	Wife: Pauline Searl	79
Pauline Searl	1916-1969	Husband: Sherman Poore	79
- Parents: Guy Sear & Thursy Searl			
Poore, Mary M.	1894-1988		x
Potter, Alpha	Aug 1918	64 yr, Wife: Susan Hitchcock	16
Potter			
Burt	1874-1948	Wife: Lottie Mae	59
Lottie Mae	1879-1963	Husband: Burt Potter	59
Potter, Rosina Brown	10 Mar 1834-10 May 1923		26
- 1st Husband: John Hilyer; 2nd Husband: Elijah Potter			
- Parents: Norris Brown & Mary Ann Dodge , both born Groton, NY			
Pratt,			
Garrison	1806-1879		6
- 1st Wife: Almira; 2nd Wife: Sarah J.			
Almira	1814-1850	Husband: Garrison	6
Sarah J.	1828-1868	Husband: Garrison	6
Baby	1850-1851		6
Chauncy S.	1840-1863	Co. F 85th Reg. NYV	6
Prentice, Lucy R. Martin	22 Apr 1875-25 Jul 1922,	47 yr, Husband: William Prentice	15
- Born: Hinsdale NY; Father: Henry Martin born VT; Mother: Alice Fisher born Delavan, NY			
Prentice, Horatio K.	1834-13 Mar 1857		4
Quinton			
Ambert F.	1842-3 Jun 1910	67 yr 9 mo 3 da, Wife: Julia McElheny	7
- Parents: John Quinton & Phoebe Waters; Co F 1st NY Dragoons			
Julia A. McElheny	1847-27 Nov 1909	62 yr, Husband: Ambert Quinton	7
- Parents: William McElheny & Lucinda Gee			
Ina P.	1871-1885	Parents: Ambert Quniton & Julia McElheny	7
Ramsey,			
George A.	1885-1978		140
- 1st Wife: Maude Campbell; 2nd Wife: Berdean M.Lafferty			
- Daughters: Ida Englis, Doris Frost, Joyce Ensinger (foster daughter); Son: Ernest			
Maude Campbell	1893-1 Feb 1917	Husband: George A. Ramsey	140
- Father: Burt Campbell; Daughter: Ida; Son: Ernest			
Berdean M. L.	6 May 1907-26 Oct 1990	Husband: George A. Ramsey	140
- Parents: Dorr Lafferty & Persie Foster			
- Daughters: Doris Frost, Mrs. Joyce Ensinger; Stepson: Ernest Ramsey; Stepdaughter: Ida English			
- Brothers: Theron, Glen Lafferty; Sisters: Laura Johnson, Hazel Marsh			
Randolph, Neysa L.	1986		47
Rathbun			
Edgar P.	1856-3 Jan 1926	69 yr, Wife: Mattie O'Dell	5
Mattie O'Dell	14 Apr 185916 Nov 1923,	Husband: Edgar P. Rathbun	5
- Born: Erie PA; Parents: Orrin O'Dell & Amelia Wickham			
Raymond, Cloie Howell	1899-1982		7
Reed			
Carrie L.	10 Apr 1860-22 Sep 1889	Husband: D. A. Reed	51
Lee	May 1915	29 yr, Father: Dan Reed	51
Pearl M.	4 Dec 1898	Born: Vandalia, NY	51
- Parents: Daniel A. & Roxanna Reed			

Reidman, Bessie Gage	1953		131
Rettinger			
Ronald W.	1890-1966	Wife: Helen H.	24
Helen H.	1894-1977	Ashes, Husband: Ronald Rettinger	24
Rensselaer			
Osmun	1856-1934		x
Vernie W.	1876-1962		x
Reynolds			
Frank Edwin	14 Feb 1852-9 Jul 1935	Wife: Nellie Harbeck	135
- Father: James H. born Slab City KS; Mother: Hannah Haynes born Webster, NY			
Nellie H.	1856-24 Jul 1940	83 yr 11mo 7 da, Husband: Frank Reynolds	135
- Parents: Joseph Harbeck & Louisa Carter			
Florence Irene	6 Jan 1884-24 Aug 1898	Born: Yorkshire, NY	135
- Parents: Frank Reynolds & Nellie Harbeck			
William	Nov 1927	72 yr, Single	135
- Parents: James H. Reynolds & Hannah Haynes			
Reynolds, Mary	13 Jun 1797-10 Apr 1874	Husband Eli Reynolds	45
- Mother of: Orson J. Reynolds, Melinda Hutchings, Catherine A. Reynolds Luce			
Reynolds			
Orson J.	18 Aug 1827-8 May 1896	Wife: Sarah (Sally) Ann Hutchings	122
- Born: Mayville, NY; Parents: Eli & Mary			
- Sisters: Melinda Hutchings, Catherine Luce; Daughter: Viola Lockwood			
Sally Ann Hutchings	2 Mar 1831-3 Mar 1913	Husband: Orson J. Reynolds	122
- Father: Hutchings; Daughter: Viola Lockwood			
Reynolds, Sarah	1842-1916	73 yr, Father: Webster	2
Rich			
Harry	16 Nov 1888-21 Jan 1935	Wife Lena Roberts	70
- Parents: Charles Rich & Minnie Marsh			
Charles Richard	4 Jan 1924-5 Jan 1924	Parents: Harry Rich & Lena Roberts	70
- Born: Farmersville			
Margaret	1891-1974		70
Ricker			
Gideon	9 Jun 1804-11 Aug 1860	Born: Maine	11
Albion K.	7 Oct 1839-5 May 1864	Father: Gideon, Co. F 85th Reg NYV	11
Henry Paris	28 May 1831-11 Jan 1917,	Wife: Sarah Reynolds	11
- Born: Waterboro, ME; Father: Gideon; Mother: Betsy Knight born ME			
Sarah A. Reynolds	2 Jun 1832-21 Jan 1891	Husband: Henry Paris Ricker	11
- Father: Maj. L. J. Reynolds			
Ricker			
Clarence E.	1865-26 Mar 1943	65 yr 6 mo 27 da, Wife: Mary Stowell	24
- Father: Henry P.; Mother: Reynolds			
Mary Stowell	1871-1955	Husband: Clarence E. Ricker	24
Roat, Bertha B.	1885-1962	Husband: Bert	52
Roat			
Glenn L.	27 Jan 1909-10 Aug 1991	Wife: Gladys Barber	75
- Sons: Malcolm, Darryl; Daughter: Mrs. Edith M. Bump			
Gladys Barber	1904-2 Jun 1983	Husband: Glenn Roat	75
- Sons: Malcolm D. (Bud), Darryl G.; Daughter: Joyce Cromwell			
Roat			
Hiram W.	3 Oct 1812-19 Mar 1897,	Wife: Fannie M.	52
Fannie M.	17 Sep 1819-29 Jun 1892	Husband: Hiram W. Roat	52
Roberts			
Edward Rev.	5 May 1856-22 Sep 1928	Wife: Belle Van Fleet	71
- Born: Salem, Cardiganshire, North Wales; Parents: David & Margaret Roberts; Occupation: clergyman			
Sarah Belle Van Fleet	28 Nov 1854-16 May 1939	Husband: Rev. Edward Roberts	71
- Born: New Hudson, NY; Parents: Benjamin Van Fleet & Evaline Carmer			
David Benjamin	31 May 1890-10 May 1916	Born: Farmersville, NY; Single	71
- Parents: Edward Roberts & Sarah Belle Van Fleet			

Robinson, Gladys C. J.	1898-, 1960		19
- Parents: Lyman Jennings & Lola Treusdell			
Robinson			
Orville	1884-1946	Wife: Frances Pearl	20
Frances Pearl	1892-1979	Husband: Orville Robinson	20
Frank	1948		20
Mrs. Frank M.	1948		20
Robinson, William	28 Mar 1895	58 yr, Co. K 169th Reg PA Vol	84
Rogers			
Allen Calvin	1853-31 Aug 1932	Wife: Elizabeth Carpenter	3
- Parents: George D. Rogers & Sylvia Lyon			
Elizabeth, Carpenter	1851-18 Jul 1913	Husband: Allen C. Rogers	3
- Parents: Thomas Carpenter & Laura Angel			
Sylvia	1958		3
Rogers			
Alva Russel	10 Sep.1858-7 Feb 1932		136
- 1st Wife: Isabelle Van Shaick; 2nd Wife: Mrs. Lou B. VanShaick; Parents: George D. Rogers & Sylvia Lyon			
Isabelle Van Skaik	28 Jan 1909	46 yr 6 mo 10 da; Husband: Alva R.	136
- Father: John L. Van Shaick born Washington Co., NY; Mother: Mary			
Leona	10 Sep 1899	13 days	136
- Parents: Alva Rogers & Isabelle Van Schaick			
Cecil	1911		136
- Parents: Alva Rogers & Isabelle Van Schaick			
Rogers, George Alba	Aug 1856-28 Oct 1857		10
Rogers, George D.	24 Apr 1826-1864		42
- Soldier Co. F 85th Reg NYV; Buried: Andersonville, GA			
Rogers			
Jeremiah	27 Feb 1777-27 Mar 1841	Wife: Betsey	6
Betsy	1777-15 Aug 1856	Husband: Jeremiah rogers	6
Almira	24 Jun 1824-13 Jan 1845	Father: Levi	6
Elizabeth J.	1829-15 Feb 1852	23 yr, Parents: Levi & Amity Rogers	6
Rogers			
Levi A.	1839-24 Feb 1906	Wife: Sarah A. Davidson	152
- Born: Sharow, VT; Parents: William & Sophia			
Sarah A. Davidson	1844-11 Sep 1931	Husband: Levi A. Rogers	152
George L.	1877-23 Apr 1953	Parents: Levi Rogers & Sarah Davidson	152
Mina B.	1876-11 Apr 1977	101 yr, Husband: George L. Rogers	152
Rork			
Ansel M.	24 Oct 1855-2 Jun 1937	Wife: Caroline Jewell	41
- Born: Portville, NY; Father: Joseph born Essex Co., NY; Mother: Abiah Carpenter			
Caroline Jewell	28 May 1854-8 Sep 1924	Husband: Ansel M.	41
- Born: Franklinville, NY; Father: Parton Jewell born CT; Mother: Lydia Pierce			
Rork			
Elton	5 Sep 1861 17 Aug 1933	Born: Portville, NY Wife: Hattie Thayer	42
- Parents: Joseph Rork & Abiah Carpenter			
Hattie J. Thayer	19 Jan 1862-8 Jan 1941	Born: Lyndon, NY, Husband: Elton Rork	42
- Father: Ebenezer Thayer; Mother: Esther Wheeler			
Leon	1894-Nov 1953	Wife: Cecile C.	42
- Parents: Elton Rork & Hattie Thayer			
Cecile	1895-1978	Husband: Leon Rork	42
- Daughter: Neva Gross			
Rork			
Joseph	27 Feb 1818-4 Oct 1881	Wife: Abiah Carpenter; Father: Robert	4
Abiah Carpenter	1819-1901	Husband: Joseph Rork	4
Cecil M.	25 May 1853-15 Dec 1880	Parents: Joseph Rork & Abia Carpenter	4
Marcil J.	29 Aug 1848-21 Nov 1865	Parents: Joseph Rork & Abia Carpenter	4
Ross			
Gilbert	1904-1969	Wife: Effie M. Dixon	179

    - Sons: Gilbert M., Dale E., Merle
  Effie M. Dixon   25 Dec 1906-10 May 1991   Husband: Gilbert P.   179
    - Parents: John Dixon & Norabelle Amiegh Dixon
    - Sons: Gilbert M., Dale E., Myrl C.; Daughter: Shirley (Mrs. Ernest Brege)
    - Sisters: Margaret, Viola Walk, Almeda Adams; Brother: Milton E. Dixon

Round
  Frank   21 Nov 1870   51 yr, Wife Hannah R.   29
  Hannah R.   8 Jun 1815-28 Feb 1881   Husband: Frank Round   29

Rowley
  Hartson A.   12 Oct 1841-26 Dec 1915   Wife: Mary Tiffany   11
    - Father: Ransom; Mother: Ann Goff?
  Mary Elizabeth Tiffany   1847-10 Jan 1927   Husband: Hartson A. Rowley   11
    - Father: Hiram Tiffany
  Archie   1948   Parents: Hartson Rowley & Mary Tiffany 11
  Harriet   1876-1964   11

Royce, Alice Jane Brown   29 May 1837-4 Sep 1914   81
    - 1st Husband: Isaac Gee; 2nd Husband: Joseph Royce; Parents: Norris Brown & Mary Ann Dodge

Rugg, Sophia   1805-30 Nov 1857   52 yr, Husband: Lyman Rugg   6

Sands
  Monroe J.   1857-Mar 1922   Wife: Mary   57
  Mary Inez   1858-10 Jun 1931   Husband: Monroe J. Sands   57
  Frank M.   26 Jan 1887-5 Sep 1889   Parents: Monroe J. & Mary I. Sands 57

Savage
  Ward E.   1844   Wife: Mary L.   17
  Mary L.   1844-1904   Husband: Ward E. Savage   17

Sayers
  John Bartlett   22 Apr 1840-2 Jan 1929   99
    - 1st Wife: Sarah A. Brown; 2nd Wife: Mrs. Eunice Drew
  Sarah E. Brown   12 Sep 1839-23 Jun 1915   Husband: John Bartlett Sayers 99
    - Born: Allegany Co.; Parents: William Brown & Sarah Elizabeth Ward, both born England

Schaefer
  Fred M.   1905-1987   25
  Dorothy H.   1905-19--   x

Schwab
  Simeon D.   20 Nov 1850-13 Dec 1929   Wife: Caroline O.   18
  Caroline O.   27 Mar 1858-12 Apr 1932   Husband: Simeon D. Schwab   18
  Anna May   18 Nov 1894-23 Mar 1898   Parents: Simeon D. & Carrie Schwab 18
  Elizabeth   Mar 1915   1 day, Father: Ora Schwab   18

Scott
  Eli M.   2 Nov 1908   Wife: Maggie Bell   19
    - Parents: John Scott & Nancy Whitter
  Maggie Bell   1896   Husband: Eli M. Scott   19
  Elena E.   1870-1885   Parents: Eli M. Scott & Maggie Bell 19
  John R.   2 Apr 1880-4 Oct 1935   Parents: Eli M. Scott & Maggie Bell 19
  Ralph H.   1877-1900   Parents: Eli M. Scott & Maggie Bell 19

Searl
  Curtis S.   10 Sep 1855-1 Jan 1933   Wife: Flora M. DeKay   57
    - Father: Abram Searl born Whitehall, NY; Mother: Adeline Histed born Rochester, NY
  Flora M. DeKay   1868-11 Jun 1935   67 yr 26 da, Husband: Curtis Searl 57

Searl, Guy   1889-1955   Wife: Thurza E.   59

Searl
  Jacob   Soldier   75
  Betsy   1800-17 May 1871   70 yr 9 mo 25 da, Husband: Jacob Searl x

Searl, Ray V.   1893-1974   Brother: Guy   15
Sellon, Hannah L. Hathaway   1836-1895   Husband: John M. Hathaway   53
    - Born: Orange Co., NY; Mother: Rebecca DeKay born Orange Co., NY

Sera
  John L.   1872-16 Oct 1932   Wife: Fannie May Gleason   56

Fannie May Gleason	1878-6 Sep 1937	Husband: John L. Sera	56
- Parents: Robert Gleason & Aby Hilyer			
Shearer, Gabriel B.	11 Nov 1917	91 yr	x
Sherlock, Myrtle R. Mastin	1918-1945		124

Sherman
Elmer L.	29 Feb 1932-10.Apr 1990	Born: Olean, NY	97
- Vet. Korean Conflict Marine Corps. 1950-1952			
- 1st Wife: Audrey Smith; 2nd Wife: Sharon Fitzsimmons			
- Sons: Robert, David, Brothers: Monroe, Virgil; Sisters: Carol Bykowicz, Irene Brady			
Audrey M. Smith	1930-1985	Husband: Elmer L. Sherman	97
- Parents: Lawrence Smith & Anna Hadley; Sons: Robert, David			

Sherwood, Beth Harris	1 Jul 1903-8 Oct 1990		109
- 1st Husband: Royal Luce; 2nd Husband: Lawrence Sherwood			
- Sons: Royal Luce, Edward Luce, Leo Luce; Daughters: Mrs. Francis Brewer & Mrs. Eva Garner			
-Parents: Almon Harris & Mary Penfield; Brother: C. Vernon Harris			
Shuart, Cynthia	12 Nov 1840-6 Mar 1926		98
- 1st Husband: Perry Hibbard; 2nd Husband: Schuart; Undertaker: C. P. Unger Rochelle, IL			

Simmons
Elbert H.	1859-1924	Wife: Carrie Evans	143
Carrie Evans	1867-1955		33
Anna L.	1884-1895		143
- Parents: Elbert H. Simmons & Carrie Evans			

Sisson
Ida E Prentice	20 Sep 1862-16 Feb 1932	born Lyndon NY	30
- 1st Husband: Jacob Spencer; 2nd Husband: William L. Sisson			
Mariette Wakley	1851-7 Nov 1903	Husband: William Sisson	30
- Father: Nathan Wakley; Born: Tompkins Co., NY			

Sisson
Nelson A.	1854-15 Apr 1930	Wife: Hyla Harvey	149
W. Rex	1885-1904	Father: Nelson Mother: Hyla Harvey	149
Hyla Harvey	29 Jul 1861-31 Dec 1937	Husband: Nelson A. Sisson	149
James	20 Jun 1934	Infant	149
- Father: Clifford Sisson; Mother: Lafferty			

Slingerland Ellen M.	1971		167

Slone
Electa P.	12 Aug 1818-18 Jun 1847	Husband: Ezekiel C. Slone	8
Florence Electa	23 Apr 1847-27 Feb 1851	Parents: Ezekiel C. & Electa	8

Smith, Dorothy Momie	1911-1974		184
Smith, George H.	27 Sep1927-25 Oct 1988	Wife: Elaine McVey	123
- Father: Benson; Mother: Elizabeth Drew			
Smith, Ferdinand J.	3 Aug 1908-4 Jul 1994	Spouse: Arlouine Whitaker	100
- Married 7 Aug1946 in Shinglehouse, PA; Parents: James Smith & Louise Shiedle			
- Sons: Ferdinand J., James S.			
- Daughters: Mrs. Winona Crowell, Mrs. Patricia Murphy, Mrs. Sandra Kluth-Daniel, Mrs. Sharry Sims			
- Brothers.: Lawrence P. Smith, Peter Smith; Sisters: Mrs. Iola Carpenter, Phylis Jackson			

Smith
John D.	10 Apr 1814-9 Jul 1903	Wife: Drusilla	82
Drusilla	13 Nov 1814-28 Nov 1892	Husband: John D. Smith	82
Henry R.	1836-26 Dec1870	31 yr 3 mo, Wife: Mary M.	82
Mary M.	1842-9 Nov 1864	22 yr 7 da, Husband: Henry R. Smith	82

Smith
Myron Lovell	1904-10 Dec1986	Wife: Dorothy Burrill	6
- Born: Sardinia NY; Occupation: Patternmaker; Parents: Lovell Smith & Libb Davis(1864-1928)			
- Son: Ronald Myron; Brother: Earl; Sisters: Ethel, Rose Metzger, Bessie Burr			
Dorothy E. Burrill	25 Jul 1908-12 Apr 1989	Husband: Myron Lovell Smith	6
- Parents: Arba M. Burrill & Myrtie Wilber; Son: Ronald M.			
- Sisters: Luella Andrews, Ruby Andrews; Brother: Robert Burril			
Smith, Peter	28 May 1824-1 Apr 1853		8

Cemeteries of Allegany County

Smith
    Sanford H.   1892-21 Sep 1936   53 yr
        - 1st Wife: Elizabeth Torkington; 2nd Wife: Ethel Smith
        - Father: Eddie born Cayuga Co., NY; Mother: Marion Reynolds born Scipio, NY
    Elizabeth Torkington   1889-20 May 1930   Husband: Sanford H. Smith   53
        - Parents: William Torkington & Helen Duckworth, both born England
Southard
    Albert D.   29 Aug 1817-28 May 1897   Wife: Sarah Ann   5
    Sarah Ann   12 Jun 1821-12 Jun 1860   Husband: Albert D. Southard   5
Spaulding, Jeremiah   1779-31 Jun 1851   10
Spaulding, Rebecca Bard   9 May 1801-15 Sep 1895   Born: Johnstown, NY   129
    - Father: Elijah F. Bard; Mother: Mercy H. Clapp born Poultney, NY
Spencer
    Guy S.   13 Jul 1876-6 Jan 1942   Wife: Dessie   56
        - Born: St. Joseph, MO
    Odessa   1876-1955   Husband: Guy Spencer   56
    Paul S.   1907-1978   Wife: Vivian Whittaker   78
    (baby)   1951   Parents: Paul Spencer & Vivian Whittaker   56 Steward
    Frank   1867-1948   Wife: Emily J. Chapman   27
        - Daughter: Cynthia; Son: Forrest
    Emily Jeannette Chapman   14 May 1869-7 Oct 1926   Husband: Frank L. Steward   27
        - Born: Portage, NY; Father: George Chapman born England; Mother: Margaret Andrus
    Cynthia E.   30 Nov 1895-4 Dec 1990   27
        - Parents: Frank L. Steward & Emily Jeanette Chapman; Brother: Forest (Jake); Member: D.U.V.
    Forrest L.   27 Dec 1910-15 Jan 1987   Wife: Mary Schalk Morrissey   27
        - Parents: Frank L. Steward & Emily Jeanette Chapman; Stepson: George Morrissey; Sister: Cynthia
Stillson, Lola Estell   5 Oct 1898   10 mos.   134
    - Father: Charles born Angelica, NY; Mother: Ada Osgood
Stocking
    Emma Coonce   25 Oct 1872-11 Jan 1933   Husband: Louis Stocking   3
        - Father: Charley Coonce
    Mary Gertrude   1915-Feb 1917   Born: Livingston Co., NY   3
        - Father: Louis Stocking born Glenoro, NY; Mother: Emma Kuotz born Alintes, PA
Stockings, George Burton   1879-Mar 1923   Wife: Dora   36
    - Father: Joshua Stockings born Leicester, NY
Stoffel, Mary E.   1897-1977   122
Stone
    Aaron   1801-1864   Wife Catherine Nichols   5
    Catherine Nichols   1809-1880   5
    Harry D.   1835-1861   Parents: Aaron Stone & Catherine Nichols   5
Stowell
    Dana L.   1840-1913   Wife: Marion Middaugh   6
    Marion Middaugh   1843-1903   Husband: Dana L. Stowell   6
    George N.   1868-1891   Single   6
        - Parents: Dana L. Stowell & Marion Middaugh
    Susan Gertrude   1886-1951   Father: Dana Stowell   6
    Raymond   1884-1978   6
    Royal   1953   6
    Floyd Dana   1867-Feb 1930   Wife: Gertrude Young   5
        - Parents: Dana L. Stowell & Marion Middaugh
    Elizabeth   1872-1964   5
    Grace L.   1879-1964   5
Stowell
    Lawrence Dana   1897-23 Nov 1988   Died: Rochester Friendly Home   23
    Fredda Bell   1900-1985   Husband: Lawrence Dana Stowell   23
    Welcom C.   1870-Feb 1922   52 yr, Wife: Nora Sayers   23
        - Parents: Dana L. Stowell & Marion Middaugh
    Norabel A.   1875-1962   23

Stuart, Elizabeth	1766-30 Jan 1851	Husband: John Stuart	9
Sullivan, Minnie M.	1876-1971		16
Sutton,			
Julius E.	1946		2
Flora Jane	14 Jan 1874-6 Apr 1942	Husband: Julius E. Sutton; Born: Eldred, PA	2
Sweeny			
John A.	1916		10
Lucille D.	1912		10
Swift			
Aaron S.	6 Aug 1834-1 Mar 1919	Wife: Eliza Ann Yaw	73
- Father: Jairah born Madison Co. NY; Mother: Isabelle Gray born VT			
Eliza Ann Yaw	27 Mar 1839-15 Jan 1915	Husband: Aaron Swift	73
- Born: Gorham, Ontario Co., NY; Parents: Elijah Yaw & Phobe Story			
Andrew J.	23 Jul 1861-1940	Parents: Aaron Swift & Eliza A. Yaw	8
Ida Belle	24 Oct 1865-16 Mar 1934	Parents: Aaron Swift & Eliza A. Yaw	8
- Died: Willard State Hospital, Lodi, NY			
Alfred Elijah	15 Aug 1869-4 Jan 1934	Wife Nina May Halstead	8
- Parents: Aaron Swift & Eliza A. Yaw			
Nina	1877-1965	Husband: Alfred Swift	8
Swift			
Bradley T.	1844-10 May 1903	68 yr 5 mo 11 da, Wife Mary E.	154
- Father: Thomas; Co. F 85th Reg. NYV			
Mary E.	1842	Husband: Bradley T. Swift	154
Swift, Catherine Maria	23 Oct 1921	79yr	x
Swift			
George Wyatt	15 May 1776-16 May 1844	War of 1812	12
Lovisa Lewis	13 Oct 1821-13 Jan 1879	Husband: George W. Swift	12
Carrie	3 Jan 1844-12 Nov1873	Parents: George W. Swift & Lovisa Lewis	12
Frank M.	15 Dec1854-9 Apr1855	Parents: George W. Swift & Lovisa Lewist	12
Frankie	17 Nov 1861-21 Jun 1862	Parents: George W. Swift & Lovisa Lewis	12
Swift			
Gerald A.	1901-1969		10
Mary	1913-1978	Husband: Gerald A. Swift	10
Geraldine Beatrice	20 Nov 1932-12 Feb 1933	Parents: Gerald A. Swift & Mary Niles	8
Alvedia		10 mo 5 da	73
- Born: Albion, NY; Parents: Gerald A. & Mary Niles Swift			
Jariah	1806-1895	Wife: Isabelle Gray	73
Isabelle Gray	1979-1894	Husband: Jariah Swift	73
Swift			
Hiram A.	1838-28 Sep 1911	72 yr, Wife: Sarah A. Bailey	113
- Parents: Jariah Swift & Isabel Gray			
Sarah A. Bailey	28 Jan 1841-5 Jan 1919	Husband: Hiram A. Swift	113
- Parents: Nathan Bailey & Chloe Nanan			
Etta J.	1875-1896	Parents: Hiram A. Swift & Sarah A. Bailey	113
Ernest J.	1883-1949	Parents: Hiram A. Swift & Sarah A. Bailey	113
Swift			
Jerome	1859-Jan 1922	Wife: Sarah Ann Fox	150
- Co. G 13th Heavy Artillery			
Sarah Ann Fox	2 Mar 1905	63 yr 13 da, Husband: Jerome Swift	150
- Born: Farmersville, NY; Parents: Warner F. & Lorinda Fox			
Swift, Jane Thornton	1833-1908		153
Swift, Lottie	11 Sep 1899	11 weeks, Born: Cuba, NY	50
- Parents: James W. Swift & Cora Gage			
Swift, Lyman T.	30 Dec1918	75 yr	x
Swift, Truman	1849-3 Dec 1934	84 yr	53
Swisher, Mrs. Mary Van Fleet	1914-1966	Husband: Simmie Swisher	5
- Parents: Henry Van Fleet & Ella Van Fleet; Brother: George; Sisters: Helen, Anna, Ruth			
Taft, Omer	1957		46

Name	Dates	Notes	Page
Taft, Sylvia Dailey	1876-31 Mar 1902		126
- Parents: David M. Dailey & Sylvia Stater			
Taggart			
Homer E.	1858-17 Feb 1863		56
Susan P.	1836-26 Jun 1866	30 yr, Husband: S. Taggart	56
Taylor, Cecil F. Sr.	1894-1979	Veteran, U.S. Army, WWI	17
Taylor, Elnora L.	1902-1967		16
Taylor, Fannie Van Shaick	19 May 1857-23 Jan 1919		73
- 1st Husband: Pitt Alexander; 2nd Husband: Taylor; Father: John Van Shaick			
Taylor, Harold L.	1917-18 May 1988	soldier	76
Terwilliger			
Elwyn G.	26 Apr 1912-22 Jan 1983	Tech 3 US Army WW II	99
Ronald J.	1922-1986	Veteran; Wife: Fay V. Calhoun	99
Thomas			
John S.	8 Jun 1815-26 Mar 1896	Wife: Lucy Senter	23
Lucy S. Senter	30 Jul 1825-2 May 1892	Husband: John S. Thomas	23
- Born: New Hampshire; Father: John Senter			
Thomas			
Theodore Senter MD	26 Oct 1860-1 Sep 1919	Wife: Eugenia Williams	4
-Parents: John S. Thomas & Lucy Senter; Occupation: MD			
Harriet Eugenia Williams	28 Jun 1862-19 Aug 1943	Husband: Theodore S. Thomas MD.	4
- Born: Minnesota			
Judd G.	1888-Oct 1918	Wife: Edna Van Noy	4
- Parents: Theodore Senter Thomas MD & Eugenia Williams			
Edna Van Noy	1891-1950	Husband: Judd G. thomas	4
Claude R.	1886-3 Sep 1931		23
- 1st Wife: Pearl E. Maybe; 2nd Wife: Edna Van Noy			
- Parents: Theodore S. Thomas MD & Eugenia Williams			
Pearl E. Maybe	1886-1915	Husband: Claude R. Thomas	23
- Father: George Maybe			
(baby)	1915		23
- Parents: Claude R. Thomas & Pearlie B. Maybe			
Thornton, Oscar	7 Apr 1872-19 Jan 1943	Born: Lyndon, NY	x
Tibbets			
Caroline K.	19 Nov 1877	51 yr 2mo, Husband: John H. Tibbets	18
Carrie Net	1867	11yr	18
George W.	8 Apr 1851		18
Tibbets			
Lyman	19 Mar 1792-28 Mar 1873	Wife: Mary; War of 1812	9
Mary	1793-21 Jan 1851	Husband: Lyman Tibbets	9
George W.	1826-12 Feb 1847	Parents: Lyman & Mary Tibbets	9
Susan	9 Jan 18__	Parents: Lyman & Mary Tibbets	9
Grover E.	2 Apr 1884-25 Nov 1933	Wife: Winnifred Holiday	9
- Born: Grand Rapids, MI; Occupation: Brakeman Erie RR;			
- Father: Joseph B., born Cortland, NY; Mother: Katie Powers			
Tibbets			
Volney	1854-5 Mar 1927	Wife: Jane Ann	158
Jane Ann Kingsbury	1857-Apr 1921	Husband: Volney Tibbets	158
Tiffany		Joseph B. Tiffany's Mother	22
Tiffany			
Joseph B.	12 Aug 1849-13 Jan 1936	Wife: Katie Powers	9
- Born: Texas Valley, NY; Father: Hiram			
Katie Powers	23 May 1857-24 Mar 1930	Husband: Joseph B. Tiffany	9
Katie May	26 May 1889-10 Dec 1897	Parents: Joseph B. Tiffany & Katie Powers	9
Torkington			
Richard	30 Nov 1820-24 Aug 1883	Wife: Hannah	100
- Born: Defferton, England			
Hannah	11 Oct 1830-12 Jun 1885	Husband: Richard Torkington	100

- Born: Vernon, NJ			
Mary Verna	13 Mar 1849-7 Jan 1878	Parents: Richard & Hannah Torkington	x
Torkington			
William	1847-17 Jun 1928	Wife: Helen Duckworth	43
- Born: Liverpool, England			
Helen Duckworth	7 Feb 1851-28 Mar 1905	Husband: William Torkington	43
- Born: Tarleton, England; Parents: William & Mary Duckworth, both born England			
Emily	1879-5 Feb 1918	Born: England	43
- Occupation: RN; Father: William born Liverpool, England; Mother: Helen Duckworth born England			
Treusdell			
Beebe Burt	1877-25 Nov 1934		44
- 1st Wife: Ethel Hedden; 2nd Wife: Elizabeth (Ackerman); Parents: Beebe J. Treusdell & Frances Halsey			
Ethel M. Hedden	1881-Jan 1925	Father: Burt Treusdell	44
Treusdell			
Beebe J.	22 Jan 1851-2 Jul 1931		102
- 1st Wife: Frances Halsey; 2nd Wife: Adelia Barber; Father: Chancy Treusdell born Wilmington, OH			
Frances A. Halsey	13 Jun 1850-13 May 1925	Husband: Beebe J.	102
- Parents: Charles Halsey & Susan Mosier			
Adelia A.	22 Sep 1861-26 Jan 1941	Born: Granger, NY	102
- 1st Husband: Lyman Barber; 2nd Husband: Beebe J. Treusdell			
- Father: Robert ? born Bristal, England; Mother: Mary Francis ? born Bath, England			
Ruth J.	23 Dec 1884-4 Mar 1896	Father: Beebe J. Tresudell & Frances Halsey	102
Treusdell			
Jefferson Charles	1888-2 Jul 1929	Wife: Elizabeth Ackerman	49
- Parents: Beebe J. Treusdell & Frances Halsey; Occupation: RFD Mail Carrier			
Elizabeth B.	1886-1962	Husband: Jefferson C. Treusdell	49
Treusdell			
Lynn	1882-1954		12
Ella Lounsbury	1885-1963	Husband: Lynn Treusdell	12
(baby)	1927	Father: Lynn; Mother: Ella Lounsbury	12
Myra Birdeen	26 Dec 1904-1921	Father: Lynn; Mother: Ella Lounsbury	12
Sandre Kay	1936	baby	12
- Parents: Claude Treusdell & Irene Higbee			
Truax			
Ada	11 Sep 1854-5 Sep 1856	Parents: D. W. & Elizabeth Truax	10
Frantz	8 Dec 1874-23 Dec 1874	Parents: D. W. & Elizabeth Truax	10
Upham			
Andrew Joseph	1847-10 Aug 1929	Wife: Isadore Adell Wakley	11
- Vet. Co. B189th NYV			
Isadore Adell Wakley	1848-21 May 1922	74 yr, Husband: Andrew J. Upham	11
- Parents: Robert & Sylvia Wakley			
Upham			
Joseph	5 Apr 1809-26 Sep 1891	Wife: Harriet Baker	37
Harriet Baker	18 Aug 1807-23 Jan 1888	Husband: Joseph Upham	37
Jerome J.	1948		37
Upham, Children			
Diana	1832-1917		x
Susan	1836-1884		x
Martha	1838-1924		x
Gratia	1841-1909		x
Jared	1843-1865		x
Andrew J.	1847-1929		x
James J.	1849-1948		x
Van Fleet			
Benjamin	16 Aug 1913	96yr 5mo 3da, Wife: Evaline Carmer	75
- Born: Port Jervis, NY; Parents: Solomon Van Fleet & Sarah Carpenter			
Evaline Carmer	1827-14 Apr 1904	76 yr 11 mo 21 da, Husband: Benjamin	75
- Born: Dryden, Tompkins Co., NY; Parents: Jacob & Catherine Carmer			

Van Fleet, Edward Laverne	16 May 1860-16 Mar 1893	Wife: Della Morse		35
- Parents: James Van Fleet & Jane Miner				

Van Fleet
Henry	1891-1963	Wife: Ella Wildrick		4
- Son: George; Daughters: Mary Swisher; Helen Burt, Ruth Miller, Anna Green				
Ella W. Wildrick	1896-1981	Husband: Henry Van Fleet		x
- Son: George; Daughters: Mary Swisher; Helen Burt, Ruth Miller, Anna Green				
George	1920-1964	Parents: Henry Van Fleet & Ella Wildrick		4

Van Fleet
Henry C.	6 Aug 1826-27 Aug 1887	61 yr, Wife: Esther Van Noy	50
- Born: Orange Co., NY; Father Soloman born Orange Co.; Mother: Sarah Carpenter			
Esther Van Noy	1832-8 May 1909	77 yr 2 mo, Husband: Henry Van Fleet	50
- Father: William Van Noy born NJ; Mother: Esther Westfall born PA			
George Elbert	10 May 1858-25 May 1929	Wife: May Alexander	50
- Father: Henry			
May	18647-1951		50

Van Fleet
James	1 Oct 1833-24 Jan 1897	Wife: Letty Jane Miner	56
Letty Jane Miner	9 Aug 1834-29 Jan 1910	Husband: James Van Fleet	56
Frank E.	11 May 1874-23 Jun 1895	Parents: James Van Fleet & Jane Miner	56
James (baby)		Parents: James Van Fleet & Jane Miner	56

Van Fleet
Levi C.	1849-Nov 1923	Wife: DeEtta	22
- Parents: Benjamin Van Fleet & Eveline Carmer (Aldrich ?)			
DeEtta Van Noy	1852-23 Oct 1933	Husband: Levi C. Van Fleet	22
-Father: George Van Noy; Mother: Emily P. Chapman born Ostego Co.			

VanGilder
Merrion	1898-1978	Wife: Josephine Swift	102
- Sons: Kenneth & Glenn			
Josephine	1903-1979		102
Kenneth	3 Dec 1920-6 Jan 1989	Vet. WW II	102
- Parents: Merrion & Josephine Swift; Brother: Flenn			

Van Noy
George	22 May 1824-1904	Wife: Emily Chapman	21
- Father: William Van Noy (1791-1870) NJ; Mother: Ester Westfall (1798-1884) PA			
Emily P. Chapman	1826-1903	Husband: George Van Noy	21
- Born: Otsego Co. NY; Parents: Moses R. Chapman (1800-1850) & Susan (1795-1880)			
John Harold	1897-1969	Vet. WW I	21
Kathleen	18 Jul 1892-16 Oct 1980	Vet. Army Nurse Corp. WW I	21
Ruth S.	1894-1971		21

Van Noy
William	4 Jul 1791-5 Apr 1870	Wife: Ester Westfall	11
- Vet. War of 1812; William born N.J.			
Esther Westfall	13 Mar 1798-26 Jul 1884	Husband: William Van Noy	9
Sarah J.	13 Jun 1851-23 Oct 1851		9
- Father: George born PA; Mother: Emily Chapman Born Otsego Co., NY			

Van Noy
William W.	1864-1946		22
Bertha	1867-1957		22

Van Shaick
Andrew D.	1852-24 Jun 1912	60yr 5mo 15da, Wife: Julia Hodnett	101
- Father: John; Mother: Mary Scott born Canada			
Julia Hodnett	1 Jul 1850- 28 May1923	Born: Hume, NY	101
- Husband: Patrick Hodnet born Ireland; Mother: Catherine Hart born Ireland			
Mabel	1889-1962		101
Albert E.	1878-1951		101

Van Shaick
Eugene	24 Mar 1874-12 Feb 1958		133

Clara Norman	12 Jan 1878-12 Jan 1949		133
Van Shaick			
John L.	1848-Jan 1919	Wife: Sarah M. Hoose	106
- Father: John L., Mother: Mary Scott born Canada			
Sarah M. Hoose	Dec 1918	68 yr, Husband: John L. Van Shaick	106
Van Shaick			
John L.	9 Apr 1890	79 yr	21
- Parents: G. H. & Catherine Van Shaick			
Mary Scott	13 Sep 1910	94 yr 3 mo 25 da	21
- Father: Edward Scott born England; Mother: Margaret Heck Mary born Prescott, Ontario, Canada			B
Van Shaick, Pauline	1906-1982		x
VanSlyke, Adele B. Case	1877-9 Jul 1901	Husband: Ellery A. Van Shaick	31
- Parents: Frank Case & Myrta Alexander; Occupation: Musician			
VanSlyke			
Ervin E.	1948		40
Rena L.	28 Oct 1875-20 Mar 1948	Husband: Ervin E. VanSLyke	40
VanSlyke			
Hiram N.	1843-8 Jun 1913		116
- 1st Wife: Fannie A.;2nd Wife: Eva Lyon; Parents: Nelson VanSlyke & Clarissa Stockwell			
Fannie A.	1853-12 Oct 1882	Husband: Hiram VanSlyke	116
Eva Lyon	1853	Husband: Hiram VanSlyke	116
- Parents: Lemuel R. & Diadama Lyon			
Ida Learn	14 Apr 1858-7 Dec1936	Husband: William VanSlyke	91
Ora	1961	Father: Hiram VanSlyke	116
VanSlyke			
Nelson	1817-1880	Wife: Clarissa Stockwell	91
Clarissa Stockwell	1822-1887	Husband: Nelson VanSlyke	91
William H.	22 Nov 1857-10 Jan 1939	Wife: Ida Learn	91
- Parents: Nelson VanSlyke & Clarissa Stockwell			
Vaughn			
Daniel	28 Jul 1804-17 Aug 1884	Wife: Caroline	5
Caroline	5 Aug 18-19 Jan 1883	Husband: Daniel Vaughn	5
Very, Estella Hathaway	30 Jan 1861-14 Nov 1926		86
- 1st Husband: Julius Davis; 2nd Husband: Orson Hoag; 3rd Husband: Elijah Very			
- Born: Lydon, NY; Parents: John & Elizabeth Hathaway			
Vincent, L.M. (baby)	1901		10
Voorhis, Coralie Alexander	27 Apr 1870-18 Feb 1898	Husband: Edwin P. Voorhis	118
- Parents: Nelson A. Alexander & Ellen Wakley			
Wakley			
Nathan	1786-1870	Wife: Sarah	16
Nathan Jr.	2 Jun 1816-30 Jul 1897	Wife: Sarah Bowers	16
- Parents: Nathan & Sarah Wakley			
Sarah Bowers	29 Jul 1818-4 Dec 1901	82yr 9mo, Husband: Nathan Wakley	16
- Mother: Elizabeth Sarah born Tompkins Co., NY			
Wakley			
Hiram H.	30 Jan 1825-22 Aug 1907		71
- 1st Wife: Susan McElheny; 2nd Wife: Florence			
Susan McElheny	26 Aug 1889	61 yr	71
Johnie	1860-1863		x
- Parents: Hiram H. Wakley & Susan McElheny			
Wakley			
Robert	1896	Wife: Sylvia	11
Sylvia	30 Sep 1889	63 yr, Husband: Robert Wakley	11
Fred	1909	Parents: Robert & Sylvia Wakley	11
Wales			
Clayton B.	1878-1925	Wife: Hattie M. Stull	27
- Parents: Hiram Wales & Seraptia Williams			
Hattie M. Stull	1882-21 Feb 1931	Husband: Clayton W. Wales	27

Wales
- Hiram S. — 1849-1917 — Wife: Sereptia Williams — 14
- Sereptia S. Williams — 1848-1911 — Husband: Hiram Wales — 14
  - Parents: Asa Williams & Susannah Gee
- Susie — 1875 — — 14
  - Parents: Hiram S. Wales & Sereptia Williams

Wallace
- Edward A. — 1872-1952 — Born: Defiance, OH — 110
- Minnie Dell Brown — 1873-16 Oct 1946 — Husband: Edward A. Wallace — 110
  - Children of Edward and Minnie: Velma S., Velva A., Leon Victor, Chrystal L.
- Victor — Died 10 Oct 1993
- William E. — 1900-19 Feb 1913 — 12yr 3 mo 24 da — 110
  - Born: Greeley, CO; Father: Edward A.; Mother: Minnie D. Brown born Ohio

Watson
- Charles — 31 Oct 1791-20 Feb 1875 — Wife: Parcey — 119
- Parcey — 8 May 1801- — Husband: Charles Watson — 119

Watson
- John — 1 Sep 1824-30 May 1895 — Wife: Betsie Conger — 83
  - Born: England; Parents: John & Elizabeth Watson; Co. E 12th NY Cavalry
- Betsie Conger — 14 May 1817-3 Jul 1899 — Husband: John Watson — 83
  - Parents: Parley & Polly Conger

Watson Lola — 1881-1957 — Parents: Marshal & Hannah S. Watson — 83

Watson
- Marshall — 16 Apr 1852-29 Feb 1896 — Wife: Hannah S. — 83
- Hannah S. — 16 Sep 1850-2 Apr 1930 — Husband: Marshall Watson — 83

Webster
- George — 1866-12 Feb 1867 — Parents: A. B. Webster & E. H. — 84
- Mary — 1859-24 Jan 1865 — Father: A. B. Webster — 84
- Orpha J. — 1826-27 Mar 1854 — Husband: A. B. Webster — 84

Webster
- William — 22 Jun 1875 — 62 yr — 2
- William C. — 1853-1908 — Sister: Ella C. Williams — 2

Weller
- Robert — 1905-1979 — — 76
- Agnes — 1908-1970 — — 76

Westfall
- Charles S. — 1861-Jul 1919 — Wife: Ida Hibbard — 96
  - Father: George Westfall
- Ida Hibbard — 1864-1 Sep 1931 — Husband: Charles S. Westfall — 96
  - Parents: Harry Hibbard & Lavina Comfort
- Leo — 1885-1953 — — 96
- Mary M. — 1984 — 104 yrs — 96

Westfall
- Oliver Perry — 1844-15 Oct 1918 — — 48
  - 1st Wife: Sarah Norman; 2nd Wife: May Hogue
- Sarah A. — 29 Apr 1845-18 Aug 1905 — 59 yr 3 mo 19 da, Husband: Oliver Westfall — 48
  - Father: William Norman born England; Mother: Rosanna Coon born Canada
- Carrie L. — 22 Aug 1867-12 Oct 1887 — born Salamanca NY — 48
  - Parents: Oliver Perry Westfall & Sarah Norman
- Mary J. Torkington — 27 Mar 1902 — 28 yr 3 mo 17 da, Husband: Fred — 48
  - Parents: William Torkington & Ellen Duckworth, both born England

Westfall, Paul — 11 Sep 1915 — 2 mo — x

Wheeler
- Frank C — 1852-Jan 1920 — Wife: Alberta Carpenter — 76
- Alberta C. — 1857-7 Jan 1926 — Born: Ohio, Husband: Frank C. Wheeler — 76
  - Parents: Willis Lyman Carpenter & Hannah Vaughn
- Pearl R. — 1884-1914 — Husband: Harry L. Wheeler — 76

Wheeler

John	1820-1895	Wife: Laura Ann	8
Laura A.	1821-1911	Husband: John Wheeler	8
Whittaker			
Coy	1891-1966	Wife: Daisy	78
- Vet WW I 304 th Field Artillery			
Daisy A.	1905-11 Jan 1988	Husband: Coy Whittaker	78
Whittaker, Pamela	1975	baby	54
- Parents: Eugene Whittaker & Barbara Bartlett			
Whittaker, Mrs. W.	1909		42
Wildrick, Josephine Williams	16 Sep 1901-27 Dec 1942	Husband: Thomas J. Wildrick	133
- Parents: Fred Williams Wildrick & Imogene Wakley			
Wildrick			
Lansing	3 Mar 1819-27 Nov 1906	Wife: Rosella Drew	124
- Born: Town of Lansing, Tompkins Co.; Father: Samuel Mother: Charlotte			
Rosella Drew	15 Nov 1822-5 May 1891	Husband: Lansing Wildrick	124
- Parents: Charles Drew & Elizabeth Lounsbury			
Wildrick			
Samuel	14 Sep 1792-2 Jun 1874	Wife: Charlotte, Soldier	24
Charlotte	9 Mar 1793-2 Jun 1880	Husband: Samuel Wildrick	24
Julia Ann	4 Jan 1819-4 May 1874	Parents: Samuel & Charlotte Wildrick	24
Wiley, David	7 Oct 1822-4 Jul 1916	Wife: Maria Truax	10
- David born Penn Yan, NY			
Wiley, Maria Truax	28 Apr 1832-20 May 1915	Husband: David Wiley; Father: Jacob Truax	11
Williams			
Bruce	1878-1956		55
Leah	1883-1956		55
- 1st Husband: Fred A. Williams; 2nd Husband: Bruce Williams			
Williams, Celia Pearl	1881-22 Dec 1943	62 yr 4 mo 15 da, Husband: Harry	107
Williams			
Chauncy F.	17 Jan 1900	58yr, Wife: Augusta Hitchcock	107
- Parents: Asa C. & Susanna Gee Williams			
Augusta Hitchcock	12 Jan 1914	79 yr ?, Husband: Chauncy F. Williams	107
- Mother: Anderson born Olean, NY			
Harry A.	14 Oct 1876-11 Nov 1935	Wife: Celia McElheny	107
- Parents: Chauncy F. Williams & Augusta Hitchcock			
Roy	1869	baby	107
- Parents: Chauncy F. Williams & Augusta Hitchcock			
Williams			
Daniel E.	1826-1872	Wife: Lolette S. Arnold	94
Lolette Arnold	25 Feb 1835-15 Nov 1926	Husband: Daniel Williams	94
Myra	1858-12 Oct 1873		94
- Parents: Daniel E. Williams & Lolette Arnold			
Williams			
Daniel S.	1847-12 Feb 1928	Wife: Ella C. Webster	1
- Parents: Asa C. & Susanna Gee Williams			
Ella C. Webster	1846-1908	Husband: Daniel S. Williams	1
Bertie E.	1 Mar 1869-16 Sep 1934	Parents: Daniel S. Williams & Ella Webster	1
Mabel A.	1872-1878	Parents: Daniel S. Williams & Ella Webster	1
Williams			
Frank W.	9 Aug 1875-23 Feb 1942	Wife: Martha Laurette	28
Martha L.	1876-1955		28
Williams			
Fred Asa	2 Oct 1865-20 Sep 1932		55
- 1st Wife: Imogene Wakley; 2nd Wife: Leah M. McElheny; Parents: Chauncy F. Williams & Augusta Hitchcock			
Imogene Wakely	1866-Oct 1909	Husband: Fred A.	128
- Parents: Hiram H. Wakely & Susan McElheny			
Chauncy F.	1901-31 Aug 1927	Pvt. Hq Co. 108th Inf. 27th Div. A.E.F	128
- Parents: Fred A. Williams & Imogene Wakely			

Clarence Wakely	18 Mar 1889-2 Apr 1933	Corp. MG Co. 307th Inf. A.E.F.	128

- Parents: Fred A. Williams & Imogene Wakely; Occupation: Engineer, Erie RR

Hazel R.	1895-1 Feb 1925		128

- Parents: Fred A. Williams & Imogene Wakely

Max	1899-1954	Soldier WW I Co. G. 108th Inf.	55

- Father: Fred A

Bruce Manley	16 Nov 1924-24 Nov 1924		111

Parents: Fred A. Williams & Leah McElheny

Williams, Gary	7 Aug 1950-Aug 1973		179

Williams

George W.	25 Jun 1847-30 Oct 1934	Wife: Abigail Patterson	58

- Parents: Carr Williams & Susan Petty

Abigail Patterson	25 May 1850-5 Aug 1933	Husband: George Williams	58

- Parents: Porter Patterson & Abigial Lewis

Williams, Susannah Gee	26 Mar 1820-7 Aug 1854	Husband: A. C. Williams	6

- Parents: Solomon & Sarah Gee

Wirth, Jessie L. Larrabee	24 Apr 1884-26 May 1928	Husband: Charles Wirth	45

- Father: Adrian B. Larrabee born Eldred PA; Mother: Jennie Rogers

Wixson

Azariah H.	11 Dec 1844-18 Jan 1921	Wife: Caroline Stone	5

- Parents: Moses Wixson & Jane Jordan

Caroline Stone	1845-Aug 1920	Husband: Azariah Wixson	5

- Parents: Aaron Stone & Catherine Nichols

Harry E.	1874-1950	Wife: Eva Watts	5
Eva Jane Watts	12 Apr 1876-11 Sep 1933	Husband: Harry E. Wixson	5

- Father: David Lewis Watts born Walker Valley, NY; Mother: Melinda Jane Miller Eva born Caldonia, NY

Woodruff, Lela	1874-1965		135
Woolhiser, Emily	5 Jan 1826-9 Sep 1869	Husband: George W. Woolhiser	24

- Parents: Samuel & Charlotte Wildrick

Worth, Jesse Leonette	28 May 1928	44 yr, Died: Niagara Falls	x

- Undertaker: Marl E. Cobler

Yaw

Carl C.	26 Mar 1879-21 Aug 1939	Wife: Neva Pearl Snyder	100

- Father: Elijah Yaw

Neva Pearl Snyder	17 Feb 1879-28 Sep 1907	Husband: Carl Yaw	100

Yaw

Charles A.	1846-1910	Wife: Josephine Wakely	133
Josephine L. Wakely	1849-1908	Husband: Charles A. Yaw	133

- Parents: Hiram H. Wakely & Susan McElheny

Yaw

Clair R. Sr.		Vet	124
Elizabeth	12 Jun 1842-27 Aug 1891		124

- Parents: Lansing Wildrick & Rosella Drew

Yaw

Harry	1856-1946		88
Bessie McElheny	1856-18 Aug 1921	Husband: Harry Yaw	88

- Parents: William McElheny & Lucinda Gee

Sidney	1 Nov 1882-7 Nov 1882	Parents: Harry Yaw & Betty McElheny	88
Guy	1959		88

Yaw

Harvey	1848-Sep 1920	72 yr, Wife: Sarah Olney	153
Sarah J.	1846-4 Dec 1905	Husband: Harvey Yaw	153

- Father: John Olney & Olive Gannet

Yaw

William	1845-Mar 1923	77 yr.	123
Margaret	1842-Nov 1917	75 yr, Husband: William	123
Young, Donald	1 Nov 1911-3 Jun 1991	Wife: Roberta Wixson	68

- Parents: Willard Young & Mabel Clark; Son: Trenwith; Daughter: LaNita Kyser

    - Stepdaughters: Marilee Wolcott, Delma Wolcott, Erma Wolcott, Dorothea Pete
    - Sisters: Helen Griswold, Bernice Clark, Brothers:Kenneth, William, Clifford, Merle

Young, Esther	1970		49
Young, Robert	1926-30 Sep 1987	Wife: Bessie Sears	190

Burrville Cemetery

Route 19, about 1 mile north of Caneadea

Burr
    Adelbert J.   22 Jul 1849 - 18 Dec 1904
    Rosena A., his wife   17 Nov 1851 -

Burr
    Alanson Andrew Jackson Burr
    Susan, 2nd wife   d. 21 Aug 1879   42 yrs

"Major" Burr settled Burrville. Susan was a second wife. Major was the title given him as he whipped the Indians of the Caneadea Reservation when they got drunk on the "fire water" his brother, Charles, sold them at his tavern.

Burr
    Alva Charles   25 Jul 1827 - 23 May 1896
    Harriet P.   20 Jul 1827 - 3 Jun 1894

Burr
    Andrew J. (Jack)   1897 - 1973
    Lucy Belle, wife   1902 -
    Daniel B.   1962 - 1963
    Elizabeth   1933 - 1935

Burr
    Jackson   1825 - 1896
    Lucia   1825 - 1908
    Charley   1864 - 1866

Burr
    Lewellan B.   1852 - 1903
    Angie E.   1852 - 1910

Burr
    Rodney   1901 - 1942
    Delma   1908 - 19___

Burr
    J. Bruce   1868 - 1942
    Elizabeth A.   1865 - 1947
    Jewette   1892 - 1908

Soule
    Jackson F.   1844 - 1919
    Lenora D., his wife   1847 - 1912
    Our baby
    Mother Betsy Sanborn   1805 - 1867

Caneadea Cemetery

Names and dates taken July 1991 by Kay Bennett & M. Kaufman

Acker
- Frank D.   1874 - 1940
- Stella L.   1872 - 1940

Amidon, Bertha   1886 - 1971

Arnold
- Gordon H.   1913 - 1937
- Anna M.   1887 - 1962
- Maurice   1908 - 1982
- Nellie M, 1st wife   1912 - 1978

Ayres
- William V.   1810 - 1893
- Margaret   1817 - 1893
- John   1838 - 1864

Bacon, Beriah C.   3 Apr 1833 - 22 Jul 1896   13th NY HA

Bacon
- Bethuel J.   1847 - 1924
- Minnie E., daughter   1883 - 1884
- Marilla L., wife   1853 - 1935
- William H.   1868 - 1916
- Melvina W., wife   1862 - 1919
- Harrison R.   1876 - 1949
- Jennie M., wife   1875 - 1956

Balcom
- Charles F.   1864 - 1936   Father
- Cora A.   1864 - 1912   Mother

Balcom
- Fayette   1824 - 1901
- Mary J.   1828 - 1897   "Rest in Peace"
- Columbus   1823 - 1897   Co B 12 NY Cav
- Clarissa   d. 1 Sep 1867   85 yrs 8 mo, wife of Dann

Balcom
- Homer F.   1892 - 1990
- Mildred A., wife   1901 - 1987

Beebee
- Ellis L
- Mina E.
- Gladys A.   1892 - 1904
- Beatrice   1896 - 1897

Bigelow
- Benjamin F.   16 May 1817 - 28 Sep 1854
- Eliza, wife   28 Feb 1823 - 13 Mar 1894
- F. Augusta, daughter   15 Jul 1850 - 26 Mar 1880

"Dearest Augusta, thou hast left us, Here the loss we deeply feel. But 'tis God that hath bereft us. He can all our sorrows heal."

- Willie, our babe   25 Apr 1854 - 28 Sep 1854

"We miss the dark eyes of our child and the sweet rosy lips that so soft on us is smiled."

- Henry L., son   14 Feb 1847 - 9 Jul 1864   Pvt, Co I 9th NY Vol

Killed at the Battle of Monocracy Junction. "No more the bugle calls the weary one. Rest, nobel spirit, in the grave unknown. We will find you and know you among the good and true, When the robe of winter is given for the faded coat of blue."

Branch
- Robert   1849 - 1919
- Georgia E., wife   1852 - 1921
- Glenn W.   1883 - 1948

Grant R.	1876 - 1920	
Fred D.	1877 - 1919	

Burleson
Henry	10 Nov 1830 - 16 Mar 1875	

"The head of our household is gone. A voice we loved is stilled. A place is vacant in our hearth that never can be filled."

Jennett	d. 14 May 1856	23 yr 2 mo 22 da
Agnes	1855 - 1913	
Lois	d. 21 Apr 1863	49 yr 9 mo, wife of Silas

Burns
R.C.	1885 - 1941	
Helen S.	1888 - 1965	

Burr
Col. A. L. Burr	1821 - 1878	189th NY Vol
Miranda C., wife		
Isadore		
Mabel, wife		
Charles		
Fred		

Burr
Cecille M.	1892 - 1941	
Grace S.	1889 - 1922	both Eastern Stars
Keith Jewette	1 Apr 1914 - 21 Dec 1966	Lt. USNR WW II, DFC AM & 2 GS
Grover S.	1889 - 1922	

Burr - 4 small stones

Butler, Deborah   1833 - 1911

Campbell
David A.	d. 1934	
Winifred G. Davenport	d. 1936	wife

Chamberlain
D. Webster	1845 - 1930	
Maria E., wife	1849 - 1930	

Chamberlain
Roy W.	1879 - 1931/8	
Anna B., wife	1882 - 1960	
Ronald M., son	1903 - 1981	

Chandler, David D.   1837 - 1889   Co C 19 Regt NY

Chandler
Laura Rew	1873 - 19__	Mother
Clarence, son	1898 - 1940	

Clark, Edward J.   d. Jun 1891   Co B 189th NY Inf

Clark
Henry L.	1891 - 1965	
Florence M., wife	1898 - 1977	

Clark
R.S.	23 Jan 1811 - 4 Feb 1887	"At Rest"
Elizabeth D., wife	22 Jan 1814 - 11 Nov 1890	
Sardis, daughter	15 May 1850 - 29 Jan 1884	wife of D. H. Grummon
Commodor D.	1854 - 1932	
Carrie E., wife	1864 - 1939	

Conklin
Charles S.	1843 - 1914	
Eliza, wife	1847 - 1911	

Cornett
Earl E.	1904 - 1989	
Vivian	1906 -	

Crossman
James H.	1901 - 1987	
Olive E., wife	1908 - 1987	

Crosson, Bernard K.	22 Jul 1925 - 5 Feb 1968	Pvt, 47th Inf Regt WW II
Dailey		
Dickson A.	d. 7 Apr 1892	58 yrs
Emily C., wife	18 Oct 1839 - 15 Aug 1914	
DeNio		
George W.	1841 - 1910	Co F 130th Regt NYV, "At Rest"
Henrietta	1843 - 1913	
Celina	d. 1880	
William	d. 1862	
Pearl DeNio Pitkin	1879 - 1956	
Deniston		
Keith	1897 - 1966	
Frances M., wife	1908 - 1959	
Dispenza, George	1 Sep 1895 - 18 Nov 1955	Pvt Salvage Co QMC WW I
Dodge, Lillian Bigelow	20 Jul 1858 - 4 Oct 1901	daughter of B. F. & Eliza
Dodge		
William D.	1843 - 1923	
Dora, wife	1854 - 1887	
Dooley		
Willard	8 Feb 1838 - 17 Jun 1912	
Angelia Clark		
James H.	d. 10 Feb 1890	48 yrs
Dort		
Silas A.	1875 - 1959	
Melissa M., wife	1878 - 1957	
Duell		
Burt E.	1873 - 1963	
Maude H., wife	1891 - 1976	
Ethel M.	1915 - 1971	
Dunham		
Lyman M.	1836 - 1906	Co L 12 Pa Cav
Elizabeth, wife	1841 - 19__	
Dunn		
Lyle A.	1914 -	
Doris L.	1917 - 1989	
Edson		
Orin	12 Sep 1839 - 8 Aug 1910	
Christina Howden, wife	1842 - 1925	
Helen J.	d. 1882	"Our darling"
Olin A.	d. 6 Mar 18__	
Frank		
Emma		
Elmina		
Ellis, Charles A.	d. 9 Dec 1892	86 yr 4 mo 16 da
- Co A 105th NY Inf, 8 Bat C/G 3rd NY LA		
Ellis, Frances M, wife of ?		20 yr 5 mo 9 da

"_____thy will, my dear wife, Child that to me were so dear, Is said to be with you at rest, And I alone must carry on."

Ellis		
James A.	d. 1861	
Mary J.	d. 8 Jun 1865	13 yr 5 mo, daughter of JA & MJ Ellis
- "Asleep in Jesus Blessed sleep"		
Charles R., son		
Ellis, Leon	17 Feb 1896 - 12 Jun 1898	son of Wm. & A.
Evans		
David M.	1834 - 1898	Co F 33rd Regt NY Vol
Melitta, wife	1836 - ____	
Alfred J.	1873 - 1935	
Flinn, Catharine	1788 - 1811	

Cemeteries of Allegany County

Flowers
    John H.   15 Mar 1894 - 4 May 1945
    Gladys, wife   1896 - 1968   Married: Brainard 2nd, 23rd Psalm
Forbes
    Evan N.   1889 - 1970
    Archie   1887 - 1960
Fox, Sarah   1870 - 1945
Francis
    Charles   17 Aug 1867 - 8 Mar 1888
    Twins   1888 - 1888
Franklin
    Arad H.   11 May 1798 - 2 Jan 1884   Born: Bainbridge, Chenango Co., NY
        "Dear Father, with a reverant hand, this to my memory given, While one by one thy household band, God reunites in heaven."
    Laura, wife   20 Nov 1806 - 6 Jan 1879   Born: Bainbridge, Chenango Co., NY
        "Dear Mother, in Earth's thorny paths, How long thy feet have trod, To find at last this peaceful rest, Safe in the arms of God."
    Lafayette H., son   8 May 1829 - 27 Jun 1848   19 yr 1 mo 19 da
        "O brother, first to leave our band, Life's song as yet unsung. While gray hairs gather on our brows, Thou art forever young."
    Monumental Bronze Co., Bridgeport, CT
Franklin
    Francis M.   1834 - 1913
    Elizabeth C., wife   1835 - 1916
    Ashely L.   1862 - 1933   Francis & Elizabeth's child
    Arad H.   1875 - 1934   Francis & Elizabeth's child
    York   1868 - 1870   Francis & Elizabeth's child
    Alma L.   1858 - 1861   Francis & Elizabeth's child
    Hatta S.   1860 - 1861   Francis & Elizabeth's child
Giboo
    John A.   1868 - 1952
    Mary   1868 - 1934
    DeForrest J. son   1900 - 1911
    James N.   d. 8 Aug 1883   23 yrs
Green, Charles J.   1867 - 1957
Grow (Gruw), Eunice   d. 12 Feb 1852   19 yrs, wife of Jacob M. Grow
Hale
    Alfred   1854 - 1923
    Arilla, wife   1847 - 1924
    George E.   1831 - 1956
    Luella E., wife   1848 - 1921
Hall, Steven J.   17 Nov 1966 - 28 Feb 1984
Hammond, Helen A.   d. 28 Jun 1883   24 yrs, wife of S. Hammond
Hart
    Leon F.   1922 -
    Lois M., wife   1922 -
Hauenstein
    Augustus   joining
    Andrew & Matilda   d. 17 Nov 1878   21 yr 10 mo 23 da
Hendry
    Ernest C.   1884 - 1956
    Ada B., wife   1890 - 1965
Hillman
    Earl   1923 - 1985   PFC US Army WWII
    David Elias   1954 - 1976   SP4 US Army
Hillman
    Jay G.   1891 - 1963
    Mary H., wife   1894 - 1951
Hillman
    Lafayette (Lafe)   1894 - 1971
    Harley D.   d. 1926   killed by an auto

Hitchcock, Eleanor A.	d. 8 Jun 1856	3 yr 2 mo, daughter of L.R. & S.
Hotchkiss		
Forrest W.	1894 - 1953	
Mabel, wife	1883 - 1948	
Hotchkiss		
James	1846 - 1925	
Josephine	1848 - 1928	
Howald, Phillip S.	1934 - 1952	
Ingersoll		
John	d. 3 Jan 1884	73 yr 19 da
Jannett, wife	d. 24 Aug 1859	42 yr 9 mo 25 da
Celia, daughter	d. 22 May 1849	3 yr 4 mo 19 da
Jerome	1851-1899	
Ingraham		
George S.	1839 - 1862	Co A 136th Regt NY Inft
Mandana B., wife	1839 - 1909	
Adelia, daughter	1862 - 1863	
Edward, son	1873 - 1873	"Weep not my friends, All is well, All is well."
Irish		
Wesley	1848 - 1911	
Mary, wife	1855 - 1909	
Irwin		
Wesley J.	1890 - 1968	
Ella Irene, wife	1893 - 1966	
Mildred S.	1916 - 1916	
Jackson, Andrew F.	1846 - 1923	
Jackson		
Col. James A.	d. 14 Apr 1888	81 yr 8 mo 1 da
Matilda, wife	20 Dec 1816 - 24 Apr 1852	
Marion Leroy, son	d. May 1841	14 mos
Infant son	d. Sep 1852	3 mos
Johnson		
A.H.		Co K 105th NY Vol
Harriette	1891 - 1922	
Johnson		
Erastus W.	1828 - 1900	Co D 15 NY Vet Cav, Co E 5 NY Cav
Elsy A.	1839 - 1926	
J. Vernon	1877 - 1952	flag
Johnson		
William	7 Mar 1805 - 16 Jan 1860 (?)	
Albert	1836 - 1882	
Our Little May Belle	1867 - 1875	
Mother	1810 - 1886	wife of James N. Madison
Jones		
Claude S.	1827 - 19__	
Elizabeth M., wife	1832 - 1957	
Jones, Miriam D.	1851 - 1924	
Kimble		
Fowler	1854 - 1920	
Helen Gill, wife	1852 - 1939	
Walter D.	1858 - 1914	
Mary M.	1870 -19__	
Klicker, Henry G.	1859 - 1918	VS
Levko		
Charles W.	1916 - 1980	Veteran
Dorothea T.	1909 -	
Lafferty		
Theron H.	1893 - 1970	

    Hester J., wife   1897 - 1984
    Howard T.   1924 - 1933
Mack
    Charles A.   1854 - 1925
    Emily E., wife   1842 - 1924
Madison
    Anthony Taylor   14 Jun 1848 - 15 Jul 1901
    Alice Jane   1853 - 1886
Madison, Murilla   1844 - 1882
Magee, David   9th NY HA
Marsh
    H.P.   d. 1863   Soldier
       - Is the Capt. H.P. Marsh who wrote "Rochester and Its Early Canal Days"
Matson
    Duane A.   1853 - 1897
    Clinton   d. 2 Feb 1877   51 yr 22 da, "Meet me in Heaven."
Matson, William Edward   1858 - 1890
Maxon
    Henry B.   1858 - 1940
    Anna B.   1877 - 1942
McKee
    Lafayette   1853 - 1916   Father
    Lucy   1859 - 1930   Mother
McKee
    W.F.   1846 - 1928
    Johnson   d. 15 Sep 1890   71 yrs
Mead, Mariette A.   1831 - 1913
Medlock
    Arthur   1889 - 1969
    Margaret, wife   1892 - 1991
Meeker, John J.   d. 28 Mar 1811
Merville
    M.J.   1870 1938
    Floy E. Wilson, wife   1873 - 1917
Miller
    Jerome A.   11 Jan 1841 - Jun 1864
    Venerye J.
    Warren   5 Jul 1877 - Jan 187_
Munn
    James E.   1917 - 1957
    Evelyn Rich, wife   1917 -   remarried Richard Hale
    Charles A.   1876 - 1937
    Anna M., wife   188_ - 1968
    Francis A.   1858 - 1934
Newville, H.F.   Co B NY Rifles
Nicholson
    A.S.   d. 23 Aug 1888   72 yrs. Co G 9th NY Cav
    Robert N.W.   d. 31 May 1858   8 yr 9 mo 27 da, son of AS & AE
     - "dround"
Nicholson
    Caroline A.   d. 1866   51 yrs., wife of Edward
    Baby
Nicholson
    Clarence R.   6 Aug 1893 - 23 Dec 1976   Pvt US Army WW I
    Dan   1854 - 1945
    Catharine, wife   1864 - 1939
Nicholson
    Edward   21 Oct 1799 - 14 Aug 1883/5

Susan, wife	28 Feb 1791 - 28 Feb 1853	
Nicholas		stone on the ground
Olmsted, Henrietta	1837 - 1925	
Peters		
Henry	25 Apr 1844 - 17 Dec 1884	
Alice, wife	27 Jan 1850 - 27 Feb 1932	
Maybell, daughter	8 Nov 1868 - 12 May 1870	
Ernest A., son	17 Sep 1872 - 13 Oct 1872	
Presher, William H.	1882 - 1955	
Preston		
Leclair A.	1924 - 1986	

"All the pain and grief are over, Every restless tossing passed. I am now at peace forever, safely home, In Heaven at last."

Leonard A.	1958 - 1979	

"In the morning of his day, In youth and love, He passed away."

Prevorce, Clarence J.	1899 - 1958	
Prevorce		
Lawrence H.	1902 - 1987	
Catherine M.(Kate), wife	1906 - 1987	
Lawrence H.	1932 - 1932	
William H.	1874 - 1949	
Minnie B., wife	1877 - 1967	
Willard	1894 - 1975	
Vernice, wife	1912 - 1972	
Rawson		
Bruce	1861 - 1941	
Clara, wife	1868 - 1953	
Rawson		
Franklin	d. 13 Dec 1892	71 yrs
H.M., wife	d. 16 May 1888	60 yrs
Helen Hallock	d. 10 Mar 1878	26 yrs - "Farewell"
James		93rd Regt., stone broken
Reddy		
James E.	1897 - 1960	
Isabelle M., wife	1907 - 1976	
Rice		
Edward F.	18 Jul 1891 - 9 Sep 1961	
Frances D., 2nd wife	23 Nov 1891 - 14 Jan 1971	"The Lord is my Shepherd"
Rice - broken off pedestal on ground		
Josiah		
Sally F., wife		
Aunt Sally		
Abel	30 Apr 1807 - 29 Apr 1889	
Rich, Edith M.	1881 - 1959	
Rich		
Edward P.	1884 - 1939	
Winifred E., wife	1883 - 1965	
Carol E., baby	d. 3 Dec 1942	
Gordon E., baby	d. 3 Sep 1936	
MER	d. 1921	
Rich		
Frederick J.	1869 - 1943	
Baby	d. 1920	
Rich		
John	1871 - 1935	
Arthur	1 Dec 1887 - 5 Sep 1912	born at Silsoe, England
Fred H.	1873 - 1947	
Robbins		
George	1880 - 1954	

Nina, wife	1881 - 1953	
Mildred Burr, daughter	1902 - 1925	
Lucie H., daughter	1904 - 1983	
Baby		

Russell

Joseph T.	1828 - 1903	Father
Alora	1835 - 1915	Mother
Madge	11 Mar 1859 - 27 Jan 1953	
Grace	23 Nov 1863 - 14 Nov 1947	
Louise S.	28 Dec 1882 - 28 Apr 1942	cremated
Thomas B.	15 Feb 1870 - 12 Aug 1963	

Sackett, Susan	1827 - 1921	

Scott

Howard E.	1879 - 1968	
Elizabeth M., wife	1890 - 1947	
James	1818 -	
Hannah, wife	1829 - 1894	
Maude, daughter	1869 - 1884	
J. Ashley	1853 - 1925	
Ella, wife	1854 - 1930	

Scott

John	1845 - 1899	
Sarah L., wife	1847 -	

Scribner

James		Co H 27 NY Inf
Henrietta	1847 - 1913	

Selby, Mabel Bacon	1882 - 1951	

Sherman

Nathaniel B.	1854 - 1931	
Mary J., wife	1863 - 1911	
Ann Stewick	1829 - 1910	Mother

Sherman

William	1851 - 1923	Father
Emma J., wife	1855 - 1938	Mother

Silsby

Frank S.	15 Jan 1883 - 27 Apr 1943	
Mary L., wife	14 Apr 1892 - 25 May 1987	
Leona Mary	12 Jan 1932 - 4 Nov 1944	
Richard	13 Jul 1933 - 8 Dec 1951	
Edgar Leroy	Aug 1939 - Mar 1952	
Kenneth E.	14 Aug 1940 - 27 Dec 1981	

Smith

Frank	1863 - 1929	
William	1860 - 1936	

Smith

John A.	1 Dec 1924 - 10 Oct 1983	PFC US Army WW II
Hazel, wife	1928 -	

Snell

Myron	1870 - 1917	
Jennie	1867 - 1940	

Snyder, Harrietta A.	1892 - 1960	

Sodak

John	1900 - 1975	
May, wife	1882 - 1952	

Spencer

Charles F.		"Beloved husband of Lillian"
Lillian, wife		
Mabel		

Spencer
- Howard C. — 1874 - 1955
- H. Grace, wife — 1878 - 1948
- Clifford A. — 1902 - 1914
- Merle A. (Spike) — 1907 - 1936

Spencer
- Sylvester Sr. — d. 6 Oct 1863 — 71 yr 11 mo 21 da
- Sylvester Jr. — 1821 - 1899
- Helen, his wife — 1928 -
- William C. — 8 Mar 1853 - 14 Dec 1910
- Estella F. — 2 Sep 1854 - 23 Apr 1937
- Edwin P. — 4 Aug 1821 - 13 Apr 1911
- Adeline C. — 21 Feb 1830 - 23 Jul 1919
- William E. — 18 Sep 1877 - 7 Sep 1902

Stephens
- Lyman — 1822 - 1909
- Christian, wife — 1828 - 1908

Stewart
- Andrew J. — 1839 - 1918
- Helen Joan, wife — 1848 - 1914

Stewart
- Fred L. — 1876 - 1930
- Lottie M. Bates, wife — 1881 - 1961

Strong
- George W. — 1883 - 1905 — "At Rest"
- Harry — flag

Swan
- Ira M. — 1856 - 1945 — Father
- Jennie E. — 1861 - 1944 — Mother
- Ira Jr., son — 1883 - 1925
- Dorothy G. Rork — 1903 - 1937
- Louise Russell — 1881 - 1942

Swan, Luanna M. Allen — 1855 - 1927 — wife of William C. Swan
Taylor, Frank J. — 1874 - 19__
Towne, Minerva — 1842 - 1919
Trall, Alice — 1850 - 1932

Trost
- Fred — 1896 - 1970
- John — 1899 - 1974

Tucker
- John D. — 1874 - 1940
- Minnie M., wife — 1880 - 1940

Tullar, Marcus H. — 30 Jul 1816 - 5 Mar 1859 — Father, 62 yr _ mo 5 da

VanDusen
- Joel M. — 1849 - 195_ — Father
- Mary M. — 1852 - 1920 — Mother

Vreeland
- John J. — 1871 - 1937
- Harriet E. wife — 1876 - 196_
- Father — 1814 - 1892
- Mother — 1820 - 1864
- Janey — 1857 - 1859
- Carlista — 1847 - 1889
- Daniel L. — 1862 - 1950
- Edith D., wife — 1868 - 1941

Walker, Jane — d. 7 Jun 18__ — 77 yrs, wife of Nathaniel Stone

Washbon
- Clarence R. — 1874 - 1945

Cemeteries of Allegany County

Marie E., wife	1878 - 1967	
Washbon		
Edwin M.	1848 - 1921	Co G/C 47th NY Vol
Margaret A., wife	1848 - 1936	
Leon E.	1883 - 1959	
Anna L.	1882 - 1963	
Welch		
Mary, wife of James	d. 11 Nov 1864	41 yr 3 mo 25 da
James		Co E 93rd NY Vol
Wells, Angeline Harris	1849 - 1909	daughter of Asa & Miriam Harris
West, Nathan	d. 1 Apr 18__	
Westbrook		
Julius F.	2 Feb 1817 - 19 Sep 1870	
Julia A., wife	4 Mar 1819 - 28 Aug 1888	
Thomas		
2 small stones, Mother & Father		
Westcott		
C.H.	1832 - 1909	
Lucy C., wife	1835 - 19__	
White		
Burton D.	1844 - 1926	
Elizabeth H.	1848 - 1934	
White		
H. Devere	1853 - 1907	
Emma B.	1858 - 1921	
Fred	1882 - 1954	
Floyd	1883 - 1963	
Jessie M.	1894 - 1962	
White		
Joseph N.	1815 - 1899	Father
Julia S., wife	1816 - 1897	Mother
Erwin D.	1847 - 1917	
Mary A.	1848 - 1903	
Florence		
Wilson		
Christopher	1819 - 1886	Father
Lois, 2nd wife	1833 - 1908	Mother
Christopher D.	d. 11 Oct 1886	67 yr 2 mo
Harriet M., wife	d. 15 Feb 1854	27 yrs
Wolfe		
James	1855 - 1935	
Maryette C.	1858 - 1934	
Arcelia	1890 - 1891	"At Rest"
?, Augustus H.	12 Dec 1852 - 28 Oct 1861	

CHAMBERLAIN CEMETERY

East River Road (By Jellison's)

Bailey, Clarence M.	d. 21 Jan 1881	8 yr 9 mo 17 da, "Little Clarence killed"
Borden, Dallas E.	d. 27 Jun 1882	6 mo 17 da
Bridgeman		
Harry	1792 - Jun 1845	
Joanna Sanford, wife	180_ - 1886	
Bridgeman, S. Emil	15 Apr 18__ - 5 May 1890	"Say old hills, Say old friends, We live again."
Brown		
	1849 - 1858	
	1837 - 1883	
Brown		
Homer	6 Oct 1828 - 2 Sep 1890	
Julia E., wife	18 May 1835 - 21 Mar 1896	
Brown		
William	d. 12 Feb 1880	
Margaret, wife	d. 10 Jun 1867	
Brown		
William	1888 - 1922	killed by a bull
Beryl E., wife	1894 - 1959	
Bullock, Sarah	1848 - 1886	
Byrns, Sarah	d. 8 Aug 1870	91 yr 5 mo, wife of Wm Byrns
Chamberlain,		
Calvin T.	d. 1878	Cuba (?)

    - 5th of a family of 6 sons of a father who rendered distinguished service in the Revolution, born in Maine. Came to Belfast with family in 1803. Governor Hunt in 1851 appointed him Brig Gen. of the 30th Brigade of State Militia. Moved to Cuba. 1st Supervisor Mar 1822 - age of 26. Settlement begun in 1803 by Benjamin, Calvin, Elisha & David Chamberlain, brothers from PA. "Took up farms on river short distance from transit." Elisha came in 1801. Benjamin, after having made moneys from lot sales, went on to Cattaraugus Co. Believed to be buried in or near Randolph.

Chamberlain.
    - married 1st Betsy Moore, no children, married 25 yrs.
    - married 2nd Sarah Russell Warers of Boston on 14 May 1846 - 6 children
        - 3 living in 1910 Benjamin Waters, Josephine A., Grace H.

Sarah, his wife	29 Dec 1820 - 15 Jul 1907	
Chamberlain		
Christian A.	1823 - 1883	
Israel	1827 - 1907	
Chamberlain		
Daniel T.	d. 19 Oct 1868	
Cyrena, wife	d. 13 Mar 1865	63 yr 9 mo 9 da
Chamberlain		
David	1836/8 - 1874	son of Moses
Mary A., wife	1839 -	
Jennie V., daughter	1868 - 1869	
Chamberlain, Hannah	d. 21 Oct 1878	83 yr 2 mo 19 da, wife of Elisha
Chamberlain		
Henry		
Hannah, wife	d. 3 Oct 1872	59 yr 5 mo
Betsy, wife of Henry C.	d. 11 Apr 1871	77 yrs
Chamberlain, Hortense	d. 1855	2 yrs, daughter of Henry
Chamberlain		
Julia	d. 20 Feb 1831	10 mo
Charles L.	d. 23 Feb 1839	14 yrs, son of Daniel & Cyrena
Hugh B.	d. 10 May 1868	24 yrs

Chamberlain
- Moses VanCampin — d. 27 Nov 1867 — 63 yr 8 mo
- Cynthia Frost — 1810 - 1875

Clark, Nelson C. — d. 29 May 1894 — 44 yrs, Co E 93 NYV

Coburn
- Grace — d. 1866 — wife of H.B. Coburn
- Myra — d. — 13 yr 10 mo

Ford
- Flavel — d. 4 Jan 1847 — 75 yr 4 mo 28 da
- Thankful, his wife — d. 5 Aug 1846 — 75 yr 3 mo 4 da

Ford
- Joseph — 1799 - 1881
- Polly B. — 1802 - 1888

Frace, Charlotte R. — d. 11 May 1835 — 3 yrs, daughter of Joseph & Catherine

Frisby, Lucy — daughter of George

Gleason
- Charles — d. 12 Feb 1869 — 68 yr 6 mo 3 da
- Elanor, his wife — d. 3 ____ 1865 — 61 yrs
- Lewis — d. 5 Dec 1862 — 24 yrs, Co F 130 Reg NYV

Gleason, Charles C. — 25 Sep 1847 - 22 May 1853 — son of Chandler & Lucy Gleason

Hitchcock, Sally — d. 11 Feb 1823 — 30 yrs, consort of Luke Hitchcock

Hooker, Cordelia Ford — wife of Levi Hooker

Hopper - stone erected by Rockwel Hopper
- Cornelius — d. 21 Feb 1814 — 58 yrs
- Hannah, his wife — d. 7 Apr 1839 — 78 yr 6 mo 1 da

Hopper
- Cornelius — d. 3 Dec 1857 — 45 yr 5 mo 10 da
- Ruth, wife — d. 26 Dec 1855 — 37 yr 2 mo 10 da
- Elias, son — d. 26 Apr 1840 — 4 yr 5 da
- Silas, son — d. 8 Apr 1840 — 2 yr 9 mo
- Jane L., daughter — d. 1 Nov 1839 — 1 yr 1 mo

Hopper
- Edward G. — d. 17 Feb 1880 — 63 yr 2 da
- Susan, his wife — d. 21 Oct 1859 — 38 yr 1 mo 16 da
- "Behold therefore the goodness and serenity of God."

Hopper
- Ida Alice — wife of _____ Hopper
- Albert — d. 26 May 1864 — Co C 1st NY Dragoons
- died at St. Paul's Church Hospital as a result of a wound received in the Battle of the Wilderness
- Emma O. — d. 16 Jun 1863 — 12 yr 3 mo
- Children of Cornelius and S.M. Hopper

Hopper
- Rockwell — d. 26 May 1875 — 83 yr 20 da
- Elizabeth, his wife — d. 16 Aug 1865 (?) — 67 yr 10 mo 20 da
- Richard C., son — d. 17 Jan 1845 — 9 yr 3 mo 14 da

Hulin
- Mino — 1879 -
- William R. — 1888 - 1964

Jennings, Margaret — d. 12 May 181_ — 36 yrs, daughter of James and Mary Jennings

Lane (Lain)
- Phoeba — d. 13 May 1841
- George — d. 13 May 1841
- John — d. 17 May 1841 — 19 yrs, Veteran
- Evidently the one who carved the stone made an error in the dates for John Lane as he gets a flag as a veteran

Lewis, Caleb — d. 3 Feb 1853 — 51 yrs

Lincoln, Narcissa — d. Jun 1842 — daughter of _____

Mapes
- Abram — 26 Feb 1802 - 17 Jul 1857

Catherine, wife	22 Jan 1808 - 16 Jan 1892	
Samuel A.	d. 26 Jul 1899	63 yr 4 mo 16 da

McIntosh
Henry	d. 22 Apr 1840	30 yr 3 mo 21 da
Sophia A.	d. 10 Jun 1840	1 yr 3 mo 19 da
Sally B.	d. 29 Mar 1841	3 yr 10 mo 19 da

McKeen
Frances	d. 2 Mar 1831	57 yrs, wife of John McKeen
John		native of Belfast, Maine

- suggested name of Belfast for the town

Northrup
Mary	1822 - 1882	"Asleep in Jesus"
?	18 Feb 1891 - 20 Apr 1892	
?		Father, Veteran

Petty
Jesse	d. 11 Mar 1855	75 yrs., Veteran
Mary, his wife		

Pomeroy, Dorcas	d. Apr 1841	81 yrs, wife of Martin Pomeroy
Potter, William	d. 15 Mar 1842	48 yrs

- "Go melancholy friend, wipe off your tears. Here I must lie 'Till Christ appears."

Randall, Betsy	d. 25 May 1851	19 yrs, wife of Orvil Randall

Reynolds
Asa		
Electa, wife	d. 21 Jan 1851	45 yr 3 mo 8 da
Lucretia E.	d. 18 May 1829	2 yr 5 mo 5 da
Harriet	d. 7 Apr 1849	8 yr 9 mo 10 da, daughter of DW & H A Reynolds

Reynolds
Nathaniel	d. 17 Jul 1852	79 yr 2 mo
Margaret, his wife	10 Jul 1851	77 yrs

Royce, Alonzo W.	d. 10 Oct 1863	21 yrs

Royce
John	d. 6 Jan 1876	77 yr
Lydia, his wife	d. 19 Aug 1873	77 yr
Alma	29 Dec 1821 - 6 Apr 1883	

Royce
Judson F.	1861 - 1944	
Myrtae S. Histed, wife	1863 - 1945	
Myron A., son	1892 - 19	

Royce
Nettie C.	26 Sep 1864 - 29 Apr 1894	daughter of Alonzo & Martha Royce
Martha A.	21 Mar 1833 - 22 Feb 1902	"At Rest", wife of A. Royce

Royce
Orrin	12 Dec 1825 - 3 Mar 1899	
Galusha	d. 21 Sep 1865	28 yrs
Our Winnie	1 Feb 1860 - 10 Sep 1861	

Sanford, Ruth	d. 13 May 1838	59 yrs

Sellon
John A.	d. 4 Jan 1889	72 yr 3 mo 16 da
Mary, wife	d. 7 Apr 1872	50 yr 9 mo 13 da
Susan	d. 7 Feb 1845	62 yrs, wife of Wm. Sellon
Henry M.	d. 7 Sep 1842	3 mo 25 da, son of JA & SA
Frances A.	d. 27 Sep 1845	1 yr 3 mo 4 da, dau. of John A. & Sally A.
Frances A.	d. 13 Jan 1850	3 yr 5 mo 20 da, dau. of John A. & Sally A.

Shepherd
Infant		son of PH & P.R. Shepherd
Mary Sophia	d. 6 Sep 1848	2 yr 10 mo 24 da

- daughter of PH & Permelia R. Shepherd

Tefft, Sarah	d. 19 May 1894	77 yr 2 mo 19 da, wife of Benjamin Tefft

Cemeteries of Allegany County

Twichel, Hannah	d. Apr 1824	75 yrs, wife of Nathan Twichel
VanAllen		
John H.	1831 - 1879	
Mary F.	1832 - 1879	
May E.	1863 - 1880	
Vreeland, John	d. 5 Jan 1842	93 yrs
Walker		
Erastus	d. Sep 1870	79 yrs
Betsy B., wife	31 Aug 1792 - 15 Apr 1873	79 yrs, b. in Athens, VT, d. Allen, NY
- "Not lost but gone before"		
Caroline	d. 19 Mar 1885	
Sarah E. Webster Walker	d. 9 Sep 1934	
Webster		
Abel	17 Sep 1809 - 13 Apr 1877	
Caroline, wife	6 Oct 1815 - 12 Dec 1872	
Lewis H., son	24 Oct 1850 - 13 Aug 1856	
Baby daughter	d. 6 May 1850	
Melvin	1843 - 1912	
Margaret, wife	1849 - 1926	
Freddie A., son	9 Sep 1877 - 16 Feb 1884	
Elmer	d. 8 Feb 1956	
Lucy, wife	d. 12 Feb 1966	
Webster		
William	27 Dec 1803 - 24 Feb 1883	
Sarah Ann	4 Mar 1804 - 4 Mar 1898	
Williams, Rosetta	d. 25 Oct 1868	37 yrs
Wilson, Sarah Jane	3 Oct 1811 - Nov 1827	16 yrs, daughter of Simon & Emily Wilson
Winship		
Hobart		2 yrs
Fredrick	d. 10 Feb 1867	10 mo
Joel		
Wright, Abbie J.	d. 29 Aug 1868	32 yrs, wife of Chancy Wright
Youngs, Sarah	d. 2 Mar 1867	88 yrs

Clover Leaf Valley Cemetery

Off Route 305, on right between Rockville and Black Creek

Bailey, Addie   24 Jul 1884 - 4 Aug 1888   daughter of A. S. & L. L.
Brown
    William L.
    Sara H., wife   d. 28 Mar 1876   75 yrs, "I know my Redeemer liveth."
Gleason
    Starkey   23 Feb 1818 - 28 Feb 1887
    Fayette   3 Jun 1848 - 27 Sep 1849   son of S. & F.
Howell
    Stephen   d. 6 Mar 1868   86 yrs
    Esther S.   d. 28 Jul 1860   79 yrs, "Dear Father & Mother"
Ramsey
    John   1820 - 1895
    Catherine   1841 - 1855
    Robert   d. 28 May 1868   85 yrs
    Elizabeth. wife   d. 12 Aug 1872   72 yrs
Sayres
    Charles H.   15 Jan 1804 - 17 Mar 1881
    C.W.   d. 25 Mar 1876   48 yr 1 mo, "He is ____"
Sayres
    Isaac   1807 - 1876
    Elizabeth, wife   1810 - 1891
    Amanda, daughter   d. 29 Oct 1855   21 yr 1 mo 8 da
    Sadie & Bessie   "Thoughts lost _____ To memory dear."
Steward John T.   1830 - 1905   4th NY Heavy Artillery
Wait
    Luther   1801 - 1847
    Marinda, wife   1801 - 1878
Wasson
    William
    Clarisa
Westfall
    George   1828 - 1901
    Elizabeth J., wife   1831 - 1891
    Alice, their daughter
Wright
    James   d. 30 Mar 1850   55 yrs
    Huldah, wife   d. 7 Apr 1851

East Caneadea Cemetery or German Settlement

Achilles
    H. Christopher   3 Nov 1809 - 12 Apr 1877   born in Hanover, Germany
    C. Dorothea, his wife   1 May 1817 - 3 Apr 1890   verse in German on back of stone
Achilles
    Henry J.   1847 - 1932
    Dora C.   1859 - 1942
    Carl   1887 - 1913
    Our Babies Willie & Dore
Behrens
    Henry   24 Jun 1828 - 24 Feb 1921
    Christina, his wife   29 Apr 1826 - 31 Jul 1902
    Louisa, daughter   1 May 1867 - 21 Jan 1936
    Isadore, wife of ? Behrens   daughter of Henry Miller
Blickwede
    Dora   15 Aug 1827 - 25 Jul 1887/97
    Henry   3 Sep 1865 - 4 Sep 1865   son of Henry & Dora
Brandes
    Henry J.   d. 30 Nov 1918   72 yr 10 mo
    Mary J., his wife   d. 27 Jun 1908   64 yr 7 mo
    Grandma Dora   d. 8 Dec 1891   81 yr 6 mo
    Willie F.   d. 8 Nov 1892   14 yr 2 mo
Bucheister
    Louisa B.   5 Jun 1853 - 5 Nov 1889
    John H.   1847 - 1929
    Caroline   1857 - 1935
    Carrie B.   1875 - 1923
Coon
    John G.   1827 - 1888
    Mary, his wife   d. 18 Feb 1877   54 yrs
Glindeman
    Christian W.   1845 - 1902
    Caroline W., his wife   1846 - 1924   77 yrs
    Ward G.   1905 - 1966
Herke - in German
    Ernest G. or C.   30 Nov 1821 - 6 Jul 1877   born in Hanover, Germany
    Elizabeth   1821 - 1905
    Sophie   1834 - 1895
Herman, Henry   1851 - 1880
Huff
    Leigh E.   1907 - 1975
    Evelyn K.   1913 -
Johannes - Stone in German & English
    Anna Mary   d. 1832   wife of Henry G. Johannes
    George H.   15 Sep 1807 - 7 Aug 1894
    "One precious to our hearts has gone. The voice we loved is stilled. The place made vacant in our home can never be filled."
Johannes
    John Henry   d. 1875   70 yrs
    Mary, wife   1808 - 1884
    George Edward   d. 6 Sep 1871   3 yr 1 mo 4 da, son of Andrew & Elizabeth
    - " And when you to my grave do go, The gloomy place to see, I say to you who stand and view, Prepare to follow me."
    Freddie C.   d. 21 Oct 1887   5 mos, son of A. & M. Johannes
    - words in German at the top of stones & English at the bottom.

Kremeyer / Krimmeyer
- John Heinrich — ____ - 1875
- Elizabeth — 14 Jan 18__ - 23 Nov 1887 — frau von Henry Kremeyer
- John Henry — d. 8 Aug 1865 — 5 yr 3 mo, son of Henry & Elizabeth

Kulman
- Christopher/Christian — d. 7 Dec 1879 — 80 yrs
- Mary W., wife — 7 Oct 1810 - 18 Feb 1886

Lapp
- Charles W. — 1860 - 1952
- Mary E., wife — 1864 - 1945

Lazarus - children of John Lazarus

Lilly
- John H. — b. 24 Apr 1839
- Williminnie, his wife — 27 Nov 1836 - 20 Aug 1886
- Aaron G. — 29 Sep 1864 - 27 May 1885
- Dorothea — 23 Dec 1812 - 11 Aug 1891 — wife of John Lilly, a native of Germany
- Henry Christian — d. 13 Jun 1868 — 9 yr 3 mo, born in Germany
- "They who saw in tears shall reap joy."

Ludde
- Henry — 1842 - 1876
- Dorothea, his wife — 1842 - 1880
- Charles — son of H. & D. Ludde
- Mary, daughter
- Fred — 1856 - 1878

Ludlow, Benjamin — 1902 - 1965 — "Rest in Peace"

Mack
- Satie L. — 2 Jan 1873 - 1 Dec 1902 — wife of T.C. Mack
- Emma — 1861 - 1896 — wife of William Mack
- Viola, daughter — 1885 - 1895

McDonald
- Henry — Civil War Veteran
- Baby — 27 Aug 1873 - 20 Jul 1875

McDonald

Meineke, Henry — d. 15 Dec 1859 — 32 yrs, born in Germany
- accidently killed, "Therefore be ye also ready"

Miller
- Henry — d. 22 May 1877 — 18 yrs
- Isadore — daughter of Henry Miller, wife of ____ Behrens

Myers
- Christopher J. — 1837 - 1904
- Dora S., his wife — 1851 - ____ or 1850 - 1923
- Lilla, daughter — 1877 - 1898
- Fred H. — 1874 - 1920

Myers
- Mathew — 1850 - 1921
- Elizabeth — 1850 - 1932
- Louisa Dorothea — 1890 - 1916
- Willie C. — d. 16 Feb 1880 — 2 yr 9 mo, son of M. & E. Myers

Reusch
- Frederick — 10 Feb 1811 - 11 Aug 1876
- Mary A. — 23 Jul 1856 - 16 Jul 1881
- George — 1847 1915
- Dora — 1854 - 1913
- Margaret — 17 Feb 1813 - 25 Aug 1896 — wife of F. L. Reusch

Ripenbark
- Michael — d. 14 Dec 1866 — 40 yrs
- Anna, his wife — d. 1 Mar 1882 — 45 yrs

Ripenbark

Siedentop
    Christian
    Catherine, wife   6 Dec 1828 - 19 Feb 1878
    Catherine, daughter   24 Jun 1871 - 27 Jan 1893
Sabarnick, Fred   d. 14 Aug 1894   37 yrs
Schraeder
    Henry G.   6 Apr 1808 - 30 Mar 1888
    Sophia, his wife   1814 - 1902
    Dorothea   4 Sep 1842 - 18 Sep 1855   born in Germany, died at Caneadea
Schraeder, Henry
    "Henry Schraeder was wounded in the Battle of the Wilderness. Died 3 days after ae 23 yrs 7 mos. He died in the defense of his country. Death where is thy sting? Thanks be to God which giveth us the victory through our Saviour, Jesus Christ. 1 Cor 15-57 (?)"
Schuknecht
    Caroline W.   1831 - 1912
    Christina   1867 - 1888
    Rose M.   1885 - 1956
Schwartz, Charles F.   d. 27 Jul 1864   46 yr 25 da
    - "Therefore be ye also ready for in such an hour as ye think not the son of man cometh."
Seavert
    Henry   1830 - 1898
    Frederica   1841 - 1900
Seavert
    Henry   1868 - 1954
    Minnie L., wife   1867 - 1951
Swartz
    William   1824 - 1906
    Dora   1831 - 1907
    Mary E.   1864 - 1893
Scholes
    Minnie   30 Nov 1859 - 19 Aug 1897
    babies

Emery Family Cemetery

Family cemetery on high ground west of Crawford Creek Road, east of intersection of Haskins Road. Had pictures of stones but could only read EMERY on top of one and Melissa, wife of Horace Young, died on the other.

Gleason Hill Cemetery

At the top of Gleason Hill Road, at intersection of road to Rockville.

Carpenter
    Asa   b. Massachusetts
    Betsy, wife   b. Connecticut
    Jerusha Moore   b. Connecticut, Betsy's mother
    Small stones with H G & H C. Rest of stones said to be used as sidewalk at place to the west.
    - in 1855 Census, Asa was 59, Betsy was 58, and Jerusha Moore was 81.

Higgins Cemetery

Between Higgins and Centerville off Main Road. Complied in 1980s.

Ackerman
    Robert B. — 1913 - 1915
    Glen F. — 1888 - 1945
    Mark A. — 1866 - 1926
    Lettie M. — 1867 - 1964

Bates
    Amos Jr. — d. 22 May 1835 — 29 yr 9 mo 16 da
    "Behold my friend as you pass by, As you are now, so once was I. As I am now, so you must be. Prepare for death and follow me."
    Marcy, wife — d. 12 Oct 1849 — 65 yr 10 mo
    "She lived beloved and died lamented"
    Cyrus, son — d. 11 Apr 1823 — 1 yr 3 mo 3 da

Bean
    Elizabeth Evans — 1859 - 1920 — wife of Giles H.
    Libby, wife of Giles — d. 11 May 1879 — 28 yr 6 mo
    "God calls the good, Too good on earth to stay, _____ to take away."
    Flora A., wife of Eben — d. 24 Jul 1874 — 20 yrs

Bean
    John W. — d. 5 Nov 1869 — 55 yr 6 mo, "Gone to Rest"
    Luther — d. 11 Jan 1865 — 55 yr 2 mo 3 da
    Milton L. — d. 11 Jul 1847 — 6 yrs, son of Luther & Idaline
    Orison — 1907 - 1892
    Clarine, wife — 1809 - 1892
    Electa A. — 1842 - 1845
    Harriet M. — 1853 - 1960
    Julia M. — 1848 - 1860
    Eliza J. — 1845 - 1860
    Alonzo L. — 1833 - 1841
    Mariah — 1836 - 1841
    Henry W. — 1839 - 1841

Beardsley, Fred L. — 23 Mar 1912 - 28 Jul 1963 — NY S1 USNR WW II
Brown, William H. — d. 26 Sep 1832 — 2 yrs, son of Lewis & Betsy

Brueser
    August — 1864 - 1885
    Caroline — 1842 - 1893
    John F. — 1841 - 1925
    Chester J. — 1899 - 1957
    Eleanor L. — 1920 -
    William C. — 22 May 1924 - 18 May 1963 — SN US Navy BSM WW II

Buskirk, Margaret — 1904 - 1910 — daughter of Walter & Lovena
    "The golden gates are opened wide, A gentle voice said 'come'. The angels from the other shore welcomed our loved one home."

Clark
    Hiram — 1845 - 1905 — Veteran
    Mary J., wife
    Cynthia A., wife — d. 9 Dec 1872 — 31 yr 8 mo
    Ann — 1860 - 1933

Cross
    Mary Ruth — 1842 - 1847 — dau of Abram & Mariam
    William & Wilber, sons — b. & d. 27 Oct 1851

Crowell, Lucy — d. 22 Aug 1856 — 38 yr 4 mo, wife of Samuel

Cudworth
    David — d. 4 Mar 1851 — 25 yrs
    Lucy — d. 11 Apr 1839 — 11yrs (?)

    2 stones broken over
    David, son
    Lewis A.   d. 5 Aug 1803   37 yr 6 mo
    Joseph D.   1849 - 1891
    Jennie M.   1852 - 1937
    John W.   1811 - 1887
    Jennette A.   1813 - 1880
Dehner, John
Dow, Katie   1872 - 1903   wife of V.M.
Evans
    Jenkins   1830 -1912
    Winifred, wife   1825 - 1911
Flenigan, Birdie   1872 - 1943
Frazier
    Ralph L.   1865 - 1952
    Addie F.   1869 - 1929
    Robert John   3 Mar 1970 - 14 Jun 1970
    Erwin L.   1895 - 1952
    James S.   1904 - 1961
    Robert L.   1921 - 1951
Fuller
    Cleon   1886 - 1969
    Grace   1883 - 1962
Gibbs, Emeline Lyons   d. 10 Jun 1875   55 yrs, wife of William Gibbs, "Gone Home"
Gillis
    Hugh   26 Mar 1796 - 18 Jul 1883
    Sarah, wife   21 Aug 1820 - 17 Sep 1876
Gordon, Grace Sawyer   1876 - 1960
Hacket
    Leonard O.   1846 - 19__   Col NY Art
    Caroline D.   1849 - 1930
Hall
    Jennie   1867 - 1951
    Daniel   1840 -1919
Hamer, Sarah J., wife of O.D.
Haskins
    Alfred A.   1874 - 1937
    Grace   1878 - 1933
Hatch
    Adelbert C.   25 Feb 1861 - 18 Aug 1914
    Julia A., wife   14 Aug 1860 - 31 Jul 1897
Hatch
    Cyrus T.   d. 25 Jun 1857   56 yrs
    Phebe, wife   d. 25 Sep 1857   52 yrs, "Asleep in Jesus"
    Edward G., son   d. 21 Sep 1825   1 mo 12 da
    Ida M., daughter
    Vaodica   d. 17 Sep 1839   64 yrs, wife of Herman
    Ellen   d. 25 Feb 1821   3 yrs, daughter of Charles & A.
Higgins
    Clyde   1879 - 1914
    Jennie E.   1888 -
    Willard   25 Aug 1800 - 30 Oct 1862
    Jerusha   25 Aug 1802 - 31 Jan 1885
    George   14 Mar 1825 - 2 May 1835
    Cordelia   5 Nov 1823 - 18 May 1827
    Leland   20 Jul 1831 - 5 Apr 1920
    Lucy M.   17 Feb 1851 - 2 Aug 1920
Higgins

    Russell | 1791 - 1853
    Laura, wife | 1803 - 1880
    Lucius E. | 1825 - 1898
    Ellen J. | 1828 - 1904
    Emily A. | 1839 - 1924

Hopkins
- Bird W. — 1850 - 1913
- Flora P. — 1858 - 1929
- James L. — 1860 - 1928
- Jennie l. — 1856 - 1937
- Elisha — d. 4 Aug 1856 — 56 yrs

Irish
- Wallace S. — 1878 - 1943
- Lucinda L. — 1888 - 1943
- Wesley S. — 1907 - 1923

Keyes
- Nelson R. — 1852 - 1928
- Mary M. — 1850 - 1927
- Andrew M. — 1880 - 1933
- lewis F. — 1904 - 19__

Krebbs
- Benjamin — 1841 - 1923
- Mary, wife — 1855 - 1926
- Gertie M., daughter — d. 2 Dec 1892 — 8 yr 2 mo 12 da

Lewis, Effie J. — 1839 - 1916

Lyon
- Joel — d. 15 Dec 1828 — 37 yr 11 mo
- Sarah, wife — d. 8 Apr 1882 — 87 yr 1 mo

Miller
- Nathan — 1855 - 1931
- Mary W. — 1861 - 1917
- George — 1867 - 1946
- Mabel — 1875 - 1956
- Montford — 1898 - 1947

Mills
- Albert A. — 19 Feb 1842 - 20 May 1884
- Rachel Cudworth, wife — 28 Nov 1841 - 12 Apr 1887

Moore
- Hiram — d. 13 Mar 1873 — 86 yrs (?)
- Florella — d. 30 Apr 1845 — 15 yr 3 mo 9 da, daughter of Hiram & Mary

Morris
- Richard — 1854 - 1929
- Ellen C., wife — 1865 - 1946
- Christmas — d. 1894 — 3 mo
- infant — d. 1896
- John R. — d. 16 Dec 1905 — 82 yrs
- Ellen, wife — 1819 - 1908

Myers, in memory of Mother & Father

Nye
- Honeyman — 29 Mar 1846 - 25 Apr 1912
- Miranda A., his wife — 3 Aug 1855 - 4 Jul 1919 — daughter of Isaac & Mary Barry Sprague

Nye
- Samuel — 1 Mar 1803 - 16 Nov 1866
- Mary W., wife — 11 Feb 1815 - 19 Jan 1888 — daughter of Samuel & Hannah Joslyn Clark
- Maranda, daughter — 4 May 1838 - 19 Dec 1915 — married Ichabod P. Flenagin
- Mary A., daughter — 28 Mar 1839 - 2 Feb 1876 — married James Flenagin
- Hiram, son — 1841 - 1842
- Eliza J., daughter — 28 Oct 1844 - 24 Dec 1914 — married Nelson H. Knight

Pitts
- Lodell — 1855 - 1931
- Elizabeth — 1854 - 1898
- Renne S. — d. 18 Nov 1893 — 15 yrs
- Dora — 1885 - 1917

Pratt, Lusina Higgins — 25 Mar 1835 - 24 Jan 1919

Rice, Elizabeth Higgins — 3 Jun 1837 - 13 Dec 1864

Sawyer
- D. Earl — 20 Jan 1862 - 22 Nov 1918 — Father
- Myrtie M. — 30 Apr 1862 - 9 Dec 1950 — Mother
- Harold C. — 1884 - 1953
- John S. — d. 1891 — 63 yrs
- Grace L., wife — d. 1910 — 76 yrs
- Warren
- Mother

Sheppard, Mary — d. 13 Jun 1877 — 25 yrs, wife of Henry

Stickle
- Chilon — 1801 - 1899
- Mabel, wife — 1808 - 1894
- Jason K. — 1833 - 1841
- Leland — 1846 - 1846
- Erwin — 1851 - 1896
- E. Sumner — 1881 - 1902
- Ella F. Warner — 1851 - 1938

Stickle
- Huldah E. — 1842 - 1924 — wife of James, "At Rest"
- Susan — d. 1875 — 45 yrs (?), wife of Morris
- Caroline — d. 3 jun 1844 — 15 yrs, daughter of Morris
- Rachel, daughter

Stickle
- Judson — 1844 - 1929 — Co F NY Dragoons
- Loretta B. — 1842 - 1909
- Lucy G. — 1891 -
- Chilon J. — 1871 - 1939
- Ellen W. — 1870 -1905

Stickle
- Kate E. Evans — 1862 - 1917 — wife of Morris B.
- Myron — 1825 - 1903 — son of Morris B.
- Melinda Lyon, 1st wife — 1821 - 1854
- Mary J., 2nd wife — 1825 - 1891
- Howard J. — 1892 - 1971
- Nellie A. — 1892 - 19__
- William J. — 1917 - 1942 — 2nd Lt,, buried National Cemetery, HI, WWII

Trall, Margaret Evans — 1865 - 1941 — monument erected by her sister

Veazey
- Harmon P. — d. 1891 — 41 yrs
- Mary L. — d. 1920 — 71 yrs

Vorhees
- Little Tellie — d. 29 Oct 1874 — son of JB & SE
- our Baby Daughter — d. 19 Oct 1875
- Abram R. — 1853 - 1933
- Frances E. — 1851 - 1924
- Elton R. — 1879 - 1951

Weaver
- John M. — 10 Aug 1828 - 14 Aug 1890
- Helen M., wife — 8 Sep 1830 12 Dec 1893
- Orin T. — 10 Sep 1862 - 31 Mar 1888
- William H. — 7 Oct 1871 - 17 Apr 1897 — "For so He giveth his beloved sleep" Ps 127:2

Weaver
- Peter   1795 - 1862
- Sarah, wife   1803 - 1888
- Rosaline, daughter   1829 - 1856
- Mary Wight   1828 - 1906

Weaver
- William   d. 16 Dec 1887   87 yrs
- Mapely T., wife
- Jonathan, son   d. 2 Sep 1845
- daughter   d. 30 Dec 1825   15 mo
- James H.   d. 7 Nov 1866   32 yr 1 mo 9 da, Veteran
- Miles W.   1835 - 1926
- Mary W.   1849 - 1930
- Roy

Whitford, John C.   1854 - 1911
Williams, A. Celia L.   1890 - 1936
Willis, Katherine Evans   1863 - 1911
Wolfer, Mamie E.   1902 - 1924

Holy Cross Cemetery

Adamowich
    Frank   1894 - 1979
    Anna   1895 - 1960
    Bronislaus, son   19 Jul 1918 - 26 Mar 1967   NY PFC Co C 612 TDBN WW II
      - (Brownie), married Mary Burr who married James Mountain
Almeter
    Jacob N.   1882 - 1960
    Mary K.   1881 - 1932
    Paul J.   1917 -
    A. Catherine   1915 - 1975
Art
    Edward M.
    Mary G.
    Danny   20 Jul 1946 - 18 Jan 1951   son of Robert Art
Atherton
    Elmer S.   1891 - 1969
    Viola A., wife   1894 - 1974   her 1st husband was McCarthy
Baker
    Clyde E.   1899 - 1963
    Bernice H.   1896 - 1973
    Dorothy Ann   1925 - 1939
    Earl F.   1897 - 1975
    Hazel M., wife   1897 - 1970   "My Jesus mercy"
Barr, Mary E.   d. 23 Oct 1882   14 yr 10 mo, daughter of Phillip & Mary
Benjamin
    G. Elmer   1873 - 1938
    Mary M.   1874 - 1950
Benjamin
    Harry G.   1904 -
    Evelyn M.   1907 -
Bernard
    John C.   1886 - 1964
    Ruth I.   1893 - 1971
Berrigan, Edward   d. 7 Jan 1885   69 yrs
Bettinger
    Lloyd M.   1900 -
    Doris m.   1902 - 1962
    Elizabeth Steele   1877 - 1957   his mother
Binney
    Mary A.   1862 - 1928   wife of Samuel W.
    William   d. 3 Feb 1880   44 yrs, Father
      Margaret Pendergast, wife d. 10 Jan 1917 "May their souls rest in peace. Amen."
Boyle
    Francis E.   1911 -
    Margaret A., wife   1908 - 1984
Brainard
    Ernest J.   1900 - 1949
    Lillian M. O'Boyle, wife   1901 -   Lillian married 2nd Bettinger
    Mary Coughlin   1866 - 1916
Brandes
    Willis J.   1902 - 1958
    Helen Foley, wife
Broman, May Moran   1850 - 1923

Brown
    Richton (Curly)   1937 - 1952   shot by Artie Sullivan
    Ruth E.   1911 - 1975
Burns, Maria   1842 - 1922
Burk
    John   d. 21 Aug 1888   76 yrs
    Honora, wife   d. 21 Mar 1905   83 yrs - both natives of Co. Mayo. Ireland
Burke
    Anthony   1851 - 1901   Father
    Ella   1858 - 1914   Mother
    Alfred T.   1886 - 1971
    M. Agnes, wife   1887 - 1981
    Joseph Merton   23 Jul 1920 - 31 Jan 1964   NY MoMM3 USNR WW II
    Harry M.   1891 - 1961
    Eva M.   1892 - 1983
Burke
    James A.   1867 - 1928
    Margaret   1862 - 195_
Burke
    James E.   1847 - 1926
    Elizabeth   1855 - 1939
    Lawrence   1880 -1880
    Isabelle   1889 - 1892
    Lula   1882 - 1941   married Dean
    Anna   1891 - 1957
    Pauline   1895 - 1987   nurse
Burke
    Patrick   1840 - 1915
    Margaret   1845 - 1913
    Francis John   1870 - 1895
    Michael   1849 - 1941   Father
    Catherine   1850 - 1931   Mother
    George F.   1880 - 1966
    Bernice C.   1885 - 1967
Butler
    Lawrence J.   16 Mar 1911 - 5 Aug 1972   Pvt US Army WW II
    Faith Osgood, wife   ? - 19__
    Beverly Ann   12 May 1938 - 24 May 1938
Butler
    Martin J.   1878 - 1954
    Sarah H., wife   1880 - 1955
    Patrick   1828 - 1922   b. Sligo, Ireland
    Bridget   1840 - 1936   b. Waterford, Ireland
    Elizabeth J.   1872 - 1922
Callanane
    Edward E.   1887 - 1949
    Clara   1887 - 1980   Geraldine Sullivan Storm's parents
Calvey, Catherine   1882 - 1915
Carmody
    Michael J.   1864 - 1899
    Sue Barr, wife   1864 - 1952
    Mary M.
    Raymond   1893 - 1965   P.M.
    John Michael   9 Oct 1897 - 22 Aug 1948   NY Cpl US Marine Coprs WW I
Carpenter, Lida   1886 - 1964
Cassidy
    Henry J.   1899 - 198_
    Iva H., wife   1907 - 1970

Francis M., son	1945 - 1946	
Robert W., son	1945 - 1947	
Thomas	1862 - 1928	
Johanna	1865 - 1943	
Mary A.	1887 - 1932	
Cerico, Antonia	1883 - 1960	shoemaker in Coccari Shop
Chamberlain		
Clifford F.	1918 - 1940	
Ruth C. Granger	1919 -	
Church		
Louis G.	1859 - 1909	
Flora E.	1864 - 1921	
Mary B.	1890 - 1912	
Ciancio, Betty Jane Howard	1925 - 1981	
Clancy		
Patrick	1803 - 1887	
Bridget, wife	1819 - 1895	"Resquiescant in Pace"
James E.	1864 - 1955	
Matilda S.	1877 - 1929	
Coccari		
Guiseppe	6 Sep 1885 - May 1916	"Most sacred heart of Jesus have mercy on us"
Bruno	1878 - 1948	
Maria T., wife	1885 - 1973	
Adolph, son	1920 - 1967	WW II
Louis	____ - 1991	
Collins		
Michael	1846 - 1915	Co G 1st NY Dragoons
Matilda	1883 - 1905	
Mary	1860 - 1941	
Comstock		
Katrina Michele	d. 1973	
William L. II		
Conners		
Michael	1815 - 1884	
Ellen	1818 - 1895	
Margaret	1847 - 1899	
Anna	1849 - 1935	
John	1857 - 1934	
Joseph F.	1900 - 1946	
Connors		
Patrick	d. 15 Feb 1881	28 yrs
William	1808 - 18 Oct 1882	b. Parish of Stradbally
Anna M.	1860 - 1904	
Genevive	1887 - 1977	
Conway		
Frank	1894 - 1967	
Sarah Gormley, wife	1898 - 1933	
Francis J.	1930 -	
Roberta D., wife	1930 - 1975	
Mary C. Hengel	1926 - 1968	
Coon		
Riley	1885 - 1918	
Mary	1889 - 1981	
Richard D.	1917	
George D.	1886 - 1962	
Anastasia M.	1886 - 1958	
Howard A., son	1920 - 1982	

Coots
- Robert Sr.   d. 22 Mar 1892   91 yrs
- Mary, wife   d. 24 Aug 1892   81 yrs
- John Sr.   d. 24 Apr 1901   64 yrs, d. at Titusville
- Margaret, wife   d. 2 Nov 1894   48 yrs, d. at Titusville
- Thomas   d. 15 Feb 1885   44 yrs, Veteran
- Robert Jr.   1844 - 1934
- Mary D.   1853 - 1934
- Katherine   1882 - 1935
- John H.   1891 - 1931

Coots
- Walter J.   1883 - 1962   Father
- Nora E.   1893 - 1941   Mother
- Walter Joseph   1911 - 1920

Cosgrove
- Francis J.   1898 - 1968
- Lillian C.   1893 - 1967

Cosgrove
- Sarah Mathews   1847 - 1931   Mother
- Josephine Murphy   1897 - 1900
- Gertrude   1874 - 1961
- John   1867 - 1928
- Frank S.   1873 - 1940
- Maude A.   1876 - 1963

Cosgrove
- Simon   1818 - 1897
- Nora   1820 - 1878
- Michael   1843 - 1912
- Isabelle Veronica   1858 - 1891
- Martin H.   1881 - 1954
- Mary   d. 22 Jul 1857
- Nora   d. 9 Mar 1925
- Mary   d. 18 May 1921
- Michael   d. 12 Jan 1954

Costello
- Mark   1 Apr 1814 - 13 Feb 1892   b. Co. Galway, Ireland
- Mary, wife   25 Mar 1814 - 25 Sep 1889   b. Co. Galway, Ireland
- Thomas   1822 - 1867
- Elizabeth   1821 - 1882
- Timothy   12 Feb 1838 - 8 Dec 1889   b. Co. Galway, Ireland
- Maria, wife   18 Dec 1841 -

Costello
- Mark   1863 - 1923   Father
- Catherine H.   1869 - 1908   Mother
- Baby Harry M.   1899 - 1903
- Raymond W.   1910 - 19
- Vera A.   1910 - 1935

Costello
- William J.   1885 - 1940
- Catherine   1889 - 1971
- Harold J.   1919 - 1947
- Tom   1869 - 1944
- Frank T.   1879 - 1943
- Mina L.   1879 - 1953

Coughlin
- Fredrick J.   1887 - 1951
- Neala B.   1891 - 1970
- Catherine M.   d. 1961

Coughlin
- James — 1803 - 1876
- Catharine, wife — 1805 - 1877
- Thomas — 1835 - 1893
- Helen U. — 1881 - 1976 — sister of Edith - never married
- Edith M. — 1886 - 1975 — sister of Helen - never married

Coughlin
- James
- Annie Fox, wife — 1853 - 1905
- Andrew — 1837 - 1901
- Jane — 1846 - 1921
- Andrew J. — 1874 - 1935

Coughlin
- Mark — 1881 - 1916
- Maude D., wife — 1890 - 1929

Coughlin
- Michael — 1833 - 1914
- Francis — 1844 - 1923
- Hannah — 1849 - 1940
- Catherine — 1854 - 1889
- Mary L. — 1876 - 1936
- George — 1878 - 1942
- Belle — 1885 - 1945
- Pauline — 1889 - 1907

Coy
- Alfred
- Katherine

Crandall, Anna M. — 1857 - 1930

Curcio
- Joseph — 1880 - 1945
- Catherine, wife — 1881 - 1969
- Josephine M., daughter — 1908 - 1959
- Samuel P., son — 1915 - 1978
- Mary White, wife

Curran
- William — 1839 - 1910
- Mary, wife — 1831 - 1875
- James, son — 1872 - 1895
- Thomas — 1858 - 1935
- William C. — 1901 - 1930
- Alfred C. — 1880 - 1869
- Catherine — 1882 - 1941

Curran
- Will — 1877 - 1940
- Gertrude E. — 1891 - 1950
- Mary Britt — 1849 - 1933
- James R. — 1913 - 1953

Damicone, Mary C. — 1917 - 1980 — wife & mother

Davis
- Burton B. — 5 Dec 1909 - 5 Aug 1981 — US Army Veteran, son
- Frederick J. — 1883 - 1936 — Father
- Kathryn G. — 1884 - 1954 — Mother

Day
- James F. — 1869 - 1918
- Patrick — 1830 - 1917 — b. Kings Co., Ireland
- Mary Reardon, wife — 1836 - 1912 — b. Glynn, Limerick Co., Ireland
- John — 1862 - 1911
- Elizabeth Way — 1863 - 1910

Mary	1866 - 1888	
Margaret	1876 - 1938	
Ellen	1888 - 1901	
Baby		6 mos

Dean
| Edward | 1874 - 1946 |
| Mary | 1863 - 1936 |

Dewe, Jesse — 1897 - 1977 — Veteran

Doherty
| Joseph M. | 1869 - 1931 |
| Helen M. | 1875 - 1945 |

Donald
John J.	1856 - 1947
Jane A., wife	1860 - 1957
James	1818 - 1904

Dougherty, Rev. Francis — 4 Apr 1861 - 16 Apr 1927 — Ordained 26 Mar 1888
- Son of Michael Dougherty, "Eternal rest grant him O Lord, and let perpetual light shine upon him. May he rest in peace. Amen. My Jesus mercy."

Dougherty
John	d. 27 Feb 1891	75 yrs
Catharine, wife	d. 1909	
Michael	d. 24 May 1902	77 yrs, "Merciful Jesus grant him eternal rest."
Mary Ann Miley, wife	d. 3 Dec 1914	79 yrs, RIP
Martha Winifred, dau.	d. 24 Nov 1869	2 yr 4 mo

"Earth counted a mortal loss, Heaven an angel small." Michael bought the land for cemetery for his daughter.

Durneen
James E.	1868 - 1935
Kathryn W., wife	1876 - 1949
Albert J., son	1914 - 1968

Eastland, Minnie — 1869 - 1965 — Artist

Ellis
John E.	1916 - 1974
Frances M., wife	1926 -
Garfield B.	1881 - 1922
Margaret H. (Maggie)	1874 - 1954

Farwell, Richard D. (Diz) — 1923 - 1984 — WW II
Fee, Mary McManimon — 1864 - 1948 — wife of Terrance Fee

Finnesy
James H., MD	3 Oct 1864 - 26 Mar 1924
Father	24 Mar 1825 - 26 Jan 1898
Mother	10 May 1828 - 1 Jan 1983
Margaret L.	2 May 1909 - 12 Oct 1967

Flanigan
Martin	d. 3 Aug 1888	27 yrs, son of John & Maria
Charles		
Anna		
Betty Burke	1926 - 1976	

Foley, Catherine — 1816 - 1893

Ford
| Margaret M. | 1883 - 1955 |
| Veronica O. | |

Fox
James	1808 - 1884	
Ann, wife	1819 - 1891	
John, son	d. 9 Apr 1865	9 yr 11 mo 6 da
Martin G.	1852 - 1877	
Jane	1847 - 1873	
John	1856 - 1865	

P. Henary	1866 - 1880	
William		
Fox		
Rosanna	1825 - 1905	
William	24 Jun 1844 - 30 Oct 1900	
Margaret, wife	4 Mar 1850 - 4 Feb 1922	"Requiescant in Pace. Amen"
Bridget	d. 8 Nov 1875	68 yrs, "May her soul rest in peace."
Franklin		
Earl J.	1883 - 1945	
Margaret M., wife	1886 - 1983	
Fuell		
Stephen J.	1889 - 1972	
Margaret G.	1888 - 19	
Gaferty, Michael	d. 28 Feb 1885	73 yrs, b. Balledy, Parish Co. Mayo, Ireland.
Gill		
Patrick W.	1855 - 1931	
Margaret McCarthy, wife	1874 - 1917	
Patrick	d. 21 May 1904	b. in Co. Mayo, Ireland
Richard		
Winifred	1851 - 1927	
Rev. Bernard P.	23 Apr 1881 - 10 Oct 1954	Ordained 13 Jun 1908
Gillen		
Alexander	1787 - 1869	
Margaret	d. 9 Apr 1886	88 yrs
Gormely		
Hugh	1858 - 1920	
Sarah S.	1863 - 1919	
Hugh Reginald	1893 - 1978	Pvt US Army WW I
Arthur J. (Pint)	1895 - 1971	P.M.
Juanita M., wife	1913 - 1970	
Grey		
John (Jack) I.	1907 - 19	
Edythe Burlingame, wife	1906 - 1970	
Galvin		
John	1811 - 1876	
Mary, wife	1826 - 1901	
Walter	1867 - 1902	
James	1869 - 1889	
MaryAnn	1870 - 1937	
Garrity		
Owen	1835 - 1918	
Bridget	1824 - 1891	
Garvin		
James C.	1875 - 1952	
Mary	1886 - 1979	
James C.	1918 - 1971	
Margaret	1926 -	
Michael G.	1851 - 1923	
Catherine, wife	1853 - 1931	
George J.	1881 - 1954	
Gere, Mary A. Rock	1886 - 1976	School teacher at Belfast
Grimm Helen Button	1887 - 1951	
Grogan		
William	d. 21 Nov 1891	47 yrs
Julia, wife	d. 3 Feb 1882	36 yrs
Hainey		
John	1864 - 1942	
Catherine, wife	1868 - 1944	

Cemeteries of Allegany County

Mary, daughter	1895 - 19	
Joseph, son	1904 - 1960	
Bernard, son	1896 - 1958	
Haire, Rev. Father Thomas	1860 - 1899	
Hammond		
James S.	1883 - 1953	
Loretta Coughlin, wife	1885 - 1968	
Hampton		
Milton W.	1913 - 1974	
Auretta E., wife	1916 - 1976	worked at Eastside Garage as secretary
Hand		
Glenda Elizabeth	d. 1965	baby
Martha Ruth	d. 1964	1 da
Hanley		
Mother		
Charles	1871 - 1905	
Sadie	1877 - 1896	
John M.	1882 - 1906	
Satie R.	d. 5 Oct 1896	19 yrs, daughter of M. Hanley
- "May she rest in peace."		
Hanlon, Eva M.	1897 - 1938	Mother
Harrington		
Lewis	1871 - 1936	
Nellie	1875 - 1938	
Wm. J. (Bill)	1903 - 1948	
John	1901 - 1923	
James	1908 - 1912	
Harrington		
Michael	1852 - 1929	
John	1856 - 1930	
Edward	1905 - 1979	
Jimmy, son	1940 - 1947	drowned
Francis D.	1898 - 1975	
Doris N., wife	1915 - 12 Nov 1985	
Robert L.	1914 - 1979	Pvt US Army WW II
Winifred M., wife	1916 - 1978	
Hartman		
Marvin E.	1855 - 1939	
Alice T.	1857 - 1938	
Hasper, Marie Sullivan	1903 - 1932	1st wife Burdett Hasper
- died from childbirth, baby buried with her		
Healy		
H. DeForest (Cap)	1874 - 1944	
Anna M., wife	1875 - 1950	
Hoey		
Edward	1826 - 1908	
Aunt Mary		
John		
James		
Mary		
Winifred		
Julia		
Thomas		
Belle Munn, wife		
Hogan		
James F.	1871 - 1921	
Anna L., wife	1883 - 19	
Patrick	d. 4 Aug 1871	42 yrs, Vet, b.Burke Parish, Co Clare, Ireland

Mary	d. 11 Jul 1881	12 yrs, daughter of Patrick & Margaret
Horning, John T.	14 Jan 1924 - 9 Apr 1977	TEC 4 US Army WW II
Howe, Ann	d. 1 Nov 1882	33 yrs, wife of John Howe
Hull, Robert L.	1942 - 1962	
Hunt		
Michael H.	1852 - 1913	
Our Mother	1818 - 1906	
Ives, Milton A.	1877 - 1940	
Jaegle, Anna Welch	1875 - 1926	nee Gill
Jerman		
Homer E.	1873 - 1950	
Martha A,. wife	1882 - 1957	
Peter P., son	1913 - 1930	
Martha, daughter	1922 - 1976	
Johnson		
John M.	1920 - 1961	WW II
R. Geraldine	1920 -	remarried to Fred Winterhalter
Johnson		
James A.	1864 - 1954	
Esther L., wife	1890 - 1960	
Kazdzewski, Henry J.	23 Aug 1906 - 13 Nov 1981	PFC US Army WW II
Keefe		
Patrick	1809 - 1873	
Jane	1811 - 1891	
David	1851 - 1874	
Keller		
John J.	1904 - 1966	
Margaret Cosgrove, wife	1908 - 1981	
Kelley		
Peter K.	1869 - 1923	Kelley House Hotel, Caneadea
Delia A., wife	1873 - 1951	
Carmelita K. Gayton	d. 1910	daughter
Kelley		
Thomas		Father
Bridget		Mother
John A.		
Margaret Farley		
Ellen		
Thomas		
Francis		
Agnes		
Kennry		
Michael	1845 - 1901	"Peace to his soul"
Margaret	1844 - 1922	"Peace to her soul"
Kennedy, Harry M.	1858 - 1920	
Keiffer, David J.	1918 - 1969	
Kilgrow, Alice	d. 1879	
Killian		
John	1882 - 1955	
Joseph	1884 - 1957	
Maude	1886 - 1943	
John	1847 - 1911	
Winifred	1848 - 1924	
Killian		
William E.	1877 - 1960	
Elizabeth C., wife	1885 - 1957	
Frances W., daughter	1918 - 1968	
Mary M, daughter	1924 - 1982	

    William, son
    Anne, daughter
    George, son
Knox
    James   1828 - 1960   Veteran
    Anna, his wife
    James P.   1871 - 1944
    Clella B., wife   1872 - 1938
Krzewinski
    Mathew R.   1918 -
    Athaline J. Pettit, wife   1901 -
Lafan
    Robert M.   1857 - 1931   Father
    Mary A.   1850 - 1926   Mother
Lafferty, John W.   2 Dec 1881 - 8 May 1895
Lapp
    Joseph M.   1877 - 1934
    Julia A.   1879 - 1972
    Evelyn B.   1901 - 1942
LaRouche, William   1947 - 1964
Launderville, Orin James   1879 - 1950
Leonard
    Hugh   1818 - 1888
    Mary, wife   1832 - 1909
    John   1856 - 1900
    Hugh F., Jr.   1867 - 1914   killed by lightening
    Rose M., wife   1870 -19__
    baby   d. 1905
    Owen   1846 - 1886
    Patrick   1847 - 1892
    Thomas   1858 - 1931
    Charles   1859 - 1949
    Edward   1864 - 1931   Veteran
    Marjorie
Loftus
    Patrick F.   1859 - 1938
    Margaret G. wife   1862 - 1953
    Leo L., son   1887 - 1956
    Dr. Claude   1886 - 1971
    Carmelita K.   1892 - 1943
    Patricia Ann   1939 - 1939
Lorrow, Ruben   1890 - 1961
Lundrigan
    John   1823 - 1899
    Hannah   1833 - 1895
Luongo, Charles   1874 - 1903/8
Lyman
    Michael A.   19 Feb 1959 - 2 May 1959
    Ardith McNamara   1930 - 1976
Lyon, Stasia Sheehan   1874 - 1944
MacHale, son of P.   1857 - 1871
Macrow
    Lester   23 Jan 1897 - 26 Jan 1978   Sgt. US Army WW I
    Anna Maule, wife   21 Nov 1903 - 16 Mar 1971
    Mary Wesley Maule   1 Nov 1879 - 22 Feb 1959   Anna's mother
Mahoney
    John   1840 - 1913
    Nancy   1845 - 1901

Daniel	1873 - 1934	
Virginia	1931 - 1973	
Majerus, Francis J.	1900 - 1916	
Maloney, Bridget	1852 - 1913	"Rest in peace"
Maloney		
Thomas H.	1841 - 1917	
Mary Ann Rock, wife	1849 -1916	
Joseph	1884 - 1950	
John M.	1875 - 1945	
Mary A.	1879 - 1940	
Bernard F.	1889 - 1948	Veteran
Patrick	d. 27 Aug 1858	35 yrs, b. Balomille Parish, Co. May, Ireland
Honora, his wife	d. 25 Dec 1881	65 yrs ,b. Balomille Parish, Co. May, Ireland
Johanna, wife of John	d. 3 Feb 1898	56 yrs
Maroney, William	d. 28 Oct 1845	80 yrs, born in Ballyman, Tiperary
McBride, Sadie C. Curran	1886 - 1924	wife of F.M. McBride
McCarthy		
Charles	1858 - 1896	
Bina M. Wall	1875 - 1932	
John	1827 - 1907	
Mary, wife	1838 - 1922	
Anna M.	d. 9 Jun 1890	26 yrs, daughter of John & Bridged
McCarthy		
Fredrick W.	1865 - 1933	
Katherine, wife	1866 - 1944	
John	1816 - 1883	Co E 89th Regt NY Vo., Civil War
McCarthy		
Thomas J.	1848 - 1918	
Emma	1869 - 1918	
Charles, son	1883 - 1943	
Mary L Hughes, dau.	1886 - 1955	
McCone, Thomas	d. 14 Nov 1896	50 yrs, b.Killimer Parish,Co. Gallway, Ireland
- "May his Soul rest in peace"		
McCue		
James	5 Nov 1818 - 23 Aug 1896	born in Co. Roscommon, Ireland
Mother	1826 - 1906	
John	1864 - 1903	
James	1860 - 1908	
Thomas	1856 - 1927	
McCumiskey		
Arleen	d. 8 Dec 1976	
Alice M.	d. 15 Jul 1970	
William J.	1906 - 1980	
Jessie M. Day, wife	1907 - 1990	
McFadden		
Mathew		
Elizabeth		
William		
Anna		
McGill		
John F.	1867 - 1940	
Daniel P.	1874 - 19	
Anna K., wife	1875 - 1949	
McGraw		
John C.	1849 - 1925	
Johanna, wife	1845 - 1902	
Cornelius	1884 - 1917	
Kathryn	1884 - 1945	

McKeown
- Michael — 1799 - 1883
- Mary Branagan, wife — d. 11 Nov 1874 — b. Bedame, Co. Tyrone, Ireland
- "May her soul rest in peace. Amen"
- Francis — 1832 - 1909 — b. Co. Tyrone, Ireland
- Anna — 1839 - 1902

McMahon
- Frank — 1873 - 1953
- Kathryn, wife — 1878 - 1945
- Claribel — 1881 - 1896
- infant daughter F & K — 1919 - 1919
- Martin — 1842 - 1923 — Father
- Margaret — 1850 - 1929 — Mother
- Francis J. — 1905 - 1974
- Terrencia M. Fee, wife — 1907 - 1965
- Peter Joseph — d. 15 Dec 1908

McMahon, Robert Merton — 1912 - 1942 — Lt. US Navy submarine WW II
- "Who laid down his life in defense of his country. He has no other grave than the sea."

McManimon
- Thomas L. — 1873 - 1931
- Diana, wife — 1879 - 1978
- John — 1900 - 1933
- Bedelia — wife of Hugh McManinom
- James — 1826 - 1895
- Sabrina — 1842 - 1920

McNamara
- James — 25 Feb 1805 - 4 Oct 1830 — b. Kalwran Parish, Co Clare, Ireland
- Mary, wife — 25 Aug 1815 - 29 Aug 1878 — b. Tulla Parish, Co Clare, Ireland
- Charles D. — 1885 - 1967
- Arthur J. — 1 Dec 1889 - 5 Apr 1955 — NY PFC Co L 308 Inf 77 Div WWI
- Mae, his wife — 1903 - 1985
- John

McNulty, James F. — 8 May 1922 - 21 Oct 1957 — NY Cpl US Army WW II
Mehrman, Rudolph — 27 May 1890 - 18 Aug 1950 — NY Pvt 163 Depot Brigade WW I
Merritt, Elnora Sheehan

Metcalf
- Lester H. Sr. — 1917 - 1975 — WW II
- Monica, wife — d. 1991

Metz
- Norman E. — 14 Sep 1894 - 25 Oct 1951 — WW I, NY Asst Bandleader 309 inf 78 Div
- DeEtte — 1905 - — remarried Dorrance Chamberlain

Meyers, James Leslie — 16 Jan 1894 - 7 Oct 1958 — WW I, NY Cpl 3 Co 161 Depot Brigade

Miley
- Barthalomew — d. 30 Sep 1858 — 51 yrs, b. Killoom, Co Roscommon, Ireland
- Mary Ann, his wife — d. 26 Mar 1880 — 82 yrs, b. Killoom, Co Roscommon, Ireland
- - Parents of Mary Ann, Michael Dougherty's wife, "Requiescant in Pace. Amen"

Moloney
- Denis — 1859 - 1930
- Sarah — 1858 - 1944

Monihan
- William B. — 1888 - 1947
- Rose E. — 1902 -
- Helen — 1928 - 1974

Monihon
- William
- Mary
- James — 1855 - 1905
- Margaret, wife — 1860 - 1942

    Bartholomew & Hildegarde
        Mary A.   1858 - 1926
        Claire G.   1892 - 1941
        Catherine   1896 - 19

Moot
        Raymond   1897 - 19
        Helen Benjmain, wife   1911 - 1950

Moran
        Harry E.   10 May 1895 - 28 May 1974
        Mary H., wife   19 Sep 1902 - 13 Dec 1982
        William M.   1889 - 1969   Harry's brother
        John L.   1897 - 1941   Harry's brother
        Charles J.   1872 - 1880
        M. Therea   1875 - 1959
        John A.   1884 - 1940

More
        Isaac   d. 11 Oct 1881   73 yrs
        Ann M.T.   d. 1879   65 yrs

Mountain
        Edward   18 Mar 1818   b. County Waterford, Ireland
        Bridget, wife   2 May 1821 - 15 Jun 1891
        Anastasia   1815 - 1879   wife of John Sr.
        - b.Clashmore, Co Waterford, Ireland
        David A.   1847 - 1927
        Catherine   1847 - 1927
        Rev. Father Joseph   1879 - 1918   Chaplain, Veteran
        Agnes   1884 - 1887
        Lizzie   1888 - 1900

Mountain
        Thomas   1862 - 1930
        Margaret   1874 - 1945
        Edward L.   12 Oct 1900 - 5 Nov 1964
        Margaret O., wife   21 May 1910 - 19

Mountain
        Thomas D.   1897 - 1967
        Margaret M.   1894 - 19
        John   1816 - 1886   Veteran
        James

Mountain
        William H., MD   1876 - 1935
        Harriet Laughlin, wife   1876 - 1949
        James   1858 - 1927
        Mary A.   1870 - 1968
        Rose E.   1873 - 1948
        John   1895 - 1899
        Lauretta   1892 - 1919
        John   27 Jun 1859 - 27 Nov 1893

Mulcahy
        Cornelius   1865 - 1940
        Margaret C.   1874 - 1942

Murphy
        Charles A.   1874 - 1943
        Mary Welch, wife   1875 - 1924
        Mathew   d. 26 Mar 1888   62 yrs
        Catharine   1835 - 1924
        John A.   d. 1 Apr 1887   22 yr 9 mo
        William B.   d. 24 Feb 1889   22 yr 10 mo
        Olive L.   d. 13 Mar 1878   2 weeks

Murphy
    James E.   1871 - 1930
    Mary   1878 - 1970
    Joseph L.   1876 - 1935
    Anna T.   1880 - 1955
    Florence F.   1915 - 1939

Murray
    Catherine   1894 - 1967
    Francis T.   1895 - 1969
    Margaret   1898 - 19
    James   1900 - 1973
    Margaret M.   1902 - 1980
    Thomas   1864 - 1918
    Mary   1860 - 1939
    William   1886 - 1940
    Bernard   1889 - 1965
    Patrick   d. 25 Dec 1871   28 yr 6 mo, son of Michael & Bridget

Nolan, John   d. 21 May 1877   63 yrs, Veteran, "May his soul rest in peace"

O'Boyle
    James J.   1864 - 1945
    Margaret A., wife   1872 - 1946
    Peter   1839 - 1906
    Anna   1842 - 1918
    James   d. 16 Aug 1885   80 yrs, Native of Westpoll, Co. Mayo, Ireland

O'Brien
    Daniel S.   d. May 1855
    Margaret, infant   d. Feb 1893
    Anna Gill   1898 - 1936

O'Grady, Robert J.   1 Oct 1966 - 28 Aug 1984
    "When leaves are fallin' and the hounds are brawlin', Me and old Butch'll be there, Death's not the end, We'll meet again, Somehow, Sometime, Somewhere."

O'Laughlin Paul L.   14 Dec 1891 - 11 Sep 1961   NY E 3 US Navy WW I

O'Leary
    Julia   1811 - 1891
    John, her son   1847 - 1915

O'Meara
    John   1812 - 1902   b. Co. Galway, Ireland
    Bridget   d. 9 Jun 1888   70 yrs, "Requiescant in Pace. Amen"
    Margaret Cecelia   1853 - 1873   sister of P. O'Meara

O'Neil
    Thomas   1872 - 1918
    Michael   1844 - 1919
    Mary, wife   1849 - 1916
    Daniel C., son   1883 - 1930   Co A 22 N.O., Spanish War
    Frederick L., son   1885 - 1942

Osterhout
    Ella M.   1865 - 1930   Mother
    Homer   1899 - 1974
    Sophia Ann   1892 - 1969

Osterhout
    Henry T.   1901 - 1981
    Elizabeth C.   1905 - 1982
    "When the golden sun is setting, And your heart from care is free, When of others you are dreaming, Won't you sometime think of me."

Parker
    John J.   1890 - 1942
    Maude Reddy   1898 - 1970

Pendergast

Patrick	d. 15 Feb 1887	88 yrs, "Requiescant in Pace. Amen"
Perry, Agnes Launderville	1869 - 1950	wife of Henry Perry

Pettit
Claude E.	1874 - 1956	
Agnes Maude	1872 - 1955	
Stephen	1958 - 1958	
William Charles	25 Nov 1944 - 30 Nov 1944	
Donald J.	1905 - 1982	
Doris K.	1903 - 1973	

Phippen
Edwin W.	1909 - 1967	
Theresa A. Curcio, wife		

Piatt
Denver	1904 - 1973	
Ellen Coccari, wife	1914 -	

Pielow
Walter E.	1922 - 1970	ETO WW II
Patrica A. Gormley, wife	1924 - 1981	"Patty"

Post, Mrs. Isabella V.	d. 28 Feb 1891	33 yrs, "May she rest in peace"

Powers
John A.	1860 - 1926	
Della M.		

Powers
John	1784 - 1864	father of Anestia, wife of John Mountain Sr.
Catherine G.	1884 - 1952	
Paul	1893 - 1914	

Powers
John	1830 - 1897	
Catherine, wife	1842 - 1915	
Joseph	1867 - 1893	
Thomas F.	1865 - 1932	
Peter P.	1880 - 1946	
Leola	1887 - 1963	

Powers
William	1843 - 1918	
Margaret, wife	1841 - 1935	
John	1869 - 1869	
James	1869 - 1893	
William	1877 - 1877	
Mary	1879 - 1909	
Edward T.	1873 - 1949	
Mary J., wife	1873 - 1957	

Quinn, Anna R. McMahon	1871 - 1922	wife of Peter J. Quinn

Rafter
Timothy		
Bridget, his wife	d. 16 Dec 1890	53 yrs
Ann	d. 3 Aug 1892	82 yrs
Father		
Mother		
Bridget		
Mathias E.	1870 - 1913	
Mary Jane Butler, wife	1873 - 1943	

Randolph
K.	1845 - 1905	
Rose Kendall, wife	1860 - 1882	
? Dolph	1884 - 1885	

Redanz
Henry E.	1864 - 1940	

Cemeteries of Allegany County

Rose G.	1867 - 1922	
Reddy		
Alexander	1901 - 1923	
Paul	1902 - 1926	
Patrick A.	1861 - 1929	Father
Mary G.	1866 - 1939	Mother
Martin F.	1895 - 1962	WW I, France C 6th Division 1918 - 1919
Reddy		
Joan	1864 - 1932	
George M.	1906 - 1969	
Thelma H. Spencer, wife	1912 -	
Rock		
Edward W.	1885 - 1931	
Lauretta E.	1883 - 1897	
Aileen		"My Jesus Mercy"
Julia C.	1861 - 1931	
Stephen V.	1857 - 1914	
Rock		
Edward	1848 - 1896	
Nancy	1849 - 1948	
Rock		
Joseph	1896 - 1955	
Ida M.	1897 - 1971	
Katherine A.		"My Jesus Mercy"
Josephine G.	1891 - 1963	
Rose R.	1888 - 1983	
Rock		
William	4 May 1812 - 24 Dec 1888	b. Roscommon, Ireland
Helen, wife	d. 7 Apr 1890	78 yrs, "Requiescant in Pace. Amen"
John J.	1868 - 1936	
Julia Johnston, wife	1866 - 1925	
Edward	d. 17 Jun 1897	84 yrs
Bridget, his wife	d. 2 Aug 1890	74 yrs
William, son	d. 17 Feb 1879	32 yrs
Ella	1859 - 1963	
Rogers		
Edward E.	1867 - 1902	
Catherine, wife	1868 - 1925	
Frank		
Royce, Theresa M.	1887 - 1922	"Beloved wife of Elmer E. Royce"
Schuld		
Eugene L Sr.	1937 - 1981	
Joyce A., wife	1937 -	
Schaill		
Thomas	1885 - 1970	
Edna, wife	1907 - 1984	
Austin	15 Aug 1821 - 7 Apr 1881	Our Father, b. Westport, Co. Mayo. Ireland
Scott		
Forest W.	1904 - 1968	
Mary M.	1903 - 1979	
Sculli, Donna Marie	24 Jan 1935 - 5 Sep 1984	daughter of E. & A. Shaller
Seager, Bridget Morrisey	1863 - 1923	wife of C. C. Seager
Scott		
James H.	1909 -	
Rosemary	1924 - 1978	
Shaller		
Arthur A.	1892 - 1950	
Ellen K.	1899 - 1983	

Sheehan
- Bartholomew — 1822 - 1897
- Catherine, wife — 1827 - 1905
- Mary — 1856 - 1881
- William — 1867 - 1895
- James — 1864 - 1940
- John — 1854 - 1930
- William F. — 1876 - 1964
- Margaret M. — 1879 - 1924

Sheehan
- Patrick — 1844 - 1912
- Mary D. — 1844 - 1926
- John A. — 1872 - 1939
- Helen E. — 1882 - 1954
- Lauretta D. — 1890 - 1960
- Mary A.
- Margaret
- Elizabeth

Sheehan
- Patrick A. — 1857 - 1919
- Ellen K. — 1865 - 1932
- Frances — 1888 -

Shipman, Ronald — 1945 - 1945 — son of Margaret Garvin Shipman

Smith
- Harry B. — 1876 - 1948 — Veteran
- Julia K. — 1878 - 1943

Smith
- Mathew J. — 1914 - 1976
- Thomas — d. Nov 1959 — Mathew's father
- Alice J., wife — d. Sep 1963 — Mathew's mother

Smith
- Silas J. — 1899 - 1970
- Laura M. — 1896 - 1980
- Victor J., son — 14 Aug 1922 - 10 Jul 1948 — NY Tec 5 5250 MGP WW II
- Robert F., son — 22 Mar 1932 - 1 Apr 1977 — AIC US Air Force, Korea

Steele, Orin — 4 Feb 1895 - 1 Sep 1965 — NY Pvt Co K 161 Infantry WW I

Storm
- Alexander — 1916 - 1977
- Geraldine C. — 1917 - — 1st husband Richard Sullivan, Jr.

Sullivan
- Donald J. — 1904 - 1927
- Ellen B. — 1878 - 1937
- Michael H. — 1867 - 1929
- Edward J. — 1871 - 1956
- Maude — 1872 - 1964
- George C. — 1878 - 1957
- Margaret K. wife — 1880 - 1952
- George C. Jr. (Sonny) — 1923 - 1939

Sullivan
- Frank J. — 1864 - 1936
- Rose E., wife — 1866 - 1955
- Francis N., son — 1896 - 1945
- Ernestine M., wife — 1908 -
- Francis — d. 1945 — son of Paul & Naomi

Sullivan
- Michael — d. 12 Apr 1888 — 82 yrs
- Catharine, wife — d. 3 Jun 1886 — 86 yrs, b. Co. Mayo, Ireland, "Rest in Peace"

Sullivan

Michael F.	1904 - 1932	cremated
Timothy O.	1871 - 1946	
Mary J. McEvoy	1868 - 1952	
Phoebe Ann	d. 24 Dec 1878	7 yr 8 mo 11 da, daughter of J H & M

Sweet
- Clarence L.   1902 - 1983
- Mary G. Curcio   1907 - 1970

Thomas
- James H.   d. 16 Feb 1971
- Charlotte E., wife   d. 4 Jan 1847
- Helen M., daughter   1918 - 1921

Thornton
- John W.   1904 - 1977
- Theresa T. Johnson, wife   1912 -

Tique
- Patrick J.   1874 - 1942
- Kathryn L., wife   1873 - 1967

Totsline, Virginia Wright   1824 - 1953   killed by PRR Train at Belfast

Towell
- John   1830 - 1914
- Johanna B., wife   1825 - 1918
- Joseph
- Mother
- Garrett   1850 - 1927
- Teresa L.   1864 - 1913
- Gertrude   15 Sep 1892 - 16 Nov 1874
- Vincent W.   22 Jan 1896 - 3 May 1952   NY Cpl 302 Ammo Tn 77th WW I

Towell
- Thomas   1835 - 1920
- Mary O'Leary, wife   1844 - 1928
- Patrick J.   1866 - 1927
- Anastasia M.   1871 - 1958
- Bridget   1859 - 1945   Mother
- Michael J.   1888 - 1934   Son

Tucker, Michael Phillip   d. 1974   2 days, "God Bless our Baby"

Tumidolski
- Michael J.   1881 - 1969
- Katherine   1881 - 1971

Vienna
- Paul H.   1937 - 1975   coach at Belfast Central
- Lorraine M.   1937 -   remarried

Wachter
- George J.   1900 - 1980
- Lilliam E.   1900 - 1977

Walker
- George N.   1881 - 1948
- Mary A.   1885 - 1971

Wallin, Evelyn   1896 - 1921   wife of E.A.

Walsh
- Frank   1870 - 1966
- John   1838 - 1929
- Bridget, wife   1819 - 1895   "Resquiescant in Pace"

Ward
- Edward J.   31 Oct 1894 - 24 Jun 1973   NY OM 3 US Navy WW I
- Marguerite Rock, wife   1900 - 1981   "Peggy"

Ward, Ellen Powers   1878 - 1920

Weaver
- F. Earl   1886 - 1966

Susie E.	1886 - 1935	
Harold F.	1922 - 1926	
Phillip J.	1945 - 19	
M. Veronica	1908 - 1954	

Welch
Patrick	1844 - 1924	
Mary, wife	1841 - 1911	
John	1887	

Whalen
Helen E.	d. 23 Apr 1983	
James E.	d. 25 Jan 1938	
Ann F.	d. 26 Sep 1926	
Anna M.	d. 8 Feb 1907	
John H.	1862 - 1935	
Anastasia	1872 - 1934	
Basil J.	1899 - 1933	
Louise	d. 1931	

Whalen
John	1824 -	b. Co. Waterford. Ireland
Ellen, wife	d. 15 Apr 1890	67 yrs, b. Co. Waterford. Ireland
- "May their souls rest in peace. Amen"		
John J.	1894 - 1918	Pvt 43 Co 153 DB WW I

Whalen
Mary Lynch	1810 - 1892	
Thomas A.	1840 - 1911	
Alice S.	1836 - 1926	
William E.	1878 - 1911	
Mable M.	1880 - 1884	
Ella	1883 - 1884	

Whalen
Michael	1846 - 1891	
Catherine	1845 - 1920	
James	18__ - 1907	
Jospeh	1880 - 1910	
Michael J.	1859 - 1932	
Mary B.	1875 - 1952	

Whalen
Michael	d. 1879	
Thomas	d. 1894	Father
Julia	d. 1925	Mother
Thomas	d. 1934	Brother
Michael	d. 1916	Brother
A.P.	1898 - 1970	
Mildred, wife	1903 - 1929	
Michael J., son	1926 - 1927	

White, Henry	1869 - 1949	
White, Richard	10 Nov 1925 - 10 Mar 19__	NY EM 1 US Navy WW II

White
Thomas	1848 - 1923	
Mary, wife	1850 - 1934	
Martin	1838 - 1916	

White
Thomas L.	1871 - 1947	
Alice M.	1870 - 1961	
Thomas F., son	1914 - 1972	"Tommy"
Mary, his wife		remarried to Sam Curcio

Wise
Victor F.	1874 - 1932	

Esther A.	1877 - 1969	
Wylie		
Arthur T.	1921 - 1983	
Marjorie A., wife	1925 -	
John Kevin, son	1951 - 1951	
Arthur T.	1887 - 1934	
Nora C., wife	1887 - 19__	
Yaeger		
Carl E.	1888 - 1959	Cpl WW I
Bernice A., wife	1894 - 1970	

Oramel Cemetery

At one time, so it is said, all stones in the back part were taken up and leveled off and smoothed over. Not all stones were put back in the same place as they were supposed to be in rows. It is said sexton records before 1924 are missing.

Allen
    Milo   d.10 Dec 1881   75 yr
    Betsey, wife   d. 4 Aug 1878   68 yr
    Milo J.   1850 - 1926
    Mary L.   1 May 1882   35 yrs
    Hannah M.   d. 5 May 1878   35 yr 7 mo, wife of Martin V. Allen
Andrews
    Jasper   1806 - 1893
    Sarah, wife   1804 -
    B. F.   1843 - 1864
Armstrong
    John   2 Mar 1837 - 2 Dec 1905
    Sally   15 Mar 1834 - 8 Jun 1914
    Francis Jr.
Atherton, John S.   1852 - 1898   Papa
Ashley
    G.S.   1826 - 1894
    Phoebe, wife   1838 - 1915
Ault
    Marietta   1857 - 1930   Mother
    James H.   1891 - 1943
Austin, Helen L. DeRock   1932 - 1965   first wife of "Salty" Austin
Austin
    Howard   1924 -
    Anna Mae   1926 -
Austin, Margaret (Peg) L.   1926 - 1982
Baker, Delbert I   1925 - 1942
Bacon
    George
    Frances M., wife   7 Oct 1892   78 yrs
Barber
    Fred   3 Nov 1850 - 28 Feb 1885
    Jennie E.   25 Dec 1852 - 29 Mar 1925
    George R.   1824 - 1888
    Frances M. Pitt, wife   1824 - 1888
    Houghton R.   1856 - 1922
Barber, Weltha A. Rice   1851 - 1877   wife of George H.
Balcom
    George W.   1873 - 1957
    Nora E., wife   1876 - 1932   daughter of Covell
    Gordon W., brother   1915 - 1917
    Clifford C., brother   1904 - 1906
    Harold E.   29 Nov 1896 - 10 Mar 1983   Cpl. U.S. Marine Corps., WW I
Beebe
    Ernest   1866 - 19
    Hattie   1873 - 1939
Bennett
    Kirk M.   12 Mar 1843 - 22 Mar 1898   Father
    Florence M.   18 Dec 1853 - 22 Oct 1906   Mother

Bennett - old stone, hard to read
    B.C.   d. 14 May 1875
    Wrexy   d. 2 Nov 1885
    Hugh   d. 1845   Co. missing, died on shipboard, Veteran
    A. Viola   1853 - 1856
    Annett R.   1851 - 1861
Brooks, Florence
Brainard
    Lucius N.   1852 - 1911
    Mary A., wife   1847 - 1934
    Linna, daughter   1876 - 1894
Burch
    Lansing G.   1858 - 1930
    Lottie Swartz, wife   1865 - 1939
Brundage, Charles   1908 - 1970
Cassady
    Henry R.   1902 - 1985
    Elma M., wife   1916 - 1990
    Roy
Carter
    Little Eddie   22 May 1871   3 yr 9 mo, son of G. T. & M.
Clark
    Robert B.   1845 - 1898
    Amelia J., wife   1846 - 1923
    George A.   1882 - 1921
    Ella J.   1873 - 1943
    Robert F.   1875 - 1949
    Rose A.   1870 - 1926
    Walter B.   1885 - 1932
    Anthony
Clark, Serena Covell   1837 - 1923
Close, Ambrose   d. 5 Mar 1873   55 yrs. 6 mo 2 d, born in PA
Cole, Donna J.   1935 - 1990
Colrick
    Benjamin   1803 - 1898
    Ezoa   1802 - 1877
Collins, Lillian
Conable
    William   1796 - 1872
    Ann   1816 - 1859
    M.P.
    E.C.
    Our Father
    Olive   1877 - 1913   Mother
Covell
    J. Wallace   d. 3 Feb 1912   76 yr. - Veteran
    Hattie E., wife   d. 1 May 1890   44 yr
    Annie L., wife   d. 10 Feb 1880   36 yr 3 mo
    Our Babe   d. 3 Feb 1880   son of J. W. & A. L.
    Thomas   d. 15 Feb 1884   90 yr. - Veteran
    Laura, wife   d. 30 Nov 1872   79 yr
Covell
    Seth B.   23 Oct 1816 - 17 Jul 1896
    Jemina, wife   11 Feb 1822 -
Cox, Charles Harlan   9 Apr 1912 - 1 Feb 1983   PFC US Army WW II
Crane, Frank   1844 - 1871   1st Regt NY Cavalry
Cronk
    D. Vernon   4 Jul 1871 - 18 Jan 1929

Fannie F., wife	17 Mar 1871 - 15 Apr 1955	
Curran, Linda M.	1897 - 1945	
Curtis, Mary Elizabeth	d. 12 Jan ____	wife of F. H., old stone in back part
Davis		
William A.	1828 - 1895	
Mary M.	d. 14 Nov 1840	6 yrs, daughter of Wm. & Marion
Davis		
James	7 Jun 1803 - 1 Oct 1891	
Electa, wife	14 Nov 1809 - 10 Dec 1853	
Warren, son	1834 - 1862	Veteran, died in US service
Nancy H., wife of J.	19 Aug 1816 - 1 Apr 1907	
Deniston		
Homer J.	1868 - 1941	
Etta M.	1870 - 1947	
DeRock		
William J.	1895 - 1962	
Bernice L.	1901 - 19__	
Gould Babay	d. Jul 1992	
DeWitt, John	4 Feb 1867 - 12 Sep 1913	
Dodge, Mildred Brainard	1892 - 1936	
Dort, Allen	24 Jul 1817 - 11 Mar 1891	
Dort		
John F.	1856 - 1934	
Frank M.	1858 - 1914	
Silas	1820 -	
Catherine	1823 -	41 yr
Albert	d. 1931	82 yr
Helen	d. 1928	90 yr.
Dort, Daimon	1853 - 1893	"Gone but not forgotten"
Emery		
George E.	1876 - 1943	
Francis M.	1848 -	
Charlie V.	1879 - 1914	
Mamie Parker	1881 - 1926	wife of Charlie Emery
Estabrook		
Leroy (Roy)	1873 - 1949	
Mertie, wife	1880 - 1964	
Farrington, Mildred	1874 - 1942	
Ford		
Augusta L., daughter	4 Mar 1848 - 15 Aug 1884	
Alfonso, son	d. 24 Dec 1851	1 yr 10 mo
Franklin		
R.C.	d. 8 Feb 1856	30 yr 7 mo
Sarah E.	d. 8 Jun 1883	57 yr 7 mo 19 da
Ida	11 Jun 1862 - 7 Jul 1895	
Gayhart, Viva L.	1907 - 1932	
Gleason		
Rufus	1859 - 1933	
Gertrude	1858 - 1897	
Glindeman		
Arthur F.	1875 - 1938	
Mary J., wife	1875 - 1960	
Sally	1830 - 1902	
Garret		
Ruby		
Father		
Mother		
Nellie		

Cemeteries of Allegany County

James
Mary
MinervaGowing
    James   24 Feb 1799 - 20 Feb 1861
    Susan Hayward, wife   19 Jun 1802 - 27 Feb 1887
    Milan Wilson, adopt son   28 Feb 1830 - 27 May 1879

Granger
    Fred   1857 - 1925
    Marion, wife   1866 - 1922

Granger
    Arlowine M.   1929 - 1975
    Michael   1953 - 1976   US Navy Veteran
    Richard   1926 - 1984
    Harry   d. 1 Mar 1960
    Mary   d.

Granger
    William L.   1894 - 1963
    Eunice, wife   1900 - 1942

Greeman
    John J.   1920 - 1989
    Alberta J.   1920 -

Hale
    Roswell   1834 - 1912
    Sarah J., wife   5 Jan 1835 - 20 Dec 1886
    Frederick A.   d. 12 Mar 1867   75 yr 6 mo
    Matilda, wife   d. 22 Jun 1867   66 yr
    Matilda E., daughter   d. 10 Nov 1865   28 yr 2 da
    Ezra
    Frances
    Arville

Hall
    Wallace   1886 - 1908   Veteran
    Lizzie, wife   1881 - 19__

Harris
    Almon C.   1868 - 1935
    Mary A. Penfield, wife   1868 - 1931
    Charles Victor   1899 - 1976   AT US Army WWI & WWII

Harrison
    Henry D.   25 Aug 1891 - 31 Oct 1959
    Bessie B.   28 Jan 1882 - 15 Jun 1963
    Mable   d. 2 Feb 1935   39 yrs

Haskins
    Raymond M.   1896 - 1955   suicide
    Bernice R.   1900 - 1977

Hauenstein
    Andrew Jr.   1862 - 1902
    Andrew Sr.   1821 - 1912
    Matilda, wife   1820 - 1909
    Augustus   1852 - 1875

Herman
    William   1884 - 1964
    Frieda, wife   1894 - 1969
        Dorothy, daughter   1918 -

Herrington
    Leon H.   1886 - 1960   NY Cook Btry 36 Field Art. WW I
    J. Helen   1898 - 1957

Hillman, Ruth Mae   1899 - 1981

Hitchings
    Orville   d. 20 Mar 1876   73 yr 6 mo
    Mary. wife   stone broken & cemented over the date

Hodge, Blanche   1898 - 17 Apr 1984

Hoey, Edna   d. 28 Mar 1961

Jones (in Gowing Plot)
    Thomas
    Ann
    Angie

Murdough (in Gowing plot)
    Homer
    Esther
    Nellie

Murdough (in Gowing plot)
James
    Minerva
    Mary
    Esther
    William E.

Riverside Cemetery, Belfast

Abbott, Mary   1805 - 1852
- Lot purchased by J. Abbott in Jun 1850
- Gage on other side of monument. Erected by M.D. Gage of San Jose, California. The sole survivor of his family after his first visit to Belfast in 53 yrs, Nov. 1911.

Abbott
- Ralph   d. 31 Jul 1954
- Etta A.   d. 1955
- James L.   29 Aug 1908 - 5 Apr 1972   Pvt Co D 114th NY WW II

Abbott, Theresa A.   1861 - 1968

Ackley
- A.S.   1813 - 1858
- Eliza A., wife   1818 - 1891
- Rufus   1846 - 1848
- Orrin   1831 - 1852

Adsit - Lot purchased by J.C. Adsit on 6 Aug 1855
- Ansel M.   2. 24 Oct 1894   84 yrs. sawmill owner & farmer
- Rosaltha, wife   d. Nov 1925
- Adelbert, son   d. 12 Sep 1861   6 yrs
- Floyd E., son   d. 2 Aug 1884   11 yrs
- Polly R., wife   d. 1 Sep 1856   41 yrs, died in Schenectady
- Orlin   d. 24 Mar 1892   33 yrs
- Rose Reynolds, daughter   1891 - 1917

Albright, Jennie R.   1889 - 19

Aldridge
- Helen M.   d. 8 Jan 1936   cremated
- Esther E.   d. 27 Nov 1854

Alexander
- Thomas P.   d. 18 Apr 1856   35 yrs (?)
- S.S.   d. 27 Jun 1871   47 yr 4 mo
- Ruth, wife of S.S.   d. 28 Sep 1853   30 yrs
- L. Asher, son   d. 11 Jul 1863   11 yr 7 mo 20 da, died by drowning

Alford
- Dewitt   1846 - 1928
- Hattie   1852 - 1920
- Baby son   1976 - 1876
- Emily   1885 - 1891
- Charles

Alford, Nancy M.   28 Dec 1845 - 25 Apr 1882   wife of Byron Alford

Alien
- Arliss   1898 - 1943
- Burdett   1899 - 1978
- Anna K., wife   1902 - 1976

Allen
- H. Lynn   1883 - 1952
- Sadie M., wife   1880 - 1958   daughter of Orin Hunt

Alsworth
- Charles   1826 - 1886
- Sarah, 1st wife   1827 - 1849
- Emily, 2nd wife   1831 - 1902
- Eugene G.   1871 - 1871
- Turner   1799 - 1841
- Hannah, wife   1879 - 1872
- Rebecca, daughter   1822 - 1846

Mary daughter	1838- 1839	
William	1829 - 1904	
Alsworth		
Herbert J.	1864 - 1921	
Isabelle A., wife	1868 - 1945	
Mildred E., daughter	4 Nov 1896 - 5 Sep 1898	
Delbert A.	1899 - 1969	
Bernice M.	1900 -	
Raymond A.	1908 - 1962	
Elizabeth (Betty) E., wife	1908 - 1990	killed by E. Murphy in rape & robbery
Anderson, Shelley M.	1934 - 1935	
Andrus		
Edgar	1927 - 1977	
Jean Barringer, wife	1926 - 1967	
Angel		
Floyd S.	1864 - 1921	
Edith C.	1867 - 1950	
Fred P.	1860 - 1880	
Susan J.	1837 - 1916	
Abel G.	1835 - 1920	
Armstrong		
James	d. 3 Apr 1895	
Lucretia wife	1838 - 3 May 1897	
Arnold		
Alonzo O.	6 Nov 1847 - 17 Jan 1930	
Emogene R.	3 Dec 1849 - 26 Dec 1914	
Emma A.	22 Nov 1844 - 14 Nov 1905	
Edith J.	29 Mar 1855 - 2 Jun 1920	
Arnold		
Henry M.	1867 - 1951	
Eva C.	1875 - 1967	
Arnold		
Leonard		
Monica		
Ashby		
Mary	1818 - 1898	
William	1844 - 1914	
Elnora	1847 - 1923	
George D.	1870 - 1929	
Alice J.	1874 - 1956	
John, infant son	d. 1904	
William	1871 - 1949	
Myrtie	1881 - 1928	
Atherton, Ada F.	23 Nov 1859 - 7 Apr 1889	daughter of M E & A F
Atherton - Hunt on one side of monument		
Charles C.	1856 - 1930	
Nancy Ida, wife	1862 - 1946	
Lizzie	1863 - 1883	
Anna	1862 - 1916	
Atherton		
Fred	1865 - 1928	
Adell	1864 - 1909	
Leo F.	10 Jun 1892 - 22 Jun 1955	Cpl 153 Depot Brigade WW I
Adam		
Wife of Adam		
Atherton		
George W.	1888 - 1969	
Vanche M.	1891 - 1984	

Cemeteries of Allegany County

Atherton
- Harrison — 1836 - 1919
- Margaret, his wife — 1838 -1910
- Fred H. — 1876 - 1951
- Roy, son — 1906 - 1907
- Madge M., daughter — 1908 - 1910
- Vivian — child
- Nellie M. Warner — 1889 - 1972 — wife of Fred

Atherton -Lot bought by A. Lewis on Jun 1863
- James — 8 Oct 1803 - 3 Sep 1879
- Anna, wife — 3 Apr 1806 -
- Amelia J. — 11 Sep 1841 - 3 Dec 1865
- Mary E. — 15 Feb 1837 - 17 Mar 1862
- Caroline — 19 Aug 1865 — 60 yrs, wife of William
- William D. — d. 24 Feb 1873 — 3 yrs, son of E. J. & S. M.
- Arthur D. — d. 3 Nov 1871 — son of E. J. & S. M.
- 4 unknown

Atherton, Minnie J. — 1867 - 1950
Athertom, Phillip

Atherton
- Samuel W. — 1876 - 1959
- Sarah F. — 1882 - 1961
- Alfred — 1852 - 1923
- Elvira L. — 1851 - 1924
- Emmarancy — 1831 - 1924

Atherton - Lot bought by S. Atherton Jun 1850
- Stephen — d. 6 Apr 1882 — 86 yrs
- Anna, his wife — d. 12 Oct 1882 — 73 yrs
- Betsy A., daughter — d. 2 Sep 1843 — 7 yrs
- John, son — d. 8 Apr 1842 — 2 yr 10 mo
- William — d. 9 Feb 1856 — 34 yrs
- William — d. 5 Dec 1836 — 67 yrs
- Sarah Roberts, his wife — d. 1 Jan 1862 — 92 yrs
- Stephen
- Mrs. Stepehen

Atherton
- Stephen R. — 1847 - 1918
- Sophia Haynes, wife — 1843 - 1923
- Julia A. — 1853 - 1864

Atherton
- Willard Henry — 1867 - 1983 — 71 yrs
- Nettie, his wife — 1868 - 1917

Austin
- Ezra — d. 19 Apr 1874 — 74 yrs
- Hannah, his wife — d. 7 May 1889 — 80 yr 4 mo 14 da

Avery
- G.H. — 1830 - 1902
- Eliza L., wife — 1838 - 1924

Ayer
- Harmon — 1863 - 1941
- Etta A., wife — 1868 - 1913
- Lottie M., daughter — 1893 - 1919
- Dora Williams — 1898 - 1970

Ayers - Lot bought by Wilson Ayres in Nov 1855
- John — d. 6 Mar 1867 — 82 yr 5 mo 18 da
- Sarah, his wife — d. 4 Nov 1858 — 71 yrs
- Elizabeth — d. 5 Sep 1861 — 47 yrs, wife of Ezekiel
- Mary J. — d. 1 Oct 1872 — 21 yrs, daughter of E & E.

Ezekiel
2 unknown
Ayers
    John W.   1 Apr 1817 - 12 Feb 1892
    Electa F.   d. 1 Feb 1820   "Rest in the ground"
    Murray W.
    Julia, wife of M.W.   1856 - 1911
    Stanley
    baby
Babcock
    William S.   1827 - 1894
    Jennie, his wife   1832 - 1931
    Oran   d. 1867   37 yrs
    John E.   son of John & Nancy
    Gilbert G.   1836 - 1931
    Emma, his wife   10 Oct 1853 - 27 Dec 1931
Bailey
    William   1830 - 1891
    Cynthia R. wife   1839 - 1903
Bailey - Lot bought by N. Bailey
    William
    Nathan   d. 19 May 1854   44 yr 11 mo 21 da
Baker
    Abram   12 Oct 1818 - 1 Apr 1890
    Nancy, wife   24 Nov 1823 - 15 Jun 1888
    Smith Russell   1849 - 1939
    Maggie Dunning, wife   1872 - 194-
    Alviney
Baker
    Benton H.   1857 - 1918
    Carrie M.   1864 - 1946
    Wilfred D.   1908 - 1968
    Oneta   1911 - 1974
    Norma E.   1937 - 1968
    Diane C.   1939 -
    Suzanne D.   1950 -
Baker
    Clair E.   1876 - 1961
    Viola E.   1875 - 1966
Baker
    Elbert C.   1897 - 19
    Einice J, wife   1898 - 1966
Baker
    Ellsworh M.   1900 - 1966
    Grace A., wife   1898 -
Balcom
    Henry   1866 - 1949
    Fannie C.   1869 - 1957
    Leigh C.   1890 - 19
    Wrexie A.   1891 - 1957
    Leigh's Baby
    Howard's Baby
Baldwin, Ruth Closser   1902 -
Ballard, Russell
Ballerstein
    Otto   1876 - 1959
    Carrie L.   1880 - 1959
Barber, Elsie   1899 - 1970   cremated

Barber
    George H.   1849 - 1928
    Carrie   1862 - 1925
Barrett, Laura L.   d. 1 May 1818   1 yr 14 da, daughter of Frederick & Lucy
Barringer
    Fred C.   1862 - 1944
    Inez E., wife   1866 - 1948
    Bertha B. Welsher, dau   1888 - 1924
    Bert J., son   1899 - 1969
    Benton, son   1892 - 1974
    Ernest H.   9 Mar 1894 - 18 Sep 1961
    Idell M.   5 Jun 1905 - 16 Apr 1963
Bartlett
    John   1798 - 1839
    Nancy White   1801 - 1847
    Ebenezer Seely   1824 - 1910
    Corinthia Roseltha Angel   1829 - 1923
    Haynes O.   1837 - 1908
    John A.   1848 - 1934
    Frances E.   1853 - 1924
    Isabell   1853 - 1924
    Belle   1880 - 6 Sep 1958
    Silas Mott   1853 - 1931
Baylor
    Fred
    Frank
    Mary G.
    Ardelia
Baylor
    Leroy A.   1883 - 1939
    Arloene   1881 - 1930
Baylor
    Michael E.   1851 - 1915   63 yrs
    Adelia S. wofe   1851 - 1912
    May G.
Beach, Harriet C.   1876 - 1950
Beard
    J.D.   d. 11 Nov 1883   83 yr 6 mo
    Ann, wife   d. 6 Jan 1863   69 yr 11 mo 17 da
    Margaret   d. 10 Jul 1858   33 yr 22 da, wife of William
Beardsley
    Charles   d. 9 Feb 1868   74 yrs
    Hannah, his wife   d. 19 Feb 1861   71 yrs
Behrens
    Henry   1857 - 1932
    Lena   1858 - 1942
Bell
    Hosea   1894 - 1968   Co K 345 Inf 87 D
    Louise B.   1892 - 1950
    Howard   d. 1925   2 days
Benjamin - one side of Neeley monument
    Elias A.   1849 - 1927
    Helen L., wife   1854 - 1907
    Catherine
Benjamin - Lot bought by Jared Benjamin in Jun 1863
    Joseph   d. 23 May 1861(?)   86 yrs
    Rebecca, wife   d. 1 Dec 1848   72 yrs
    Jared   1803 - 1892   Father

Grace	1806 - 1892	Mother
R.F. Reuben	1839 - 1931	
Esther, his wife	d. 11 Mar 1890	46 yrs
Eugene	1863 -	son of J. P. & L. M.
Ellen	1852 - 1932	
Isabelle G.	1861 - 1936	
Pearle P.	1875 - 1943	
2 unknown		

Benjamin
Robert D.	6 May 1775 - 18 Apr 1835	
Dorothy, wife	11 Nov 1808 - 3 Jan 1887	
Delbert C.	1878 - 1967	
Mary A., wife	1884 - 1959	
Roy, son	1908 - 1984	
Gladys A. Collins, wife	1907 - 19	

Benjamin - Lot bought by William Benjamin in 1850
William A.		
Caroline, wife	d. 22 Sep 1867	47 yr 5 mo
Eugene S., son	d. 1849	2 yrs
Eugenia, daughter	d. 11 Mar 1847	13 da

Bennett
Burtrom C.	1870 - 1961
Carrie, 1st wife	1870 - 1905
Laura M., 2nd wife	1877 - 1939
Ethel D.	1882 - 1966

Bennett
Byron A.	1855 - 1922
Lois E.	1861 - 1887
Myrtie A., sister	1885 - 1916

Bennett
Charles	1913 - 1974
Fern E.	1910 -

Bennett
- George E.
- Kay M.

Bernard
George J.	1855 - 1935	Father
Eva B.	1862 - 1928	Mother
Robert	1883 - 1963	
Harley Leroy	1905 - 1917	son of R C & I V
Clarence E.	1881 - 1925	

Bigelow
Lewis G.	1900 - 1979
Ruth I.	1906 - 19

Bixby
Charles P.	1848 - 1924
Adelia, his wife	1851 - 1922
E.C. Stowell	1880 - 1918
George D.	1885 - 1908

Bixby
William	1876 - 1935
Margaret	1884 - 1944

Black
Calvin	1863 - 1920
Eva S.	1868 - 1946

Black
Floyd J.	1890 - 1962
Bertha	1889 - 1952

Cemeteries of Allegany County

Blair, Charlton
Blair, Julia B.   1836 - 1899
Bliss
    Albert   1847 - 1939
    Maynett, his wife   1854 - 1913
    Cecile, daughter   1885 - 1945
Bliss, Beatrice L.   1927 - 1949
Bliven
    Henry   1885 - 1929
    Julia, his wife   1870 - 1950
    Iva May   1893 - 1970
Boedeker
    Florence   1883 - 1937
    George H.   1880 - 1936
Boller
    John H.   1860 -
    Mary   1857 - 1927
Bosworth, Marilla I.   1816 - 1904
Bowers, Mrs. William
Bowen
    Amos L.   1 Oct 1831 - 4 Oct 1911
    Lodoska, wife   5 Apr 1829 - 29 Sep 1913
Boyd, George W.   1907 - 1971
Brace, Nellie E.   d. 26 Jul 1880   3 yrs, daughter of F H & F E
Brainard
    Paul C.   1904 - 1969
    Andrew C.   1898 - 1963
    Morell L.   1844 - 1929
    Lucy A.   1843 - 1934
    Edson M.   1866 - 1934
    Maria   1883 - 1986   mother of Ruth McClay
Brandes
    Edward Clayton   1883 - 1963
    Mabel F., his wife   1883 - 1963
    Charles H.   1871 - 1942
    Minnie I., his wife   1884 - 1968
Brandes - on back of Mineka monument
    George F.   1860 - 1941
    Elizabeth T.   1864 - 1928
    Caroline B.   1861 - 1953
Brandes
    John H.   1858 - 1942
    Eliza C.   1867 - 1949
    Carl D.   1897 - 1957
    Medora E.   1914 -
Bremiller, Esther M.   1918 - 1972
Brewer
    Leicester S.   1896 - 1967
    Irence C., wife   1896 -
Bristol
    E. Chandler   1867 - 1951
    Emma M., wife   1868 - 1941
    Baby
        Bristol, Frances - adopted daughter of EC & Emma, mother of Artie Cooper, buried on Milton Millett lot
Broadbent
    Fred G.   1879 - 1963
    Kate F., wife   1881 - 1923
    Cora May, wife   d. 31 May 1882   25 yrs

Broadbent
    Fred J.   9 Jan 1920 - 31 Jan 1952   S Sgt Inf Repl Ing Cen WW II
    Gary   1947 - 1949
Broadbent
    S.K.   1853 - 1922
    Catherine   1884 - 1947
    Wallace W.   1866 - 1920
    Clarence L.   1891 - 1918
Brock, George   ? - 1955   Veteran, owned Drug Store in Belfast
Brown
    William S.   1853 - 1920
    Fanny
Brueser
    Laura Histed Brueser   1895 - 1937
    Infant Loris
Brundage
    Lewis   1871 - 1948
    Mary Julia (Mame)   1882 - 1943
        - Mame was married 1st to Norman Chalker who was shot & killed
Bubbs
    Robert   1803 - 1889
    Mary, wife   d. 1866
    Edward   1823 - 1896
    Susan J., wife   1829 - 1891
    Charles W., son
Buckley - Lot bought by S. Potter in Jun 1850
    Norman   d. 3 Feb 1872   76 yrs
    11 unknowns
Buckley - Searl, Emily J.   1831 - 1902
Burbank
    Eleazor   d. 23 Mar 1872   84 yrs
    Harriet, wife   d. 23 Jun 1869   75 yrs
    Almira   1816 - 1894   78 yrs
    Willard   d. 11 Apr 1869   51 yrs
Burch, Fred
Burch, Irving
Burch
    Samuel E.   1884 - 19
    Lottie M. wife   1884 - 1934
    Harold E., son   1908 - 1929
    Burdett   Veteran
    Clifford   1910 - 1957
Burdick. Carol Ann   22 Sep 1965 - 8 Jun 1966   daughter of Mertina
Burdick
    Francis H.   1908 -
    Julia E.   1913 -
Burgess
    Harold J.   1908 - 1969
    Pearle   1911 - 1978
Burgett
    Clarence L.   1884 - 1969
    Nancy M, wife   1888 - 1965
Burke
    Charles   1877 - 1961
    Belle Seberry, wife   1877 - 1973
Burley, Joseph R.
Burlingame, A. - Lot sold to Daius Burlingame in 1863

Burlingame
    Albert   1839 - 1902   Co F 1 NY Dragoons, B. in Allegany Co.
    E___, his wife
    Bertie, daughter   d. 4 May 1873   3 mo 10 da
    7 unknown
Burlingame
    William D.   11 Aug 1824 - 20 Mar 1892
    Chloe M, wife   15 May 1821 -
Burt
    William H.   1867 - 1924
    Florence Isaman, 1st wife   1870 - 1903
    Grace L. Fisk, 2nd wife   1876 - 1951
    Grace Agnes   1916 - 1916
    Henry B.   1893 - 1943
    Elizabeth Ingleby, wife   1895 - 1925
Butler
    Milford Z.   1846 - 1924   Veteran
    Viola I.   1896 - 1923
    Wells F.   1849 - 1923
Butterfield
    A.S.   d. 2 Jun 1877   32 yrs
    "Blessed are the dead who die in the Lord"
    Adaline   d. 8 Feb 1877   52 yrs, wife of E. Butterfield
Buttefield
    Ernest O.   1855 - 1933
    Della S.   1861 - 1949
    Leslie E., son   1885 - 1912
Button
    Fred J.   1872 - 1942
    Mabel S.   1884 - 1956
Byrnes - Lot bought by H. Byrnes in Jun 1850
    Henry   d. 6 Oct 1877   68 yrs
    Susan E. Norton, wife   d. 23 Aug 1905   84 yrs
    Infant daughter   d. 15 Mar 1856
Byrns
    John   1806 - 1892
    Harriet, wife   1811 - 1874
    William Wallace   21 Jun 1833 - 28 Jun 1903
    Jane Parshall, wife   1836 - 1910
Byrns, Lois Ford   d. 17 May 1852   23 yrs., wife of W. Byrns, MD
Byron
    Everett G.   1887 - 1952
    Grace   1886 - 1927
Call, Mary   d. 1819 (?)   wife of B. H. Call
    - Lot bought by B. Call in Nov 1855
Callen
    John H.   d. 1 Jun 1877   59 yr 3 mo, Co C 108 Regt
    Mrs. John H.
Cameron
    John R.   1813 - 1866
    Susan E.   1836 - 1917
Capron
    Elisha   1797 - 1879
    Hannah Reese, his wife   1802 - 1871
Capron
    Eugene M.   1852 - 1912
    Julia T. wife   1858 - 1934
    Urbane S.   1824 - 1894

    Frances M.   1830 - 1913

Carpenter
    Abijah   d. 25 Oct 1852   77 yrs
    Henrietta
    Charles D., son   d. 9 Mar 1847   10 mo
    Loren A., son   d. 20 Sep 1853   4 yrs

Carpentet
    E.W.   1870 -
    Laura N. Gleason, wife   1874 - 1946

Carter - Lot sold to William Carter
    William
    Sarah
    Charles
    Edward   1825 - 1906
    Sarah L.   1837 - 1881
    Bertha   1870 - 1934
    Jonathan   1783 - 1861
    Julia, his wife   1790 - 1861

Caswel, Betsy   d. 10 Mar 1874   84 yrs

Cavert
    J.S.   1822 - 1889
    Kate M., wife   1839 - 1921

Chalker
    Jacob   1841 - 1932
    Sarah J.   1843 - 1924
    Harry B.   1881 - 1946
    Harriet   1880 - 1954
    Howard P.   1911 - 1968
    Christina   1910 -
    Harold
    Genevive
    Ross
    Bernard
    David

Chalker, Norman C.   1877 - 1910

Chamberlain
    Benjamin F.   20 Jun 1848 - 15 Oct 1935   son of Moses VanCampen Chamberlain
    Emma Brockett, wife   17 Jun 1850 - 30 May 1933
    Herbert, son   30 Jan 1876 - 24 Aug 1891
    Carl B., son   17 Jul 1880 - 8 Mar 1896
    Bernice A., daughter   12 Jan 1893 - 3 Dec 1916

Chamberlain
    Lt. Col Don E.   1886 - 1973
    Laura Gleason   1891 - 1976
    Joseph S.   1850 - 1924
    Mary J.   1850 - 1934
    Victor F.   1893 - 1971
    Eva L. Bernard, wife   1899 - 1930

Chamberlain
    Edwin D.
    Ida B., wife   d. 7 Nov 185_   20 yrs
    Lynde   1899 - 1931
    Eva L., wife   d. 30 Dec 1930   31 yrs.
    Ruby Grace Foster   1901 - 1955   50 yrs, 1st wife of Dorrance Chamberlain
    Ellen

Chamberlain
    Fred C.   1872 - 1948
    Mabel H.   1878 - 1961

    Ann Lorraine, daughter   7 Aug 1952 - 15 Aug 1952
    Katie Elizabeth
Chamberlain
    George S.   1869 - 1941
    Edna Lyra Foy, 1st wife   1870 - 1935
    Minnie Hyde   died in California
Chamberlain
    Capt. Hugh D.   1891 - 1968   WW I
    Winnifred   1895 -
    Marian J., daughter   1921 - 1926
Chamberlain
    M. Hunter   1843 - 1927
    Mary Isabelle   1853 - 1927
    Belle   1881 -
Chamberlain
    Dr. J.H.   1858 - 1926
    Ida M., wife   1861 - 1941
    Zaida, daughter   1883 - 1976
    Belle, daughter   1885 - 1915
Chamberlain
    William   1871 - 1944
    Emma L., wife   1876 - 1956
    Harold, son   1906 - 1909
    Grace O., daughter   1900 - 1962
    Helen S., daughter   1905 - 1928
    James F.   1831 - 1914
    Olice S., wife   1937 - 1919
Champlin
    John   d. 14 Dec 1890   55 yr 17 da
    Maryette, wife   d. 11 May 1897   56 yrs
    Irvin A.   d. 23 Feb 1874   11 yr 6 mo
    Lena B.   d. 6 Jun 1876   2 yrs
Clark
    Addison M.   1850 - 1935
    Carrie M., wife   1854 - 1934
    Irving M.   1874 - 1903
    Valeria B.   1877 - 1943
    Nathaniel D.   1885 - 1942
    Kathryn A.   1884 - 19
Clark, Floyd E.   1884 - 1904   son of Merrial H. Clark
Clark
    Judson H.   1885 - 1968
    Lena E., 1st wife   1887 - 1939
Clark, Julian O.   1858 - 1911
Clark
    Merrial Henry   1852 - 1937
    Alice S., wife   1864 - 1938
    Bertha, daughter   1895 -
Clark
    Newell   1837 - 1906
    Hepsibeth Chamberlain   1838 - 1930   Newell's wife
    Albert J.   1864 - 1936
    Jennie E., wife   1874 - 1951
Clayson, Donald Leroy   1941 - 1961
Close
    Otis G.   1879 - 1958
    J. Ellen   1883 - 19
    Theodore Seely   ashes buried in the plot

Closser
- Phillip   1865 - 1949
- Della J, wife   1875 - 1941
- Mildred E.   12 Jun 1906 - 16 Sep 1906

Cobin, Bobby H.   1946 - 1960

Colburn, Athalia Warner   15 May 1802 - 11 Aug 1878

Cole - Lot purchased by A.N. Cole on 28 Sep 1863

Cole
- Tunis   1821 - 1903
- Amanda R.   1837 - 1922
- Grant   1862 - 1935
- Carrie E.   1862 - 1945
- T. Floyd   1890 - 1921
- Lyman   1864 - 1936
- Mae V., wife   1864 - 1933

Cole, Wendell   1914 - 1936   killed in auto accident

Collins, Doris J.   25 Nov 1933 - 26 Mar 1934

Collins
- Irving L.   1881 - 1975
- Gertrude E.   1885 - 1935
- H. Clayton   1858 - 1937
- Clara V.   1855 - 1926
- Archie H.   1890 - 1969
- G. Mildred Burr, wife   1895 - 1990

Collins
- Lyle I.   1920 -
- Jeanette M. Campbell   1920 - 1976   1st wife
- Dorothea   2nd wife
- Ruth Crawford Bledsoe   3rd wife
- Percy E.   1887 - 1975
- Mildred A., 1st wife   1889 - 1915
- Grace B., 2ns wife   1898 - 1960

Comfort
- John M.   1853 - 1907
- Hattie M., his wife   1862 - 1905
- Elmer   d. 1855
- Lydia   1854 - 1862
- George W.   1827 - 1904
- Rachel A., his wife   1831 - 1901

Common
- Edward W.   1862 - 1940
- Mary E.   1868 - 1935

Comstock
- Leo L.   1892 - 1940
- Hazel S.   1897 - 19

Comstock
- Martin V.   1840 - 1924   Co F 147 Reg NYV Inf
- Mary A.   1837 - 1929
- Leona C.   1875 - 1918
- Harry L.   1862 - 1933
- Mary E.   1861 - 1936
- Hazel S.   1897 - 19
- Leo L.   1892 - 1940
- Arthur

Comstock
- Ralph L.   1895 - 1956
- Violet F.   1895 -
- Arthur R., son   24 Nov 1917 - 25 Mar 1971   NY PFC US Marine Corp

Cook
    Leon   1898 - 1971
    Grace W.   1889 - 1975

Cook
    Volney I   1849 - 1907
    Ella E.   1850 - 1925
    H.N.   1821 - 1882   Father
    A.M.   1826 - 1874   Mother
    J.W.   1859 - 1879

Coon, Elizabeth   d. 28 Aug 1893   67 yrs, wife of Jeremiah

Cooper
    Aaron   1816 - 1891
    Roxanna, wife   1825 - 1900

Cory
    Rev. Edward F.   1871 - 1944   Methodist minister at Belfast when he died
    Florence A.   1877 - 1954

Covert
    Robert R.   1930 - 1939
    Edward   1887 - 1956
    Fannie May   1887 - 1947

Crandall
    Alanson B.   1834 - 1917
    Sarah E.   1840 - 1933
    Bert E.   1873 - 1911

Crandall
    Charles M., MD   d. 4 Oct 1867   41 yrs
    Deborah J. Wood, wife   1 Mar 1852 - 12 Jan 1909
    Floyd Milford, son   2 May 1858 - 19 Nov 1919   "He giveth his beloved sleep"

Crandall
    James   d. 3 Apr 1867   77 yrs
    Belinda   d. 10 Apr 1878   80 yr 10 mm 16 da

Crandall - Lot purchased by E.G. & G.O. Crandall
    Lyman E.   1853 - 1913   b. Allegany Co.
    Sophie D.   1867 - 1954
    Freddie S.   1859 - 1861   Borther

Crandall, Martha E.   1896 - 1936

Crandall, Viola

Crawford
    Benjamin M.   d. 6 Nov 1885   77 yr 8mo 28 da
    Betsy   1816 - 1908
    John   18 Oct 1842 - 30 Dec 1911
    Elizabeth, his wife   19 Mar 1855 - 17 Apr 1939
    John W.   1883 - 1935
    Roy E.   1889 - 1938
    Harley D.   1886 - 1940
    Nellie B., his wife   1885 -
    Clarence J.

Crawford
    Darwon   d. 5 Aug 1866(?)   27(?) yrs
    Amy L.   d. 6 May 1876   11 yr 6 mo 20 da, daughter of D & H
        "A loved one sleeps here"

Crawford, Fred C.   1882 - 1931

Crawford
    Harry M.   d. 15 Nov 1906   87 yrs
    Carry M.
    John D.   28 Jul 1847 - 7 Apr 1892
    Matilda, his wife   d. 20 Oct 1895   74 yrs
    John, son   d. 23 May 1869   13 yrs 8 mo 11 da

Ann, daughter	d. 22 Apr 1866	16 yr 6 mo 29 da
John	d. 29 Mar 1869	8 yr 9 mo
Dennis		
2 unknown		

Crawford
Henry J.	1835 - 1916	
Mary Jane, 1st wife	1840 - 1900	
Edith, 2nd wife	1859 - 1925	
Freddie, son	1874 - 1876	

Crawford
Jacob	d. 28 Jan 1872	69 yrs
Catherine, wife	d. 9 Aug 1881	75 yrs, "Blessed are they who die in the Lord"
Malchi	1836 - 1895	Co F 1st Regt NY Dragoons
Henry Eugene	d. 14 Feb 1873	1 yr, son of Malchi & Mary
Rochester	1831 - 1896	Co E 5th Regt NY Cav
Tip	1842 - 1899	
Jacob	1848 - 1924	

Crawford
John	11 Aug 1795 - 30 Apr 1858	
Lucinda, his wife	4 Mar 1811 - 19 Mar 1887	
Mary, daughter	18 Aug 1840 - 26 Jan 1866	
Henry, son	22 Jul 1832 - 1 Mar 1833	
Bettie, daughter	24 Feb 1856 - 30 Sep 1857	
E.M.	28 Oct 1851 - 13 Jun 1899	
L.J.	11 Feb 1831 - 25 Jan 1892	

Crawford
Joshua J.	d. 1 Apr 1879	79 yrs
Hannah, his wife	d. 25 Aug 1878	77 yr 7 mo
Alcesta, daughter	d. 14 May 1866	21 yr 2 mo 5 da

Crawford, Melchi	1836 - 1893	Veteran

Crawford
Perry	1846 - 1930	
Aurora, wife	d. 3 Nov 1882	33 yr 2 mo 18 da
Hattie	1861 - 1928	
Baby		

Cribbs
- Delbert
- Eugene

Cripps
George	d. 24 Apr 1885	30 yrs
Frank		
Father		
Mother		

Cripps
George Raymond	1882 - 1956	
Edith May	1882 - 1937	
Lucille Ann	1910 - 1972	

Criss, John	1896 - 1936	
Crosby, Sarah Ford	1839 - 1939	

Curran
John M.	1863 - 1937	
Jemima Belle (Mima)	1873 - 1961	

Curtis
Ennis R.	1851 - 1913	
Hattie	1857 - 1946	

Dalton, Ernest W.	1902 - 1939	

Davenport
John W.	1895 - 1973	WW II, born in England

Eliza A. (Dolly)	1899 -	born in England
David		
Davis		
Charles E.	1879 - 1963	
his wife	1883 - 1939	
Harold Johnson	1905 - 1952	
Charles Benjamin	1940 - 1963	"Benny","son of Harold
Nancy	d. 1938	4 mos
2 infants		
Davis		
James M.	1841 - 1912	
Emma J.	1845 - 1919	
Charles J.	1875 - 1944	
Bertha H.	1874 - 1969	
Davis		
John R.	1873 - 1941	
Marietta T.	1885 - 1968	
Day		
Michael (Mike)	1871 - 1958	
Adelaide (Addie)	1891 - 1951	
Mary Jane Freeman	1856 - 1935	"Aunt Mamie"
Dean, Mrs. Charles	d. 5 Nov 1872	51 yrs, east side of Kinney Monument
Dean, Harold L.	1910 - 1972	
Deniston		
John N.	1850 - 1923	
Amelia	1844 - 1906	
DeRoch		
Mrs.		
boy		
Dewey		
Clinton	1890 - 1969	
Clara	1896 - 1969	
Dewey, Grace Flinn	1861 - 1932	just a stone, buried in Buffalo, NY
Dixon		
William	1944 - 1954	
George A.	1897 - 1966	
Dolph		
Eugene Calvin	1864 - 1952	
Mina Sarah	1870 - 1937	
Donnell, Satie E. Flinn	1857 - 1886	
Dorman		
Dearing L.	1836 - 1897	
Jennie L., wife	1834 - 1895	
Burnett, son	1868 - 1881	
Lewis, son	1874 - 1900	
Dort		
W.W.	16 Aug 1855 - 27 Jul 1939	
Cora M., wife	23 Nov 1870 - 25 Jan 1918	
Drake, Charles		Veteran
- no stone, said to be buried next to David Finch, an old war friend		
Drake, Mary J.	1885 - 1959	
Dudley		
Daisey E.	1873 - 1958	
John E.	1850 - 1920	
Frances L.	1850 - 1926	
David L.	25 Aug 1821 - 1 Apr 1883	
Hannah Z., wife	3 Mar 1820 - 23 Feb 1889	
Dudley, Electa M.	1882 - 1958	

Dunning
- Benjamin P.   1835 - 1917
- Eliza A.   1837 - 1913
- Frankie, son   d. 29 Aug 1879   11 yr 8 mo 10 da
    - "Our darling has gone to rest"
- Frances, daughter   d. 1 Jan 1869   2 mo 15 da

Dye, Cora L.   1871 - 19

Eadie
- Andrew Beattie   31 Mar 1892 - 21 May 1968
- Edna Chamberlain, wife   19 Apr 1891 - 4 Apr 1980

Edmunds
- Ray
- Breta

Edwards
- Donald R.   21 Aug 1918 - 5 Sep 1965   NY Tec5 115 AAA Gun Bn CAC WW II
- Nellie M.   1924 -   "To live in hearts we leave behind is not to die"

Eldridge
- J.W.
- Harriet, wife   d. 22 Jul 1851   23 yrs
- Lucy Ann, wife   d. 9 Apr 1864   34 yrs, b. Livingston Co.
- Charles S.   d. 2 Jun 1872   17 yrs
- Romeyn   d. 1851

Elmer
- Isaac P.   b. 19 Aug 1816
- Mary A., wife   b. 15 Jan 1818
- Harrison   6 Jan 1841 - 20 Nov 1892   146 Reg NYV
- 2 children of Charles

Elmer
- Wilbur A.   1845 - 1923   Co F 4th NYA
- Ellen, his wife   1849 -

Elower, Guy E.   1895 - 1963   married Marion Smith, dau of Thomas

Emery
- Almon   1826 - 1909
- Mary B., wife   3 May 1830 - 24 Jan 1879
- Asa   8 Aug 1796 - 26 Nov 1881
- Betsy, wife   5 Aug 1805 - 9 Feb 1850
- Mamie   marker with only name
- Willie   marker with only name

Emery
- David   d. 2 mar 1892   51 yrs., Co G 93 Regt NYV
- Eliot   d. 10 Feb 1874   66 yr 7 mo
    - "A tender husband, A parent dear, A faithful friend, Lies buried here."

Emery, Mary E. Gleason

Enders, Baby

English, Florence A.   1855 - 1949

Epley - Lot purchased by S.W. Epley in Nov 1855
- Cassius Eugene   b. 1829
- Jay Gee
- Tailor   b. 1819
- 1 unknown

Fairchild
- John F.   Jan 1800 - Jun 1869
- Julia, wife

Farnum, Ida C.   1863 - 1883

Favaloro
- Frank   22 Jul 1895 - 7 Oct 1967   PFC 306 Inf WW I
- Mary R., wife   1892 - 1968

Feree

Chapin	1854 - 1933	
Lewis C.	1817 - 1895	
Mary, wife	1817 - 1900	
Everland E., son	1845 - 1866	
Weltha A., daughter	1852 - 1866	
Finch, David J.	1832 - 1878	Co I 189th Regt NY Vol
Fisk, Grace M.		cremated

Fisk
- Norman C.   1848 - 1920
- Agnes Bell, wife   1849 - 1928

Fisk
- Wilbur L.   1882 - 1959
- Edna   1890 - 1928
- George I.   1860 - 1944
- Grace C.   1862 - 1942
- Francis J.   1915 - 1977
- Mary E.   1915

Fix - Lot purchased by William Fix
- Willie
- T.S.   d. 4 Aug 1858   22 yr 6 mo, "In memory of our brother"

Flinn
A.L.	1823 - 1874	
Olive Randolph	1829 - 1918	
R & J Main		on Flinn monument
D & E Whipple		on Flinn monument
G. Dewey		on Flinn monument
M. Pride		on Flinn monument
E. Randolph		on Flinn monument
S. Donnell		on Flinn monument

Flinn - Lot purchased by Nelson Flinn (carriage maker) on 1 Jan 1864
- James R.   d. 1863   3 yrs, son of N & R A Flinn
- 1 unknown

Florian, Maude D.   1876 - 1929

Folsom
- Abram   7 Oct 184_ - 10 Jun 1893
- wife

Foose
Archibald	1813 - 1894
Elizabeth, wife	1817 - 1894
Isaac N.	1847 - 1930
Estelle L., wife	1859 - 1927

Ford
- Allen H.   1868 - 1956
- Bertha H., wife   1866 - 1947
- Bessie L., daughter   1890 - 1962

Ford
Edmund D.	1870 - 1923	
Mary M., wife	1874 - 1960	
Charles L.	1833 - 1906	Co F 130 Regt 1st NY DRagoons
Mary Peckham, wife	1844 - 1910	
Lewis D., son	1867 - 1890	

Ford
- John B.   1837 - 1904
- Martha W.   1840 - 1910
- George H.   1884 - 1889

Ford, Lucinda   1827 - 1905   Lot purchased by L. Ford in 1850

Ford
- Ralph C.   1872 - 1958

Cynthia, wife	1872 - 1937	
Harold R.	1899 - 1952	
Emily E., wife	1900 -	remarried

Ford
Sidney A.	1837 - 1923	US Navy Veteran
Rosie M., wife	1842 - 1899	
Lewis H.	1799 - 1877	
Debirah R., wife	1805 - 1884	
Darius R, DD	1824 - 1904	

Fosdick, Elizabeth W.	d. 13 Jun 1886	82 yrs, wife of Elijah

Foster
Carlyle	1888 -19	Pvt Co E 307th Inf AEF WW I
- wounded in action		
Leonard W.	1905 - 1915	
Bertha B.	1880 - 1921	wife of J H
Edwin	1877 - 1925	
William M.	1854 - 1913	
Ella Chamberlain, wife	1856 - 1941	youngest of Moses VanCampen's 10 children

Foulds, Jane Herkimer	1878 - 1961	

Fox
Elwin M.	Mar 1936 -	
James A.	May 1965 - 1965	
Joyce F.	Jun 1937 -	"Absent from the body, Present with the Lord"

Fox
Milton Willis	1877 - 1960
Amelia Vesta, wife	1880 - 1952

Fox
Walter	1901 - 1964	
Steven Edwin, son	1934 - 1952	drowned in Genesee River at Oramel

Fox
Willis J.	1845- 1927
Mima, 1st wife	1846 - 1914
Clara I., 2nd wife	1874 - 1950
Francis J.	1849 - 1923

Frace - Lot purchased by William Frace in Nov 1862
William	3 Sep 1812 - 24 May 1905	
Orrin	16 Apr 1844 - 5 Jul 1862	Co G 64 Regt NYV
Hannah	13 Nov 1818 - 19 May 1891	wife of William
Will C.	1867 - 1934	
Belle	1872 - 19	
George W.	29 Sep 1836 - 23 Nov 1917	
Delana, his wife	12 Jul 1827 - 18 Jul 1905	
Elba	1902 - 1935	33 yrs

France
Ceylon F.	1904 - 1962
Thelma V.	1906 -

France
Sidney	1898 - 1971	
Charlotte A., wife	1897 - 1980	"Molly"

Francis, Mother Mae	25 Jul 1878 - 24 Jun 1959	
Frank, Margaret L.	1896 - 1973	

Franklin
Ashley M.	1846 - 1909	3 Co L Vol Cav
Eva, his wife	1853 - 1939	

Franklin
Betsy	d. 18 Mar 1855	61 yr 3 mo 25 da, wife of David H.
John K., son	d. 1 Aug 1859	32 yr 3 mo 22 da
Ransom	d. 8 Jan 1826	32 yrs, son of Noah & Lydia

    Noah
    Alida (Lydia)
    William
Franklin
    Charles B.   1883 - 1971
    Lucia J., wife   1887 - 1952
    Our Baby   d. 6 Apr 1908
    Our baby   d. 30 Oct 1910
    P.D.   1847 - 1899
    Eva C., wife   1859 - 1931
    Melba   1896 - 1897
    Mother
    Father
    Grandpa
    Grandma
    John
Franklin, Jennie A.   1862 - 1935
Freeborn
    Harley R.   1876 - 1961
    Jennie   1875 - 1961
    Frank H. Burleson   1852 - 1927
    Ella Burleson   1852 - 1917
Freeborn
    R.   1805 - 1882
    Priscilla M., wife   1805 - 1890
    Eugene B., son   1843 - 1886
    Helen M., daughter   d. 8 Dec 1850   15 yr 6 mo
    Melford D.   1838 - 1905   Co K 9 NY Hvy Art
    Prudence M, wife   184_ - 1914
    Nettie, infant daughter
    Archie D.   son of F B & H
    Gideon   d. 23 Jun 1837   70 yrs
    Mary, wife   d. 28 Mar 1864   92 yrs
Freeman
    Jerry   1849 - 1934   84 yrs
    Virginia   1865 - 1929   64 yrs
    Grace   1886 - 1907
    John   1878 - 1930   52 yrs
    Blanche
Frey
    Dyle L.   2 Jul 1890 - 25 May 1944   PA Pvt 5 Eng Tnc Regt
    Betty May, wife
Frier, Frank H.   d. 1 Aug 1868   17 yr 7 mo 21 da
Fritch, Richard   1890 - 1966
Fuller
    Fred C.   1859 - 1941
    Lora Day Carter, his wife   1865 - 1946
Fuller, Robert L.   1888 - 1963   Father
Furl, Norman L. Sr.   23 Dec 1903 - 8 Sep 1975   Tec 5 US Army WW II
Gabel, Sarah   1779 - 1863
Gage (Abbott)
    Chester   1789 - 1842
    Betsy C.   1794 - 1847
    Edwin H.
       - Monument erected by M.D. Gage of San Jose, California. The sole survivor of his family after his first visit to Belfast in 53 yr. Nov 1911.
Gall, Andrew

Gallman
    Clyde F.   1898 - 1970
    Eleanor M., wife   1912 - 19

Gallman
    Karl R.   1897 - 1968
    Katherine D   1900 - 1934   1st wife
    Dorothy Guilford   1910 -   2nd wife

Galvin
    John B.   1928 -
    Myra J. Miller, wife   1930 - 1977

Gavett, Martha E.   ____ - 1945

Gelser
    Forrest D.   1897 - 1961
    Loretta M.   1898 - 1970

George, Mrs. L.

Gere
    Mary Scott   1883 - 19   cremated
    Lewis W.   1912 - 1915

Gillespie
    DeForest N.   1883 - 1962
    Grace J.   1884 - 1957
    Pauline, daughter   1915 - 19

Gleason
    Charles M.   1833 - 1919
    Rhua A.   1841 - 1904
    Theodore M.   1869 - 1929
    Effie M. Stevens, wife   1870 - 1964
    Chandler W.   1875 - 1946
    Effie Millet, his wife   1879 - 1928
    Wesley, son   1907 - 1932
    infant son of CE & EC
    infant daughter of LS & RS

Gleason
    Emaline   1835 - 1863
    Harriet   1839 - 1868   b. Allegany Co.

Gleason
    Fillmore   1849 - 1928
    Ida E.   1855 - 1911
    Clarence B.   1858 - 1930
    Ettie L.   1864 - 1945
    Otis   1856 - 1924
    Gertrude   1862 - 1914
    Ernest, son   1887 - 1960
    Faith
    Arvin   son of Ernest

Gleason
    Florence A.   d. 7 Oct 1861   3 or 8 yrs, daughter of J F & S Gleason
    George C.   d. 10 Oct 1862   son

Gleason
    Harley
    Ruth

Gleason
    J.J.   1843 - 1930   Co E 5th NY Cavalry
    Emma J., wife   1848 - 1936
    Bruce L.   1873 - 1910   shot & killed at Decillio Hotel (warehouse)
    William A.   1892 - 1898
    Harold S.   1899 - 1900

Gleason

Jonathan	d. 25 Oct 1854	67 yrs
Mary Crawford, his wife	d. 8 Apr 1870	84 yrs

Redding
  Mrs.
  Alfred
  Anne

Gleason

Jonathan	d. 3 Dec 1906	78 yr 7 mo 1 da
Ursula	d. 25 Mar 1882	51 yr 8 mo 19 da
"Our dear Mother has gone to rest"		
Henry	d. 10 Sep 1902	49 yrs
Ella, his wife	d. 19 Apr 1884	25 yr 1 mo 28 da
Mary	1863 - 1956	
Mary A.	1835 - 1895	daughter of Fillmore & Ida
Edna M.	1896 - 1915	
Sarah	1889 - 1975	

Gleason

Jones	1822 - 1908	
Millie, wife	d. 17 Aug 1895	57 yrs
Martha Ann, wife	d. 15 Feb 1872	47 yr 1 mo 15 da
Lorenzo	1847 - 1916	
Jerome	1850 - 1938	

Gleason, Lafayette
Gleason, Margaret E.   d. 22 Aug 1862   9 yr 9 mo, daughter

Gleason

R. Glenn	1880 - 1966	
Fanny S.	1878 - 1954	
William M., son	1914 - 1959	

Gleason

Robert L. (Pete)	1895 - 1968	
Mary P., his wife	1904 - 1985	married Clair Emery for 2nd husband

Gleason

Ward Millett	1902 - 1971	
Flora Metcalf, his wife	1905 -	
Virginia Ann, daughter	1932 - 1934	
Twin Babies		

Gleason

William R.	1831 -	
Caroline	1852 - 1907	

Glinderman

Fred	1870 - 1950	
Elizabeth (Libbie)	1871 - 1950	

Gonyer

John	26 Jun 1898 - 30 Sep 1967	Pvt Btry D 454 Coast Art WW II
Norma	31 May 1920 -	

Gordon
  Edna E.   1885 - 1962
  Laura Rose

Graham

Alva	1908 -	
Catherine, wife	1918 -	

Granger, Dorothy W.   1st wife of Gerald Sr.

Granger

Walter H.	1883 - 1950
Eva J.	1889 - 1969

Grastorf

Clarence C.	1885 - 1965
Florence M., wife	1888 - 1972

Green
    Orin D.   1830 - 1898
    Serena, wife   1841 - 1933
    Milo O., son   1 yr 19 da

Greenman
    Daniel
    Betsy, his wife   d. 6 Apr 188_   82 yrs
    Milan C.   d. 16 Dec 1882   43 yrs

Guild
    Marshall   1884 - 1949
    Susuie L., 1st wife   1883 - 1919

Guilford
    Glenn D.   1877 - 1954
    Nellie E., wife   1893 - 19

Guilford, Jane A. Herkimer   1834 - 1886

Gunn, Adelia   d. 2 Apr 1856   17 days, daughter of A & E
    - Lot purchased by A. Gunn in Jun 1863

Haight
    John R.   1845 - 1923
    Mary K.   1850 - 1932

Halbert
    Harold C.   1892 - 1974
    Ruth H., wife   1895 -

Hale
    Charles A.   1865 - 1934
    Anna S.   1870 - 1917

Hale
    Andrew A.   1878 - 1967   Father
    Mabel Chamberlain, wife   1877 - 1958
    Richard B., son   1912 - 198_
    Lawrence B., son   1902 - 1971
    Laura Herkimer   1908 - 198_   wife of Lawrence

Hall
    Lorenzo H.   1863 - 1937
    Eva J.   1873 - 1937
    Hiram F.   1853 - 1926
    Ella M.   1864 - 1935
    Floyd E.   1898 - 1977
    Helen E.   1899 - 1978

Halliday
    Samuel   1851 - 1897
    Gertie   1856 - 1907
    Burdett   1879 - 1888

Hallock
    Edwin G.   1868 - 1953
    Ida T.   1877 - 1965

Halsey
    Leon B.   1882 - 19
    Artelia   1884 - 1946

Hambley, Aline M.   7 Feb 1892 - 31 Dec 1964

Hamblin - bought lot & then moved to Maryland. Lot said to be sold to Ed Hallock
    Clarence G.
    Minnie R.

Hamer, Anna S. Foster   1877 - 1956

Hampton
    Willis E.   1881 - 1951
    Marie S.   1885 - 1973
    Esther   1778 -

Hanks, Hannah   d. 17 Jun 1869   91 yrs, wife of Enoch
- on east side of Kinney Monument

Hanks
- John   d. 13 Feb 1868   67 yr 10 mo 25 da, b. in Connecticut
- Olive F., wife   d. 31 Jan 1882   82 yr 10 mo, b, in Massachusetts
- Andrus   d. 28 Aug 1863   24 yr 7 mo, Union Soldier
- John E.   d. 27 Sep 1856   15 yr 3 mo
- Esther Anne   d. 27 Feb 1847   16 yr 10 mo
- Alvira   1823 - 1837
- Leason   1827 - 1898
- Olive, his wife   d. 13 Mar 1856 (?)   48 yr 6 mo
- Ernest, son
- Irwin John, son
- Harold   d. 1886   infant son of Percy

Hardesty, Fannie Crawford   1890 - 1976

Harding
- Lester Jr.   1882 - 19
- Myra B.   1885 -

Harris
- Delbert   15 Mar 1866 - 28 May 1938
- Mabel L.   4 Sep 1870 - 5 Sep 1949
- Arnold P.   9 Sep 1904 - 1 Sep 1926

Hart, Mary   d. 10 Oct 1868   76 yr 10 mo, wife of Barney Hart

Haskins
- Forest N.   1891 -1959
- Clara L.   1891 - 1970

Haskins
- Leonard V.   1913 - 1973
- Norma M.   1914 -

Haskins
- Robert L.   1922 -
- Jean R.   1924 -

Hasper
- John H.   1872 - 1956
- Katharyne B.   1877 - 1955

Hastings
- Frederick   1846 - 1905
- Sarah   1845 - 1898
- Charles F.H.   1845 - 1900
- Belle   1852 - 1940
- Richard R.   25 Feb 1918 - 9 Jun 1947   Staff Sgt CAC WW II

Havens, Rebecca   d. 2 Apr 1831   3 yr 4 mo, daughter of Thomas
"We part to meet again"

Hawkins, Orpha   d. 22 Dec 1853   31 yrs, wife of William L.

Hawley
- Nancy M.   Aug 1834 - Feb 1861   wife of J. W.
- Thomas R.   d. 27 May 1861   ? yr 6 mo ?da, Our Father

Hawley, Weltha   1861 - 1929

Hendry
- John   24 Sep 1839 - 25 Dec 1862   28 yr 3mo, Co F 160th Regt Ny Vol Inf
  "In memory of Union Soldier", buried in Government Cemetery, New Orleans, Louisiana
- T.E.   1808 - 1887
- Mary, wife   1815 - 1884

Herkimer
- William   1803 - 1874
- Harriet   1804 - 1871
- Theodore B.   1827 1869
- Irwin S.   1839 - 1914

Emma S. wife	1841 - 1923	
Fred W.	1867 - 1941	
Mattie, 1st wife	1865 - 1905	
Anna, 2nd wife	1877 - 1938	

Herkimer
William E.	1829 - 1914	
Martha E. wife	1835 - 1916	
T. Bruce	1870 - 1940	
L. Adella, wife	1873 - 1929	

Hicks
Willard	1842 - 1926	84 yrs., Co F 85th NYV
Alice	1845 - 1921	

Hicks, grandchild of Willard

Hile, Queene Cory	1903 - 1968	wife of Ivan Leonard Hile

Hill
Glenn	1882 - 1943	
Tacie McIntosh, his wife	1885 - 1964	

Hilyer
Harold	1903 - 1905	
Herman B.	1878 - 1954	

Histed
Bertie Rupert	1877 - 1958	
Leah M. Gage, wife	1879 - 1961	
Harold	1902 - 1939	
Edith Edmunds, wife	1913 -	

Histed - Lot purchased by G.S. H. Jun 1850
George		b. Cayuga Co., worked in lumbering
Susan, his wife		b. Chautauqua Co.
Jane Anne, daughter	d. 12 Jan 1850	10 mo
Annette J., daughter	d. 1 May 1852	6 mo
Wilma C., daughter	d. 7 Feb 1861	6 mo
Leander F., son	d. 17 Sep 1863	18 yrs

Histed
Glenn I.	1907 -	
Lorena R.	1907	

Histed
J. Wilbur	1914 -	
Beryl E.	1921 -	

Histed
Rensalear	20 Feb 1807 - 18 Aug 1888	b. Cayuga Co.
Mary Buell, wife	14 Jul 1810 - 28 Feb 1902	b. Connecticut
Jane Anne, daughter	24 Aug 1839 - 9 Mar 1841	
John, Colonel	1782 - 1870	
Hannah Fuller, his wife	1785 - 1864	
Charles, son	1813 - 1891	
Charles Benjamin	1 Jul 1861 - 4 Aug 1873	drowned at Lock 81 Genesee Valley Canal
Cameron	15 Jul 1860 - 28 Aug 1860	Charles B. & Cameron sons of Charles
Llewellyn	1875 - 1949	
John Edward	1837 - 1911	son of Charles
Sophia Petty, wife	1841 - 1891	

Histed
W. Max	1900 - 19	
Sherley E.	1908 -	

Histed
William R.	1871 - 1857	
Sarah Jane Grant, wife	1873 - 1948	

Hitchcock
Chester William	1918 - 1920	

Ida May	1865 - 1925	
Gail A.	1893 - 1964	
Ida M.	1889 - 1974	
Craig W.	1889 - 1918	Co B 910 inf 78 Div AEF
- killed in action at Bois de Loges, Argonne Forest, France		

Hitchings
- Frank E. — 1853 - 1923
- J. Adell Alsworth, wife — 1857 - 1920
- Leslie S. — 1879 - 1937 — 58 yrs
- Grace M., his wife — 1883 - 1954
- Elmer R. — 1844 - 1928 — Co E 76 Reg NY Vol
- Emily Ackley, his wife — 1849 - 1930

Hitchings
- Scoville — 10 Sep 1808 - 8 Feb 1890 — "Gone but not forgotten"
- Sylvia, wife — 4 Apr 1818 - 17 Apr 1908

Hoes
- John B.
- Olive Osgood, wife — d. 5 Nov 1883 — 51 yr 4 mo
- Jane Osgood, wife — d. 19 Jul 1889 — 67 yr 7 mo
- Daniel B. — 8 Nov 1894 — 59 yrs
- Sarah A. — 1859 - 1924

Hogue
- Stephen L. — 1872 - 1941
- Zaida D., wife — 1875 - 1956
- Earl A., son — 1893 - 1895
- Edward S., son — 1895 - 1898

Holden
- Hannah Mariah — 6 Feb 1846 - 12 Jun 1886 — wife of J. L. Holden
- Wetha J., daughter — 25 Aug 1874 - 13 Nov 1899(88?)

Holden
- John — d. 11 Jan 1845 — 79 yr 2 mo 29 da
- Irena Caryl, his wife — d. 19 May 1873 — 102 yr 9 mo 27 da
- Fanny, daughter — d. 12 Mar 1838 — 31 yr 8 mo 12 da

Holden
- Norman — 17 Apr 1836 - 24 Mar 1899
- Rachel, his wife — 21 Dec 1836 - 26 Mar 1866
- Malinda, his wife — 30 Jan 1845 - 12 Oct 1874

Holden
- Thomas C. — d. 10 Jun 1881 — 79 yr 4 mo 6 da
- Randa D., his wife — d. 7 Nov 1872 — 61 yr 9 mo 26 da
- Harvey — d. 4 Apr 1880 — 41 yrs, Civil War Veteran

Hollister
- Peter — 1877 - 1959
- Mattie — 1887 - 1970
- Paul
- Sheila Ann — 6 Mar 1940 - 15 Mar 1948 — daughter of Alfred & Lucy

Holtz
- Frank J. — 1861 - 1934
- Catherine, wife — 1855 - 1927
- Ulrich Ira, son — 1889 - 1963

Hooker, Emma E. — 1850 - 1929

Hopper
- Our baby — d. 16 Oct 1872 — 6 mo, son of AR & J
- A.R.
- Julia

Hopper
- Chester R. — 1848 - 1930 — Veteran
- Frances L. — 1852 - 1937

Hotchkiss, Carl	d. 6 Sep 1850	2 yr 1 da, son of M B & L A Hotchkiss

Hotchkiss
- Earl E.   1908 - 1973
- Mary H., wife   1912 - 1983

Howden
- Ray C.   1884 - 1971
- Belle G.   1891 - 1972

Howden
- Robert W.   8 May 1945 - 28 Feb 1968   Cpl Vietnam
- - American Legion Post 1504 named Robert W. Howden in his honor

Howell
- David   1819 - 1900
- Ophelia V. wife   1818 - 1877
- Margaret, wife   1851 - 1908
- William
- Alton D.   1880 - 1935
- May   1882 - 1948

Howell
- George   10 Feb 1813 - 29 Jun 1891
- Hannah, wife   28 Aug 1811 - 29 Sep 1896
- Fred   1854 - 1935
- Marilda E.   1849 - 1938
- William Vannoy   1847 - 1952
- Anna Buttles   1856 - 1938

Huff
- Amos   1815 - 1901
- Elizabeth, wife   d. 6 Jan 1910   92 yr 8 mo
- John T., son   30 Nov 1855 - 29 Apr 1886
- Henry A.   1846 - 1915
- William Leroy   1858 - 1924   Father
- Sophia   1870 - 1939   Mother
- William Henry, son   10 Oct 1894 - 29 Aug 1911
- Helen M.   1895 - 1927
- Joseph   1898 - 198_

Huff, Hannah   d. Jul 1872   65 yrs, daughter of Zibe & Mary
- "Then shall the dust return to the earth as it was and the spirit shall return to God who gave it."

Huff
- John   d. 19 Dec 1876   80 yrs
- Lenora, wife   d. 9 Aug 1902   78 yrs
- Orrin L.
- Carrie

Hulin
- Arthur V.   1849 - 1935   Father
- Jennie E.   1847 - 1922   Mother

Hull
- David S.   1943 -
- Judith J.   1943 -

Hull
- Stanley   1919 - 1987   Veteran
- Charlotte M.   1921 -

Hull
- Stanley O.   1885 - 1949
- Sarah A. wife   1892 -

Hull
- Stephen   d. 16 Nov 1861   68 yrs, b. in Connecticut
- "Friends nor physician could not save, This mortal body from the grave, Nor can the grave confine it here, When Christ shall call it to appear."
- Sally, wife   b. in Rhode Island

Mary, daugher	d. 18 Apr 1870	21 yrs, b. Allegany Co.
J. Tyler	4 May 1821 - 23 Nov 1890	merchant, b. Cortland Co.
Cordelia, his wife	1820 - 27 Mar 1875	55 yrs, b. in Tompkins Co.
1 unknown		

Humble

Hunt - Atherton on other side of monument

Isaac D.	1828 - 1898	
Eliza Kendall Hunt	1833 - 1899	

Hunt

Isaac S.	1858 - 1921	
Mira A. Seeley, wife	1862 - 1934	
Anna S.	1883 -1971	
Beulah B.	1891 - 1971	
Freeman	d. 16 Mar 1874 (?)	64 yr 5 mo
Rhoda, wife	d. 19 Jun 1886	70 yr 5 mo
Harley E.	d. 8 Apr 1890 (?)	2 yrs, son of Obert & Adalie Hunt

Hunt

James R.	15 Sep 1945 -	
Ethel M. Hull, wife	14 Nov 1941 - 29 Oct 1990	

Hunt

John B.	1864 - 1956	
Della Snyder	1876 - 1923	

Hunt, Lionel   d. 23 Feb 1953

Hunt

Oren O.	1845 - 1929	
Sarah Lang, wife	1845 - 1921	
Lela, daughter	1871 - 1904	

Hunt

Samuel P.	d. 2 May 1884	60 yr 6 mo 15 da
Caroline, wife	d. 11 Mar 1904	81 yr 9 mo, "At Rest"
Samuel	d. 11 May 1865	74 yr 9 mo 22 da, b. in Vermont
Margery, wife	d. 20 Jan 1879	81 yr 11 mo, b. Montgomery Co.
Rufus W.	d. 15 May 1825(?)	12 yrs, son of Rufus & Margery Green

Hunt

Samuel R.	23 Oct 1856 - 12 Jan 1908	
Delia M.	17 Aug 1861 - 3 Feb 1934	
Ruby M.	29 Jul 1895 - 15 Jan 1934	
Fred S.	1875 - 1946	
Anna J.	1849 - 1923	
John W.	1853 - 1936	

Hurley

James	5 Jul 1844 - 13 Oct 1898	
Elsie A., his wife	3 Apr 1853 - 1937	

Hutchins

James C.	1841 - 1922	
Emma J., wife	d. 18 Dec 1885	28 yr 8 da
Mattie M.	1864 - 1929	

Hutchins

William	d. 19 Aug 1877	86 yr 6 mo 2 da
Phebe	d. 30 Dec 1881	75 yr 1 mo 3 da
LeRoy A.	d. 22 Aug 1878	35 yr 3 mo

Ingleby, Mary Smith   1858 - 1943

Ingleby

William	1845 - 1913	
Emma, 1st wife	1847 - 1899	
Catherine, 2nd wife	1858 - 1903	
Arthur	1873 - 1884	

Ingraham

Julia Ann	14 Jan 1817 - 31 Aug 1877	"Come ye blessed"
Eunice C.		

Isham
Albert	1820 - 1900	
Clarrisa G., wife	d. 21 Aug 1887	69 yrs

Jacobs
Myron B.	8 Oct 1878 - 19 Jun 1890	son of Benjamin & Elvie M.
Charles	11 Sep 1844 - 16 Jun 1928	
Mary H., wife	17 Jun 1849 - 18 Apr 1894	
Israel	1877 - 1956	
Mary J., wife	1881 - 1970	
Yale	1906 - 1974	
Ruth, wife	1909 -19	

Jacobs
Richard	5 Feb 1809 - 15 Jan 1892	
Emeline, wife	26 May 1813 - 9 Jan 1892	
Richard G.	1886 - 1912	
Infant son	31 Jan 1887 - 23 Feb 1887	son of Richard & Fannie
Josie	21 Mar 1888 - 7 Aug 1888	daughter of Richard & Fannie

James
Lee T.	1890 - 1956	
Arloine M.	1889 - 1941	
Melvin		
Leland	1916 - 1964	
Judith		

Jeffords
George H. Sr.	1889 - 1967	
Gertrude S.	1923 -	

Jellison
Amos W Sr.	1882 - 1960	
Letitia F.	1877 - 1946	
Mary L.	1912 - 1951	
Amos Jr.		
Viola		
Richard H., son	1940 - 1962	killed in tractor accident

Jenkins
Rachel	d. 12 Feb 1888	87 yrs
Aunt Polly		
Uncle John		
Eburr	1821 - 1911	
Almira	1824 - 1902	

Jennings
Charles M.	1839 - 1921	
Mary E.	1849 - 1896	
Philista	d. 9 Oct 1817	35 yrs, wife of Rev. Israel Jennings

Jennings
George	1870 - 1939	
Mary H., wife	1878 - 1962	

Jennings
James O.	18 Nov 1821 - 23 Mar 1895	
Esther S. wife	17 Jul 1828 - 16 Apr 1899	
Christopher, son	d. 1861	
J. Volney	17 Feb 1865 - 24 Jul 1916	
Florence E.,wife	19 Sep 1865 - 3 Dec 1948	
James Carl	10 Jul 1888 - 6 Nov 1965	
Bessie N.	17 Mar 1892 - 7 Aug 1968	
Florence H.	7 Jan 1873 -	

Jennings

Loren E.	1905 - 1969	
Cora B. Atherton, wife	1905 -	
Lynn, infant	d. 1959	
Jennings, Octavia J.	30 May 1843 - 22 May 1858	granddaughter of Stephen & Anna Wilson

Jennings (Davis)
Susan S.	1840 - 1923	b. in Allegany Co.
Charles, son of C & S	d. 14 Nov 1862	24 yr 20 da, Co F 130 Regt b. Allegany
Jimie, son	d. 2 Sep 1865	8 yr 10 mo
Christopher	1808 - 1892	b. in Pennsylvania
Sophia, wife	1817 - 1905	b. in Oneida Co.
Mary	d. 23 Nov 1891	79 yrs
May		
Sarah	d. 15 May 1879	64 yrs, wife of Julius Tremain

Jerman
William Sr.	1839 - 1925	
Barbara	1835 - 1917	
William Jr.	1878 - 1925	

Jewell
Clarence W.	1907 - 1978	
Erma Sears, wife		remarried Marriot
Elmer E.	1861 - 1940	
Esther S.	1863 - 1949	
Elsworth E.	1888 - 1957	
Lydia F.	1889 - 1975	

Jewell
Irvin W.	1891 - 1950	
Bertha Louise	1893 - 1947	

Johannes
Andrew	1837 - 1914	Veteran
Elizabeth Kremeyer, wife	1843 - 15 Feb 1878	35 yr 22 da
Marguerite Deter, wife	1850 - 11 Sep 1918	68 yrs

Johannes
Edward C.	1885 - 1972	
Winnie L., wife	1884 - 1975	
Clifford C., son	26 Oct 1910 - 29 Jan 1971	NY PFC Co C 713 Mil Police BN WW II

Johannes
George H.	1835 - 1903	
Dora, his wife	1841 - 1913	
Howard		"Our little darling has left us."
George H.	d. 28 Apr 1949	
Clara		

Johannes
Robert A.	1890 - 1959	
Maude C., wife	1889 - 1971	
Lillian M., daughter	1915 - 1962	
Richard S., son	1921 - 1979	PFC US Army WW II

Johnson
Elizah	d. 20 Dec 1891	67 yrs
Luthera, wife	d. 9 Dec 1891	62 yrs
Ella D., daughter	d. 25 Oct 1891	22 yrs

Johnson
Emory L.	1878 - 1932	
Madge D., wife	1880 - 1965	

Johnson
John M.	1870 - 1950	
Augusta E.	1882 - 1945	

Johnson
William	1917 - 1974

John
    Riley R.   4 Sep 1886 - 20 Jul 1959   Cook Odinance Dept WW I
    Eva Lane, wife   1878 - 1966
    M
    Arlis
Johnston, Kasper   1876 - 1918   42 yrs
Johnston, Mae E.   1873 - 1957
Jones
    Arthur   1889 - 1950
    Lida B.   1894 - 1936
    infant
Jones
    Evro   1838 - 1919   81 yrs
    Florence M.   1844 - 1919
    Meldon E.   1862 - 1928
    Annie L.   1866 - 1956
    Laura   1897 - 1967
    Betty A.   1938 - 1979
    Patricia E.   1937 - 1976
    Lillian A.   1915
Jones
    Thomas   2 Sep 1822 - 23 Sep 1851
    Ann, wife   24 Feb 1821 - 6 Sep 1880
    William E.   1850 - 1925
    S. Angie, wife   1835 - 1893
    K. Pearl   1879 - 1957
Jones
    W. Malcom   1909 -1955
    Doris M. Hale, wife   1908 -19   married Ritter for 2nd husband
    Myron T.   1882 - 1954
    Sarah A.   1886 - 1962
    Richard W.
    Doris B.
Kaufman
    Louis M.   1880 - 1954
    Dora W.   1880 - 1976
    George
    Mrs. George
Keeler, Robert H.   1903 - 1960
Kelley
    Charles E.   1877 - 1947
    Inez A.   1879 - 1953
    Frederick E.   1912 - 1976
    Barbara E.   1914 - 1975
Kellogg, Clara   d. 26 Jun 1967
Kelly
    Henry   1844 - 1922   Veteran
    DeEtte   1949 - 1930
    Henry   Co G 1st NY Dragoons
Kelly
    John J.   1873 - 1942
    Ursula A.   1888 - 1967
    Lewis E.   1878 - 1950
    Jeannie E.   1876 - 1947
Kelly
    Lewis   1838 - 1916
    Jennie   1852 - 1924
Kelly - Lot purchased by John Kelly Jun 1850

Willard	1841 - 1923	Civil War Veteran
Phylinda, his wife	1850 - 1912	
Oakley Weaver	d. 16 May 1900	1 yr, son of Lewis & Dora Kelly
John	d. 27 Dec 187_	72 yr 8 mo 20 da
his wife		
4 unknown		

Kemp
| Marion E. | 1907 - 1947 |
| Joseph A. | 1902 |

Kennedy, George Edwin   1893 - 1920   HQ Det 153rd FA 78 Div WW I

Kerr
Virginia	d. 8 May 192_	3 da, daughter of F D & L V
Lottie J.		- days
SSM		

Ketchum, Tryphena   d. 16 Mar 1830   76 yr 4 mo 24 da, wife of Stephen
Kibee, Catherine A.   d. 26 Aug 1866   23 yr 2 mo 11 da, wife of A. P. Kibee

Kidney
Bruce R.	1871 - 1925
Hattie M.	1870 - 1951
Clarence W.	1895 - 1918

Kingsley
| Lula M. | |
| George | |

Kinney
| Cora E. | 1875 - 1960 | wife of Cheney |
| Elizabeth E., daughter | 1898 - | |

Kinney
David	5 Jan 1831 - 1902	b. in Connecticut
Betsy, 1st wife	d. 7 Jun 1846	34 yr 7 mo 15 da
Esther Anne, 2nd wife	1818 - 1898	
Price E.	1848 - 3 Jul 1870	22 yr 6 mo, son of David & Esther
Rufus Cheney	1852 - 1946	b. in Allegany Co.
Mary P. Gleason, wife	1859 - 1893	
Ruth E., daughter	1890 - 1891	

Kinney
J. Eaton	1843 - 1926	Veteran
Eva M.	1848 - 1907	
Safety	1841 - 1899	

Klein
August B.	1859 - 1945
Katherine M.	1867 - 1941
Wilhelmina A.	1887 - 1967

Kleinbach, John   17 Mar 1884 - 30 Nov 1923
Knapp, Jessie
Kneeland, Emily M.   d. 21 Feb 1885   56 yrs, wife of Rev. A. S. Kneeland

Knight
| David | d. 7 Dec 1872 | 86 yr 5 mo |
| Sophia, wife | | |

Knight
| Frank A. | 1868 - 1938 |
| Sara C. | 1865 - 1953 |

Knowles
| Herman | 1868 - 1915 |
| Ada Young, wife | 1874 - 1950 |

Knowlton, Sarah   d. 25 Jul 1853   24 yrs, wife of James
Knox, Lillie M.   1856 - 1934
Kozlowski, Roxann   1971 - 1971

Kranz
    Albert O.   1910 - 1974
    Alice M., wife   1913 -19

Kreitner
    Charles H.   1879 - 1944
    Ida M., wife   1878 - 1962

Kremer
    Edward A.   22 Mar 1922 - 10 Apr 1984   Tec 5 US Army WW II
    Helen J.   1934 -

Kribbs, Floyd

Lamar, Genevive   1880 - 1929

Lane
    Gerald A.   1906 - 1973
    S. Jean Howden, wife   1914 -

Lane. L. Howard   1911 -   WW II

Lang
    Alexander Sr.   1811 - 1882
    Sarah, wife   1816 - 1872
    Alexander Jr.   1840 - 1864   buried at Andersonville Prison

Lang
    Edward A.   1878 - 1960   son of James & Elizabeth
    Walter B.   1875 - 1950   son of James & Elizabeth
    George E.   1878 - 1943   son of William & Sarah
    Anna B.   1882 - 1962
    Howard C. son   1916 -
    Leona M., 1st wife   1917 - 1975

Lang
    Robert E.   1851 - 1913
    Marion E.   1858 - 1929   married Weaver for 2nd husband

Lang
    William Jr.   1866 - 1938
    Nora E., wife   1869 - 1951
    Helen Joy, daughter   1898 - 1984
    William Sr.   d. 14 Mar 1886   51 yr 1 mo 23 da, Father
    Susan, wife   d. 6 Nov 1881   43 yr 5 mo 23 da
    Arthur, son   d. 28 Apr 1881   3 mo 7 da

Lansing
    Theodore L.   1841 - 1927
    Jennie E.   1849 - 1933
    Mable M.   1880 -
    James H.   1815 - 1889
    Isabell W.   1815 - 1895

Lapp
    Augustus   1840 - 1921
    Elizabeth, wife   1850 - 1912
    Mary E., daughter   1874 - 1893
    Sarah J., daughter   1878 - 1897

Lapp
    Frederick C.   1887 - 1969
    Grace M.   1885 - 1967
    Frederick J.   1917 - 1942
    "In memory of Pvt Fredrick J., killed in action in Phillipine Islands, WW II

Lapp, Stanley

Lasalles (Lascelles) - Lot purchased by Martin Lasalles in Jun 1850
    Jane E.   d. 18 Jun 1875   32 yrs, wife of Martin
    Mary H., daughter   d. 26 Mar 1863   17 yrs

Lathrop, Clair Henry   1903 - 1972   Dad

Lawrence, Mrs.

Cemeteries of Allegany County

Lee - Lot purchased by Sylvia Lee
    Albert   d. 15 Jul 1857   24 yr 2 mo 28 da
    4 unknown
Lee, Maxine   1907 - 1914
Lee, William   1873 - 1961
    friend of John Kelly's, died at County Home Angelica
Lewis
    Andrew J.   1833 - 1897
    J. Austin   1845 - 1893
    - "Farewell Pa, It must be our Father Adam's fall and disobedience brought this lot on all."
Lewis
    Charles   1826 -
    Mary Jane   1826 - 1915
Lewis
    George   1887 - 1889
    Grace   1887 - 1902
    Edgar   1840 - 1918
    Eliza A.   1849 - 1927
    William   29 Aug 1876 - 2 Feb 1850   Pvt 19th Infantry NY
    Albert   1889 - 1951
    Bessie   1891 - 1960
Lewis
    Linus   24 Jul 1810 - 14 May 1884
    Harriet L., wife   8 Jun 1810 - 20 Jan 1898
    Charles, son   1 Jun 1842 - 12 Oct 1862   died on Crany Island, Co K Rgt NY Vol,
    "My poor soldier boy nobly died while fighting for his country."
Lewis
    Truman E.   1849 - 1921
    Victoria C.   1848 - 1931
Lighthall
    Gideon   d. 24 Aug 1865   23 yr 11 mo
    - killed by collision of RR at Titusville, PA
    Ann M.
Lilly
    Earl S.   1892 - 1988
    Hazel Lapp, wife   1894 - 1954
Lilly
    Fred A.   1862 - 1924
    Ida C. wife   1867 - 1941
    Elizabeth, daughter
    Lois
Lilly
    Glenn A.   1896 - 1963
    Lola W., wife   1894 - 1977
Lockwood
    Eugene   1856 - 1928
    Sarah   1859 - 1939
    Roy
    Leon
Lockwood
    Gary S.   25 Feb 1950 - 7 Apr 1950
    Ethel Jane   1828 - 1938
Long
    Lowman Hawes   1854 - 1938   83 yrs
    Myra A. Marsh, wife   1863 - 1942   78 yrs
    Rex M.   1896 - 1907
Loomis
    Henry W.   1868 - 1942

Alice L., wife	1871 - 1963	
Losey		
Mervin D.	1873 - 1952	
Edith C.	1878 - 1964	
Lounsberry		
Wesley	1825 - 1899	father of Nora Lang
Mary A.	1836 - 1912	mother of Nora Lang
Lovell		
Katherine S.	1878 - 1965	
Josphine	1880 - 1955	
Lowe, James T.	1900 - 1969	WW II Veteran
Lowe		
Samatha V.	1852 - 1931	Mother
Leory C.	d. 15 May 1892	1st NY Dragoons, "At Rest"
Luce, Leo C.	1923 - 1973	NY PFC US Army WW II
Luckey		
Floyd A.	1874 - 1945	
Harriet C.	1875 - 1944	
Ludwig		
James L.	1879 - 1961	
Irma, wife	1892 - 19	
Helen W. Valom	1873 - 1964	Irma's mother
Lester		
Betty		
Luther		
Frank C.	1839 - 1904	Co F 167 NY DRagoons
Joana his wife	1844 - 1869	
Jennie B., daughter	1864 - 1869	
Stephen R., son	1866 - 1866	
Frank L.	1879 - 1880	
Mary	1810 - 1896	
Lyman - Lot purchased by H.D. Lyman in Nov 1855		
Henry D.	d. 31 Dec 1871/4	74 yrs tavern keeper, b. in Massachusetts
Sophia, wife	d. 11 Jan 1865	68 yrs, b. in Massachusetts
Edwin, son	d. 12 Nov 1830	17 yrs
Ira	d. 12 Apr 1842	11 yrs
Phoebe A.	d. 14 Jun 1868	49 yrs, "She hath done what she could"
- born in Allegany Co., a seamstress		
Lynch, William Albert		infant
Lyon - Lot purchased by Joel B. Hughes in Jun 1850		
Obert	18 Jun 1834 - 12 Feb 1850	adopted son of J. B. & L. K .Hughes
4 unknown		
Mack		
Carl D.	1898 - 1975	
Myrtie B.	1909 -	
Edwin G., son	1927 - 1928	
Madison - monument erected by the Dempsey Club, Olean NY Police Dept.		
Erly H. MD	1867 - 1937	
Helen V.	1871 - 1930	
Leon J.	1904 - 1910	
John		
Madison		
Harrison		

"Fellowman as you pass by, Remember that you must die. As I am now, so soon you must be, Prepare for death and follow me."

Betsy M., wife	24 Aug 1827 - 12 Dec 1894	
Madison		
William F.	1836 - 1912	160th Reg NYSV
Nellie A.	1859 - 1939	

Cemeteries of Allegany County

Main
    Riley F.   1849 - 1935
    Julia Flinn, wife   1854 - 1931
Markham
    Ransom   1816 - 1895
    Elizabeth   1822 - 1894
Marsh, Betsy B.   wife of L. C.
Marsh
    Charles P.   1820 - 1902
    Olive H.   1840 - 1910
    Lucy H.   1868 - 1930
    Edna D.   1871 - 1929
Marsh, Edith M.   1926 -   "I will lift up mine eyes to the hills."
Marsh
    Edwin L.   1827 - 1905
    Harriet Hyde, his wife   1830 - 1903   "Our dear mother at rest"
    Lafaytte O., their son   1856 - 1887   "Gone home"
    James C.
Marsh - Lot purchased by Dwight Gage in Jun 1863
    Helon H.   1840 - 1920
    Lucy A., his wife   1839 - 1920
    6 unknown
Marsh, Maria   d. 15 Aug 1871   16 yrs, wife of Edwin A.
Martin, Emma   d. 5 Oct 1871   64 yr 9 mo, wife of S. W. Millett
Martz, Lorina Merriam   1839 - 1915
Mason, Bessie L.   1898 - 1962   youngest daugher of Merrial H. Clark
Mason
    Guy L.   1885 - 1947
    Cora B.   1886 - 1977
    Lyle W., son   22 Apr 1908 - 25 Feb 1966   Pvt Army Air Forces WW II
Mason
    William   1822 - 1899
    Amelia N., wife   1834 - 1903
    Lulu A.   1879 - 1956
Mathews
    L. Dana   1840 - 1914   1st NY Dragoons Co F Cav
    Clara R.   1835 - 1903
Maybe, Paul P.   1909 - 1973
Maybee
    William H.   1878 - 1945
    Una E., wife   1876 - 1973
    Harold F.   1933 - 1933
Mayer (Myers)
    Edwin T.   1884 - 1931
    Ada M.   1885 - 1960
    - during WW I, family changed name to Myers. Ada wanted to be buried under the name she was married
    E. Lyman   1913 - 1972
    Barbara M. (Ann)   1919 - 1979
Mays
    Harold P.   1894 - 1932
    Helen L. Sizer, wife   1895 -
    Robert   1918 - 1918
McCalls
    Louella   2 Aug 185_
    Willie
McCanna, John R.   1844 - 1919
McCarthy, Ethel A. Millard   1884 - 1963
McCarty, Everett   10 Jun 1889 - 17 Jun 1959   NY Pvt Field Artillery WW I

McClay
    Arthur E.   1895 - 1876   PFC US Army WW II
    Ruth A. Brainard, wife   1905 - 1987
McCray
    James   d. 27 Sep 1860   73 yr 7 mo
    Mary, wife   d. 29 Mar 1868   53 yr 6 mo
    Zephaniah H.   d. 26 May 1875   24 yr 6 mo
    Lois A.   d. 22 Feb 1868   53 yrs
McCue, Ophelia Osterhout   1864 - 1918   54 yrs
McDonald, James   d. 11 Dec 1957
McGibney
    Abbie E.
    George C.
McGibney
    Watson E.   1860 - 1937
    Matie A.   1865 - 1954
McIntosh
    Cassius A.   1849 - 1912
    Minerva   1854 - 1940
McIntosh - Lot purchased by P. McIntosh 3 Jun 1863
    Peter   d. 28 Mar 1888/68   42 yrs
    Annis Wilson   20 May 1821 - 16 Apr 1902
    Angus   . 1858 (?)
    Mary
    LeGrand
    LeRoy
    A.P.   d. 1932
McNair
    John   1820 - 1896
    Johanna, his wife   1831 - 1909
    Frances, daughter   d. 1867   infant
McPherson
    John   1856 - 1928
    William   8 Oct 1821 - 12 Oct 1890
    Luretta, wife   15 Jun 1821 - 5 Jun 1897
McPherson, Mary E.   1892 - 1975
Merchant
    Gideon   1816 - 1896
    Matilda, wife   1828 - 1873
    Wallace, son   1847 - 1909
    Hattie, daughter   1849 - 1876
    Gideon   d. 18 Jul 1919
Merrit, W. - son of Wm. & DS   12 yr 2 da
Merry
    Luther
    Amy, his wife   d. 15 May 1852   81 yr 2 mo
Michael
    Howard C.   1877 - 1952
    Neva Ann   1879 - 1942
Michael
    Pearly E.   1905 - 1973
    Elnora Ashby, wife   1907 -
Miles
    Isaac   d. 22 Nov 1892   87 yrs
    Julia, wife   d. 31 Dec 1888   82 yrs
Millard
    A. Clark   1845 - 1909
    Adelia G.   1846 - 1895

Cemeteries of Allegany County

Jarius	7 Feb 1819 - 27 May 1891	
Eunice	30 Oct 1824 - 11 Aug 1895	
George		
Silas	1820 - 1891	
Jane Clark, wife	1831 - 1923	

Millard
Albert C.	1850 - 1926	
Sarah A.	1854 - 1932	
Jennie	1876 - 1882	

Miller
Conrad	1844 - 1909	
Ellen E., wife	1852 - 1934	
Harrison M.	1887 - 1935	
Pearl E., wife	1887 - 1975	
Harrison L., son	1922 - 1963	
Harold		
Ernest A.	1878 - 1934	son of C. & E.
Lloyd F.	1893 - 1967	
Earl	1893 - 1940	

Miller
Thomas	1816 - 1890	
Elizabeth, wife	1819 - 1893	
Jennie	1851 - 1868	
Conrad	1828 - 1894	Co B NY Dragoons
Amanda, wife	1829 - 1897	

Miller
William H.	1876 - 1935	
Alta M.	1882 - 1964	
Willis F. son	1920 -	

Millett
Charles L.	1865 - 1923	
Fanny Ford, wife	1867 - 1948	

Millett
Milton	1800 - 1870	
Philura, wife	1806 - 1881	
John	1843 - 1863	Co F 85th Regt NY Vol
Nancy	1836 - 1908	
Charles E.	1847 - 1911	
Sarah, wife	1841 - 1886	
Etta G.	12 May 1890 - 2 Oct 1890	
Ellen L.	1855 - 1925	

Millett
William M.	1829 - 1904	
Mary E., 1st wife	d. 8 Feb 1859	30 yr 4 mo
Emily, 2nd wife	d. 31 Aug 1864	37 yr 9 mo
Jane E.	1840 - 1916	

Milliken, Charles

Mills
Hugh C.	1897 - 1973	
Beatrice H.	1907 - 1979	

Mills
Leon	1870 - 1924	
Rosa, wife	1873 - 1943	
Angelette	1835 - 1891	

Mills
William B.	1872 - 1948	
Katie L.	1880 - 19	

Mineka

Henry W.	1859 - 1933	
Elizabeth M.	1864 - 1938	
Edith B.	1885 - 1969	

Mineka
John C.	3 Jan 1834 - 23 Nov 1874	
Dora, wife	22 Jun 1840 - 12 May 1916	
Katherine	d. 24 Feb 1869	infant daughter
John H.	1875 - 1952	
Helen, wife	1875 - 1949	

Miner
| C.W. | 1929 - 1912 | Co E 5 NY Cavalry |
| Betsy M, his wife | 1847 - 1920 | |

Miner
| Charles J. | 1856 - 1937 |
| Harriet E. | 1866 - 1933 |

Miner
Thurlow B.	1855 - 1913
Cora C.	1859 - 1918
Edward J.	1876 - 1912

Miner
| Waite | 1848 - 1933 |
| Jessie | 1864 - 1933 |

Mix
Fred J.	1863 - 1944
Nellie B.	1872 - 1922
Otto R.	1895 - 1978

Mix
Henry R.	1882 - 1973
Myrtle B.	1885 - 1976
Herman, son	1906 - 1910
David P.	8 Mar 1827 - 8 Jul 1909
Aurelia M.	10 Apr 1840 - 7 Oct 1931
Charles A.	22 Apr 1873 - 1 Aug 1961

Moore
Dennis Byron	1847 - 1907
Mary Neiland, wife	1847 - 1932
Menzer, son	1875 - 1937

Moore - Lot purchased by Moore & Orcutt
| John R or B | | |
| Bettie | d. 27 Nov 1861 | 17 yrs, daughter of J. R. & E .L. Moore |

Moore
Samuel L.	d. 2 Oct 1874	25 yr 10 mo 18 da, son of G. R. & Elmina
Mary Willison, wife	d. 4 Sep 1885	40 yr 7 mo 22 da
Mary D.	d. 1932	83 yrs

Morgan
Jedadiah S.	d. 30 Oct 1861	55 yr 1 mo 28 da
Caroline		
Mary Alphonsine	d. 14 Oct 1855	11 yrs, daughter of J. & Caroline

| Muckle, Ethel Cole | 1890 - 1968 | |

Muckle
Leigh H.	12 Sep 1918 - 27 Apr 1975
Marlyn J. Palmer, wife	31 Mar 1928 - 17 Oct 1959
David J.	

| Muldoon, Hattie E. Osborne | 25 Jul 1862 - 9 May 1895 | |

Mulford
Ezra C.	d. 20 Mar 1851	31 yrs
Elizabeth, wife		
Cevalon C., son	d. 20 Dec 1858	14 yrs

Cemeteries of Allegany County

3 unknown
Murdough
- Homer — 1824 - 1896
- Esther E., wife — 1826 - 1908
- Nellie B. — 1884 - 1928
- Jones — 1850 - 1925
- James T. — 1853 - 1933
- Mary A., wife — 1854 - 1896
- Mineya H., wife — 1865 - 1947
- E. Esther — 1892 - 1892
- Ruby — 1906 -

Murken, Phillip — 1900 - 1974 — Father of Peter Murken

Murphy
- Jerome — 1893 - 19
- Myrna Isabel — 1899 - 1959

Murray
- Willis E. — 1895 - 1970
- Helen L., wife — 1910 - 19 — "The Lord is my shepherd"

Myers, Ada L. — 1888 - 1971
Myers, Madge E. — 1903 - 1958

Neeley - Lot purchased by J.H. Neeley in 1850
- Justin H. — 29 Aug 1811 - 18 Sep 1894 — b. in Herkimer Co.
- Maria, wife — 12 Sep 1819 - 5 Jun 1889 — b. in Herkimer Co.
- Henry & Harrsion — 15 Nov 1849 - 10 Jan 1850
- Ruben — 2 Oct 1851 - 19 Nov 1913 — b. in Allegany Co.
- Mary J., 1st wife — 3 Feb 1851 - 18 Apr 1873
- Celia L., 2nd wife — 11 Dec 1849 - 20 Aug 1897
- Dellie H., 3rd wife — 1 Nov 1853 - 18 Mar 1922

Newville, Henry C. — d. 1864 — died at Transcient Hospital
Nichols. Alice M. — 1883 - 1957
Nicholson, Belle — 1863 - 1946

Nicholson
- Frank M. — 1847 - 1929
- Almeda S. — 1849 - 1900
- Maude I. — 1873 - 1961
- Estella M. — 1885 - 1918

Nicholson, Sophia — d. 31 Oct 1835 — 27 yrs, wife of James H.
Nickerson, Marjorie — 1880 - 1959 — friend of Dr. Grey, Ethel & Edna Perry

Niles
- Edith Pauline — 1831 - 1897
- Bessie D. — 1851 - 1911

Niles
- Jane Anna — 17 Oct 1858 - 24 Jun 1880 — daughter of John E. & Sophia P. Histed
- Jane Anna — 21 Jun 1880 - 7 Apr 1906 — daughter of Selin & Jane Anna Niles

Niles
- Selin — 1843 - 1919
- Mary — 1841 - 1919

Ogden
- Charles E.
- Katherine
- Henry

Ogden
- Henry — 1825 - 1901
- Catherine, wife — 1825 - 1897

Olmstead
- Frank W. — 1885 - 1963
- De Etta M. — 1881 - 1967

Olmstead, Julia A. — 1889 - 1942

Orcutt, Clarence son of Benjamin & Emaline Orcutt
Orcutt
 Franklin 1841 - 1918
 Louisa, wife 1845 - 1908
 Charles, son 1864 - 1878
 Nerva, daughter 1876 - 1878
Orcutt
 John V. 1898 - 1950
 Myrtie E. 1877 - 1954
Orcutt, Lillian 1886 - 1972
Orcutt
 Mehetabel d. 12 Apr 1845 65 yrs, wife of Samuel
 Samuel (?)
 David 1811 - 1888 b. in Vermont
 Lucy Hill, his wife 1811 - 1880 b. in Vermont
 Hiram 1804 - 1865 b. in Vermont, blacksmith
 Mary, his wife 1811 - 1867 b. in Vermont
 Hiram
 Mrs. Hiram
Osbon
 Mary J. d. 23 Oct 1868 29 yr 1 mo, wife of George W.
 Mary E., daughter d. 7 Mar 1865 6 mo
Orborne
 Samuel 3 Nov 1826 - 3 Dec 1902
 Abby, his wife 29 Dec 1828 - 15 Sep 1911
Osterhout, Charles F. 1859 - 1934 75 yrs
Oton
 Carl M. 1913 -
 Alice E., wife 1909 -
Oviatt
 Charles E. 1850 - 1931
 Almina R. 1854 - 1919
Palmer
 Gamaliel P. d. 15 Oct 1887 63 yr 1 mo
 Hester A., wife d. 1 Jan 1892 65 yrs
 Lucy, daughter d. 11 Oct 1885 29 yrs
Palmer
 Herbert H. 1878 - 1958
 Pearl E. 1889 - 1955
 John W. 21 Feb 1854 - 16 Mar 1910
 Ettie V., wife 5 Jun 1857 - 1 Oct 1910
 Roy D. 1882 - 1962
 Hattie M., wife 1884 - 1965
 William
Palmer
 Lee C. 1887 - 1969
 Florence B. wife 1886 - 19
 S.K.B., son 1917 - 1957
Parker, Charles Henry d. 26 Aug 1861 16 yrs, son of Harry & Rebecca
Parker
 Charles R. 1844 - 19
 Mary A. McIntosh, wife 1847 - 1928
 Charles Clair 16 Aug 1882 - 23 Jun 1972
 Ruth M. 5 Apr 1884 - 12 Sep 1983
 Earl L. 1867 - 1950
 Mamie wife of Clair
Parker, George E. 1877 - 19__
Parker

Cemeteries of Allegany County

George E.	1826 - 1906	
Mary Ann	1827 - 1900	
Parker, George E.	1877 - 19	
Parker		
Hiram H.	1834 - 1916	Co E 9 NY Heavy Artilley
Mila A., wife	1836 - 1910	
Hattie J.	1852 - 1934	
Parker		
Horace	1850 - 1926	
Libbie M.	1851 - 1914	
Luke	18 Sep 1879 - 2 May 1881	"Our Darling"
Verne	26 Apr 1880 - 9 Jul 1880	"Our Darling"
Parker, Pauline Redman	1897 - 11 Nov 1959	
Parker		
Richard S.	10 Jun 1803 - 6 Apr 1887	
Mariah	2 May 1802 - 22 Jan 1873	
Parker		
William A.	1874 - 1954	
Ada L.	1876 - 1962	
Parshall		
Amzi	6 Jun 1799 - 26 Nov 1867	
Stella, wife	d. 7 Feb 1847	41 yr 7 mo 11 da
Luke	d. 16 Jun 1865	35 yr, d. Harewood Hospital, Washington DC
Alden W.	d. 25 Mar 1861	7 yrs, son of Miles & Emily
Mabel, daughter	d. 1868	
Parsons, M.J.	d. 12 Jul 1862	42 yr 1 mo 16 da
Patterson		
Fred E.	1879 - 1942	
Maude E.	1879 - 1935	
Payne, Sanders McAllister, MD	1851 - 1926	75 yrs

   - a retired doctor who was living at the Dr. Mountain Home, East Hill Road, Caneadea, when he died.

Peavey, John	d. Sep 1862	2 yrs
Peck, Phoebe A. Shippee	1838 - 1871	
Peck, Tompkins	1824 - 1902	
Peckham		
Cephas	1829 - 1916	
Sarah	1831 - 1907	
Frank L.	19 Sep 1860 - 21 Mar 1896	
Blanche		
Pelton		
Louie M.	1866 - 1944	
Lillie B.	1875 - 1953	
Agnes Burt Pelton	1876 - 1913	
Frank B.	1907 - 1963	
Perry		
Addis	1848 - 1926	Father
Lena	1852 - 1934	Mother
Edna M., daughter	1882 - 1955	
Dr. Ethel B., daughter	1887 - 1950	
Josiah Quincy, son	1875 - 1945	
Fern Lowell, wife	1872 - 1948	
Ralph W.	1879 - 1928	
Perry, Grace Curtis	1882 - 1947	
Pervorce		
George R.	1861 - 1913	
Ella L.	1865 - 1930	
Peters. Emily A.	1843 - 1926	
Petrie, Raymond John	1915 - 1967	

Petty - lot purchased by Z.T. Petty in Nov 1855
    Zenas T.   d. 10 May 1881   73 yrs, clergyman, Seneca Co.
    Mary Anne   d. Feb 1864   48 yrs, b. in Massachusetts
    Nora A., daughter   d. 20 Mar 1857   20 da
    Albert   d. 8 Feb 1851   18 yr 10 mo

Phelps
    Rozel C.   1840 - 1900   Co E 93 Regt NYV
    Mary E., wife   1847 -
    Allis M.   1877 - 1919
    George H.   1872 - 1943

Philips, E.W.   d. 22 Oct 1859   43 yrs, "The loveliest thing of ____ "

Pickney, John

Pierce
    Daniel
    his wife
    Julia

Pitt
    Lazarus   d. 9 May 1858   60 yrs
    Martha Russell, wife   d. 24 Apr 1880   78 yrs

Pitt, Nora S.   1895 - 1928

Poorman
    Lyle W.   1917 -
    Marian R.   1925 - 1974

Potter, Alice E.   1866 - 1930
Potter, Lida
Potter, Milford A.   d. 20 Dec 1854(5)   1 yr , son of Job & Emma, b. Allegany Co.

Powers
    Chester   1897 - 1966   WW I Veteran
    Hazel S.   1897 - 1968

Prentice, Maynard L.   5 Jan 1927 - 20 Nov 1960   Tec 4 US Forces Far East WW II
Preston, James C.   1849 - 1919

Prevorce
    Frank   1868 - 1930
    Emma, wife   1868 - 1940

Price, George
Pride, Mary Flinn   1849 - 1923

Proper
    Edith   5 mos., daughter of J B & M C
    Mrs. John

Proper
    James W.   1830 - 1908
    Elizabeth Lang, wife   1839 - 1916

Protheroe, John   14 Oct 1819 - 29 Jun 1851   b. Little Falls, Herkimer Co., tavern keeper

Quinton
    Fay M.   1876 - 1941
    Helen J., wife   1883 - 1929
    Clifford W., son   1904 - 1954
    Celia William, his wife   1907 -

Quinton
    John   27 Jun 1818 - 27 Apr 1898   28th Regt NY Vol
    Phoebe, wife   11 Oct 1824 - 5 Feb 1905
    James, son   17 Jul 1844 - 1 Nov 1882   Co F 93 Regt NY Vol

Race
    William   1805 - 2 Nov 1882   77 yrs
    Mary, his wife   1808 - 18 Aug 1876   68 yrs, b. Allegany Co.
    Andrew M., son   9 mo
    Helen M., daughter   d. 9 Aug 1856   16 yrs, b. Allegany Co.
    Henry   16 Apr 1832 - 16 Apr 1871   Co E 93 Regt NYV, b. Allegany Co.

Crawford, infant
3 unknown
Radley
    Carlton   1842 - 1926
    Martha, wife   1846 - 1912
Radley
    Jacob   d. 11 Jun 1852   52 yrs
    Elizabeth, wife   1806 - 1893
    Philista E. Jennings   15 May 1837 - 21 Apr 1909   wife of D. S. Radley
Rafter, Maude V.   1888 - 1971
Rail
    Fanny   d. 26 Nov 1865   19 yr 19 da
    - daughter of Samuel & Margaret
    Louisa   d. 1855   2 yr 5 mo 30 da
    - daughter of Samuel & Margaret
Ramsey, Betsy   d. Aug 1955   daughter of J. & A. Ramsey
Ramsey
    George   d. 7 Dec 1883   85yr 11 mo
    Jane, wife   1826 - 1910
    Florence N.   d. 27 Jul 1858   2 yrs
    Erwin E.   d. 11 May 1853   5 yrs
    Robert J.   d. 7 Jun 1853   9 mo
    William J.   1854 - 1931
    Ida A.   1859 - 1932
Ramsey
    James W.   1830 - 1908
    Elizabeth Lang. wife   1839 - 1916
Randolph, Elizabeth   1789 - 1875
Raymond, Jacob E.   1853 - 1933
Raymond
    William H.   1866 - 1916
    William   1906 - 1933
    Kathryn   1904 - 1927
    William H.   1820 - 1903
    Mary M., wife   1830 - 1911
    Josephine   d. 9 Mar 1879   30 yrs, wife of A.A.
    Jay E., son   d. 8 May 1880   1 yr 2 mo
Raynor
    Earl E.   1916 - 1973   bought Thomas White farm
    Constance S.   1920
Reddish
    Sanford N.   1828 - 1870   b. Ohio
    E. Almina   1832 - 1920   b. Allegany Co.
    A. Eugene   1853 - 1856   b. Allegany Co.
    J. Addison   1861 - 1944
Redman
    Henry S.   1842 - 1924
    Jane Belle, wife   1842 - 1909
    Ethel, daughter   1885 - 1916
    Viola W., wife   1870 - 1944
    Everett L.   1872 - 1950
Redman
    Russell L.   1903 -
    Alice M. Histed, his wife   1909 - 1970
    Edith M.   1922 -
Reed
    Amenzo   12 Feb 1838 - 18 Feb 1906
    Mirynda, wife   8 Jan 1841 - 17 Mar 1891

Laura	1 Mar 1808 - 14 Oct 1885		wife of George
Billy	1848 - 1932		
Frankie	1862 - 1928		
Mary	1853 - 1889		
Maude	1875 - 1880		

Reese
- John — d. 28 Aug 1867 — 84 yr 11 mo 24 da, b. Montgomery Co.
- Letitia, wife — d. 9 Jul 1876 — 90 yrs, b. Saratoga Co.

Reeves
- Charles — 1837 - 1919
- Emma — 1861 -

Renwick, Harriet Ketchum
   wife of Robert, school teacher. She &other ladies had the village park cleaned & the cemetery fenced.

Renwick
- John — d. 7 Oct 1874 — 63 yrs
- Catharine — d. 8 Feb 1874 — 51 yrs

Renwick
- Robert — d. 19 Jan 1865 — 60 yrs, b. Scotland, merchant
- Harriet, his wife — d. 12 Mar 1860 — 48 yrs, b. Chenango Co.
- Henry Clay, son — d. 6 Nov 1840 — 2 yr 6 mo
- John, son — d. 29 Jul 1848 — 7 mo
- Seth Charles, son — d. 26 Jun 1853 — 2 yrs., died of scarlet fever
- R. Bruce — 1845 - 1899

Renwick
- William B. — 1840 - 1903
- Ada M., wife — 1845 - 1925 — daughter of Frank & Mary White Waddington

Reynolds, Edythe

Reynolds
- Elisha R. — 1837 - 1920
- Rosanna Muldoon, wife — 1838 - 1915
- Woodard D., son — 1868 - 1950 — "Woody"
- Amelia Redanz, wife — 1860 - 1926

Reynolds, Joab H. — d. 19 Sep 1865 — 19 yr 2 mo 7 da, son of John & Betsy
   - Lot purchased by John Reynolds

Reynolds, Pearl Cox Sylor — 1879 - 1973

Reynolds - Adsit on the other side of the monument
- Stephen M. — 1850 - 1924 — b. Allegany Co.
- Carrie, 1st wife — 1856 - 1950
- Virgil Elmer, son — 1883 - 1946
- Rose, daughter — 1891 - 1917
- Libbie R., daughter — d. 30 May 1892 — 38 yrs
- Betsy — d. 12 Apr 1891 — 78 yrs, b. Allegany Co.
   - wife of Asa Reynolds, Asa buried in Milford , Indiana

Rhodes
- Ward — 1865 - 1932
- Gertrude — 1864 - 1922

Rich
- Harriet — 1866 - 1912
- Anna Mae — 1885 - 1975

Rich - Lot purchased by Hiram 25 Feb 1864
- Hiram — 1822 - 1897 — Father, sash & blind mfg. ,b. Allegany Co.
- Cordelia R. — 1831 - 1902 — Mother
- Frank — — 7 da or mo
- Esua — d. 15 Apr 1831 — 50 yrs
- Anna, his wife — d. 11 Apr 1870 — 86 yrs, b. Vermont

   "Don't you ask what religion she had, Be her character, that's understood. A decenter from all that is bad. A consenter to all that is good."

- Hosea B. — d. 22 Sep 1823 — 18 yr 3 mo 16 da

Cemeteries of Allegany County

  Charles A.   1864 - 1936
  Leola Marsh Rich   1886 - 1902
  Minnie, wife of Charles   1865 - 1935
  Daniel
Rich
  William V.   1879 - 1959
  Grace E. wife   1880 - 1957
  Ralph E., son   1914 - 1936
Richardson
  Alix
  Hannah, his wife   d. 1864
  Silas D.   25 Mar 1820 - 5 Mar 1897
  Adelia V.   31 May 1832 - 14 Oct 1908
  Hannah L.   daughter of Silas & A
Richardson
  George   1838 - 1858
  T. Jefferson   1841 - 1863
  Amorette   1845 - 1866
  C.L.   1848 - 1911   Co C 6 Regt NY Hy Art
  Alice, his wife   1849 - 1912
  Henry S.   1814 - 1889
  Eunice, wife   1819 - 1889
  Monroe
Richardson
  Robert   d.7 Mar 1884   75 yr 5 mo, "Brother thou art going to rest"
  Delilah, wife   18 Apr 1874   60 yrs, "Sister thou was mild and lovely"
  Sarah Jane   3 yrs
Rickart
  George M.   1836 - 1903   Co H 94 NY Artillery
  Sophia T. ,wife   1838 - 1905
Riley, Fannie E. Sheakley   1888 - 1932   wife of Robert M. Riley
Ripenbark
  Rev. Adam   d. 23 Jan 1870   70 yrs
  Phoebe, wife   d. 2 ___ 1881   81 yrs
Rivenburg
  E. Burr   1821 - 1911
  Almira A.   1824 - 1902
  Charles A.   1855 - 1906
  Leon G.   1887 - 1914
Robbins
  Charles L.   1851 - 1948   Father
  Helen E.   1855 - 1932   Mother
  Baby   5 days
Roberts, Chancellor
Robertson, Grace C.
Robinson
  Roy   1883 - 1964
  Grace   1886 - 1971
Robinson - Crawford
  Metty Ann   d. 16 Jul 1943   73 yr 2 mo 16 da
  Claude Crawford   son of Metty Ann
Roesle
  Henry   1895 - 1969
  Gertrude Chamberlain   1908 - 19   wife
Rogers
  Charled W.   1887 - 1973
  Lillian R.   1888 - 1976
Rogers - Lot purchased by Lewis Rogers

Lewis
    Lucinda, his wife   d. 29 Apr 1850   23 yrs

Rood
    Charles A.   1849 - 1925
    Martha B.   1855 - 1929

Rooney
    Marion   1882 - 1903
    Frank B.   19 Nov 1872 - 4 Oct 1946
    Lillie R.   27 Nov 1875 - 13 Jul 1975
    Eleanor M, daughter   27 Feb 1899 - 6 Sep 1959
    Albert A.   1894 - 1954
    Grace P., wife   1897 - 1971
    Esther   17 Apr 1897 - 6 Dec 1929   daughter of Frank & Lille
    Herbert

Roscoe
    John N.   1868 - 1946
    Wilda M. Sanders   1910 - 1931
    Mrs. John

Rose, Polly B.   d. 1 Feb 1853   9 yrs, daughter of Nathan & Mary Rose

Ross
    Almon   1852 - 1942
    Laura J.   1861 - 1930
    Robert P.   1814 - 1900
    Harriet, wife   1819 - 1894

Rotch
    Hiram G.   3 Mar 1823 - 29 Apr 1906
    Emeline L., wife   7 Jan 1830 - 22 Dec 1889

Roundsville
    Col. J.P.   30 Mar 1804 - 10 Jul 1874   70 yr 3 mo 10 da,
        - 11 yrs a resident of Oramel. For 2 yrs Oramel was changed in name to Roundsville
    Helen P. Royce, his wife   d. 26 Aug 1838   32 yrs
    Jane L. Marsh, his wife   d. 12 Mar 1866   18 yrs
    Phillip   d. 20 Apr 1836   16 da
    James Henry   d. 22 Sep 1856   21 yrs
    Welcome Rose   d. 25 Feb 1863   20 yrs

Royce
    John D.   1893 - 19
    Effie C.   1900 - 1954
    Rodeic J.   1923 - 1927

Royce
    Otis B.   1900 - 1970
    Isabelle G., wife   1906 -

Royce
    William A.   1853 - 1913
    Nettie S.   1858 - 1946
    Grace L.   1881 - 1923
    Wilbur J.   1884 - 1920
    Myron L.   1901 - 1938

Rupert, Christopher H.   1845 - 1900
Ruschak, Cory David

Russell
    Stephen   18 May 1820 - 29 Mar 1883
    Diana, wife   24 Jul 1822 - 6 Jan 1881
    Emma   21 Jul 1847 - 11 Feb 1878

Saunders
    C.W., MD   29 Jun 1833 - 7 Jan 1891
    Nettie, 1st wife   d. 14 May 1865   23 yrs
    Eliza A., 2nd wife   22 Aug 1847 - 21 Jul 1918

J.H., MD	1820 - 1883	
Anna, wife	1840 - 1873	
Saunders		
Newland C.	1841 - 1923	
Julia S.	1852 - 1932	
James H.	1876 - 1963	
Baby		
Harold J.	24 Jul 1896 - 30 Nov 1970	NY Pvt 5 Regt FA Repl Depot WW I
Ann, 1st wife		divorced
Florence Crozier	1896 - 19	2nd wife
Sawdy		
A.R.	1850 - 1923	
Laura	1861 - 1942	
Elsa Guilford Brillhart	1881 - 1875	daughter
Saxton, Richard	d. Sep 1951	infant
Scherer, Matilda	Dec 1880 - Jan 1965	
Schoonover		
Frank	1895 - 1977	
Ella	1893 - 1978	
Schott		
Charles Fred	1886 - 1951	
Bertha M. Lang, wife	1883 - 1951	
Schroeder		
Willard L.	1921 - 1980	
Marjorie A.	1918 -	
Schucknecht, Mary F. Petty	1849 - 1928	
Schultz, Lela M.	1908 - 1964	
Schultz, Louise	1850 - 1927	
Schultz, Roy E.	1959 - 1964	
Scott		
Alice S.	1859 - 1924	
Sidney Glenn	1893 - 1960	
Leroy W.	1888 - 1920	
Jennie C.	1892 -	
Scott		
Archibald Jr.	d. 3 Jan 1904	67 yrs
Ann	d. 15 Oct 1876	45 yrs
Archibald	d. 25 Jul 1879	75 yrs, a native of Roxburgh Shire, Scotland
Ann, wife	d. 4 Feb 1895	93 yrs
Thomas	1867 - 1905	
Annie	1846 - 1928	
Margaret E., daughter	1886 - 1905	
Scott		
Edith	d. 5 Dec 1885	14 yr 1 mo 8 da, daughter of H. H. & M. E. Scott
Mary E.F.	14 May 1848 - 7 Apr 1886	
Scott		
John	18 Dec 1809 - 10 May 1896	Co B 189 Regt NYV
Betsy C., wife	12 Feb 1812 - 2 May 1890	
Sarah J.	d. 2 Sep 1858	22 yr 2 mo, wife of Joseph C. Scott
Scott		
Walter	1849 - 1924	
Lida	d. 30 Mar 1933	65 yrs
Scutt, Pamela S.	25 Oct 1953 - 18 May 1954	daughter of L. W. & C. F. Scutt
Seamans. Marvin K.	d. 24 Aug 1880	5 yrs, son of L. J. & S. C.
Searl		
Abram	1824 - 1911	
Adeline Histed, his wife	1825 - 1903	"Beloved one farewell"
Searl, Emma L.	d. 9 May 1858	17 yr 2 mo 14 da, b. Chautuaqua Co.

- daughter of Stedman B. & Angeline Searl		
Searls, Frank	1852 - 1924	
Sears, Herman V.	d. 16 Oct 1862	24 yr 13 da
Sears		
William	1799 - 1843	
Polly, wife	1800 - 1860	
E.S.	1835 - 1912	
Debia A., wife	1843 - 1911	
Harvey W.	1869 - 1949	
Rosemond B., wife	1870 - 1945	
Clifton A.	1901 - 1920	
Helen I.	1906 - 1907	
Seaton, Pheba B.	d. 6 Nov 1884	47 yr 6 mo 21 da
Seavert		
Edward F.	1873 - 1933	
Minnie E.	1881 - 1959	
Philip Henry, son	1903 - 1945	
Ethel F.	1909 - 19	
Esther M.	1909 -	
Eleanor L.	1917 -	
Seavert		
George T.	1869 - 1959	
Mary S., wife	1863 - 1931	
Seberry		
Edward	1874 - 1959	
Erwin T.	1898 - 1953	
Edna Moore, 1st wife	1904 - 1925	
Gladys M., 2nd wife	1892 - 1969	
Howard T.	1897 - 19	
Seberry, Isabella R.	1850 - 1874	wife of T. J. Seberry
Seebery		
Thomas J.	1846 - 1931	
Sarah A., wife	1846 - 1923	
R. Bruce	1870 - 1954	
Carrie E., wife	1870 - 1946	
Seeley, Betsy A.	18 Dec 1824 - 29 May 1896	mother of Mira A. Seeley Hunt
Seely		
George E.	1897 - 1944	
Catherine M.	1904 - 1927	
Hiram Jr.	1828 - 1904	
Frances A.	1834 - 1882	
Seely - Lot purchased by Hiram in Jun 1850		
Hiram		
his wife		
Andrew W.	d. 25 Mar 1849	25 yrs
Jane E.	d. 21 Jan 1855	
Oscar	d. 8 Aug 1862	25 yr 9 mo
George	d. 6 Jul 1864	19 yrs
James C.	1841 - 1916	Co C 19 Regt
Julia A., his wife	1857 - 1934	
Norman H.	1886 - 1953	
Charles		
Etta		her ashes in Otis Close grave
Theodore		his ahses in Otis Close grave
Geroge E.	1897 - 1944	
Seely, Margaret B. Renwick	1836 - 1911	wife of S. R. Seely, b. Allgheny Co.
- daughter of Robert & Harriet Renwick		
Seifert. Garold	d. 1980	

Seivert, Mrs.
Selover
    Nelson   d. 8 May 1882   83 yrs
    Sarah M.   d. 15 Apr 1898   70 yrrs., "At Rest"
Severance
    James T.   1824 -
    Marian B., his wife   1836 - 1893
Severson
    Oscar M.   1876 - 1961
    Grace Saunders, wife   1882 - 1975
    Philip J., son   1907 - 1923
Shaffer, Howard   1904 -19
Shaw
    Clyde E.   1907 -
    Margaret D., wife   1908 -
    William M., son   1935 - 1955
Shaw, Olive   1843 - 1917
Sheakley
    J.Cameron   1883 - 1889
    Mary M.   1885 - 1886
    Clement N.   1886 - 1886
    Helen C.   1862 - 1913
Shear
    Margaret   1863 - 1915   Mother - monument erected by G. R. Cripps
    Charles H.   1860 - 1935
    Grace   1861 - 1942
    Forrest R.   1884 -1925
    Hattie A.   1885 - 1962
Sheatsky, Natalie
Shepard
    Fred H.   1852 - 1929   funeral director
    Emma
Sherman
    Edward W.   1884 - 1957
    Bessie C.   1885 - 19
Sherman
    Frank   1848 - 1928
    Emma L.   1882 - 1891
          1815 - 1892
          1815 - 1890
Sherwood, Mary   1800 - 1882
Shippee
    Ruben   1790 - 1863
    Esther, wife   1800 - 1863
    Florence, baby
Short, R.W.   1919 - 1968
Shuart - one side of Neeley monument
    Charles D.   18 Jan 1842 - 17 Feb 1916
    Gertrude D., wife   9 Apr 1848 - 19 Aug 1903
    Bruce C., son   18 Feb 1876 - 13 Oct 1888
    Fred W.   19 Jul 1869 - 15 May 1890
Shuart, Lettie E.   1849 - 1919
Shuart
    Martin L.   1833 - 1899
    Hannah, his wife   1834 - 1915
    Frank A.   1856 - 1931
    Mary J., his wife   1858 - 1942
    John D.   1838 - 1920

Emma L., his wife	1834 - 1906	

Simmons
Florence W.	1862 - 1904	"At Rest"
Edna	11 Jun 1880 - 20 Jan 1881	

Simmons, Harold D.   2 yrs, son of A. L. & Delia
Simms, William   1856 - 1936
    - black man who worked on RR, lost fingers in boiler explosion

Sizer
Leman J.	1864 - 1945	undertaker & furniture store owner
Louise A.	1866 - 1941	

Slack
Lorron W.	1899 - 1968	
Eunice V., wife	1895 - 1969	
Vernon Kerry	22 Feb 1956 - 12 Oct 1962	son of Vernon & Shirley

Slater
Miles Sr.	1857 - 19	
Anna M., wife	1862 - 1928	
Miles Jr.	1884 - 1907	
G.E.	1870 - 1930	
Minnie F., wife	1874 - 1938	
Mitchel	d. 1941	
Albert E.	1889 - 1894	son of Miles & Anna
Nora P.	1897 - 1897	daughter of Miles & Anna

Smith
Courtney M.	1880 - 1851	
Myrtle J., wife	1880 - 1942	
Richard, son	1908 - 1908	
George	1809 - 1893	Mexican War Veteran

Smith - Lot sold to S.N. Reddish in 1858
Ebenezer	d. 15 Nov 1856	73 yr 11 mo 1 da, b. Massachusetts
Sarah, his wife	d. 1856/66	b. New Hampshire
4 unknown		

Smith
Edgar Robert	1892 - 1969	
Pearl H.	1892 - 1935	
Amos B.	5 Jun 1818 - 28 Jan 1896	
Emily A., wife	26 Feb 1826 -	
Cassius (Cash)	17 Sep 1852 - 7 Jan 1890	

Smith
Hugh M.	6 Apr 1822 - 23 Dec 1896	b. Wayne Co.
Amanda, 1st wife	5 Jan 1825 - 13 Jun 1857	b. Allegany Co.
Marilla, 2nd wife	8 Oct 1830 - 3 Oct 1895	

Smith
Isaac	d. 27 Apr 1877	88 yrs
Sarah, his wife	1815 - 1891	

Smith, James A.   8 Jan 1893 - 14 Feb 1954   NY Sgt Cen Off Tng Sch WW I

Smith
John Servius LLD	1872 - 1935	
Margaret C. Kellogg, wife 1872 - 1964		
Servius T., son	1907 - 1932	
David J.	1947 - 1948	
Jean Smith Bright	1909 -	daughter of John & Margaret
Draper B.	1913 -	son of John & Margaret

Smith, Samuel Wesley MD   1840 - 1926   86 yrs
    - retired doctor who was lving at the Dr. Mountain Home, East Hll Road, Caneadea when he died

Smith
Willis W.	1875 - 1922	Father
Etta S. Fuller	1876 - 1943	Mother

William R.	9 Dec 1817 - 24 Mar 1893	
Emily H., wife	25 Jul 1825 - 20 Oct 1883	
Graydon	10 Dec 1888 - 13 Sep 1889	
William G.	1863 - 1931	
Adelma, wife	1863 - 1916	
Hazel H.	1895 - 1972	
Sarah E.	5 Jul 1853 - 5 May 1905	

Snowden, Floyd Herrington   1899 - 1946   47 yrs

Sortore
- Floyd J.   1889 -19
- Agnes Mae   1895 - 1964

Spaulding - Lot purchased by JB Spaulding in Jun 1863
- J.B.
- Mary G., his wife
- 3 unknown

Spees
James T.	1831 - 1880	Co C 136 NY Vol
Harriet A.	d. 1 Feb 1908	76 yrs
Clarence L.		
Mary E., wife	14 Dec 1859 - 12 May 1891	

Spencer
- Stanley S.   1909 - 1972
- Louise J.   1916 - 1971

Sprague
- Frank B.   1879 - 1952
- Lucy A.   1902 - 1964

Stader
William R.	1910 - 1964	WW II Veteran
Frances		

Stair
- Albert W.   1908 - 1981
- Beryl M.   1910 - 1991

Stamp, Athelene   1878 - 1934

Stanton
Margaret	d. 1863	38 yrs, wife of Daniel
Lyman, son	1833 - 1916	1st NY Dragoons
Ella Black Stanton, wife	1857 - 1908	
Frances Wilson, wife	1837 - 1876	b. Allegany Co.

Steadman, Fredrick R.   1912 - 1965   Father
Steadman, Leona

Stedwell
- Charles M.   1863 - 1929
- Minnie K.   1868 - 1939
- Wilber K.   1901 - 1920
- Grace M.   1894 - 1974

Steinbiser
- Rupert A.   1894 - 1966
- Mildred R.   1898 - 1972

Stevens
Elma R.	1856 - 1923	wife of Rev. A.D. Stevens DD
Huldah A. Randall	1852 - 1931	Elma's sister

Stevens
Enoch	3 Jan 1831 - 9 Dec 1888	
Margaret Muldoon, wife	1840 - 1924	
Edward C.	1878 - 1938	
Grace W.	1882 - 1956	
Bert J.	1883 - 1950	
George Arthur	d. 1892	3 yrs, son of Louis & Mary

Stevens
    Kirk E.   1892 - 1936
    Nina M.   1893 - 1981

Stevens
    Nellie   d. 21 Jun 1877   3 yr 7 mo 12 da
        "Our little nellie has gone home", daughter of Enoch (?) & Margaret Muldoon, his wife (?)

Stevens
    William J.   1861 - 1914
    Mable E., wife   1873 - 1917

Stiles
    Roxy A.   15 Jan 1820 -   16 yrs (?)
    Charles   d. 6 Aug 1835

Stone, Aaron   1841 - 1922

Stocum, Eva M.   d. 3 Jul 1891   29 yr 1 mo, daughter of John & Mary
    - "Gone but not forgotten"

Stone, Nellie M.   1869 - 1907   wife of A. W. Stone, "At Rest"

Stowell
    J. Victor   1895 - 1969
    Ruth Herkimer, wife   1894 -

Stram
    John A.   1863 - 1946
    Lizzie M. wife   1871 - 195-
    Leon G.   1887 - 1945
    Jennie I   1892 -
    Nellie J.   1922 - 1922

Straum, Charles Hammer

Strong
    Smith   1819 -   b. Tompkins Co.
    Mary Jane, his wife   1823 -   b. Tompkins Co.
    Frank R., son   1842 -   Civil War Veteran, b. Tompkins Co.
    Edwin, son   d. 28 May 18   4 yrs

Strong
    Susan Byrns   d. 20 May 1904   82 yrs, wife of H. F. Strong
    Warren

Stuck, Vivian M.   1914 - 1970

Stuck
    Jeremiah   1870 - 1948   Father
    Adora May   1879 - 1959   Mother
    Harold J.   1897 - 1977
    Mary May   4 Jul 1924 - 16 Sep 1924
    Percy J.   1921 -
    Gordon B.   1904 - 1960
    Violet Hale, wife   Jun 1910 - May 1984

Sullivan, Charles H.   17 Aug 1888 - 18 May 1959   NY PFC 302 Repair Unit MTC WW I

Sullivan, M.C.

Sullivan
    Richard Jr.   28 Jul 1912 - 22 Nov 1984   PHM1 US Navy WW II
    Ethel I., 2nd wife   1907 - 1977

Sulton, Esther Nichols   1918 -
    - buried in Buffalo with husband, mother of Alice Nichols

Summer
    Hiram B.   1809 - 1877
    Hannah H.   1815 - 1894
    Emma
    Newton   1840 - 1925   Father
    Eliza A.   1841 - 1930   Mother
    Mary C., daughter   1873 - 1887
    Bertram, son   1868 - 1957

Mary E., his wife	1884 - 1956	
Seth L.	1879 - 1961	son of Newton
Sumner, Baby	d. 1953	

Swain
Lester A.	1894 - 1959
Etta G., wife	1896 -

Swartz
Chris	1860 - 1942
Lena, wife	1865 - 1930

Swartz
Floyd R.	1892 - 1975
Virginia M.	1892 - 1967

Swartz
John	1851 - 1926
Ida E., wife	1855 - 1926
Belle	1875 - 1893
Clinton C.	1884 - 1929

Sweet
William E.	1867 - 1935
Nettie M.	1872 - 1964
Royal H.	1895 - 1976
Laverne W.	1922 - 1939

Swift - Farr one of lot purchasers in 1853
John D.	1863 - 1928
Nettie R.	1866 - 1951
3 unknown	

Sylor, Adlebert F.	1873 - 1908	

Taber
Bert Ross	1881 - 1940	brother to Seth Taber
Jennie G.	1891 - 1972	
Seth	1894 - 1950	brother to Bert Taber
Alice	1897 - 1971	

Teehan, Dennis	d. 13 Sep 1866	57 yrs, Co I 160 NYV, b. Ireland
Temain, Susan Jennings	d. 15 May 1879	64 yrs, wife of Julius

Tennent
Walter James	1889 - 1960	Capt Field Artillery 29th Div AEF WW I
Laura C.	1895 -	

Thayer
Dewitt L.	1858 - 1922
Florence A., wife	1862 - 1935

Thayer, Eva	1889 - 1925

Thomas
Melvin J.	1870 - 1941
Clara B.	1868 - 1942
Carl	1890 - 1952
Bernice C.	1892 - 1968
Deland D., infant	d. 1920
Henry E.	1867 - 1942
Minnie M.	1869 - 1918
Leon H.	1898 - 1918
Roy E.	1894 - 1967

Thomas - Lot purchased by O. Thomas in 1850
- O.
- Mrs.
- 1 unknown

Thompson
Charles A.	1884 - 1922
Edith P. wife	1886 - 1919

    Irene A.   19 May 1913 - 25 Jun 1913
    Daisy L.   25 May 1914 - 17 Feb 1918

Thompson
    Dorrance D.   23 Nov 1908 -
    Harriet M.   23 Nov 1908 - 2 May 1962
    D. Wayne   18 Nov 1937 - 24 Jan 1948
    Janice L.   1944 - 1960
    James Keith   1974 - 1975
    Donald R.   1907 - 1979
    Katherine E.   1913 - 1967
    Mrs. Kingsley   Kate's mother

Thurston
    Charles N.   1866 - 1932
    Sarah L., wife   1870 - 1959

Tibbets
    J.A.   d. 20 Nov 1876   54 yrs
    Frank

Tidd, Greydon

Tidd
    James Seymour   1875 - 1962
    Bertha L.   1887 - 1955

Tingley
    Vaughn
    Bertha M.

Titsworth
    Emily Petty Gleason   d. 1914   78 yrs
Titsworth, John   d. 7 Apr 1861   10 yr 3 mo 21 da

Todd
    George H.   1880 - 1937
    Nina M.   1882 - 1962
    Eva Julia Murphy   1916 -   daughter
    Everard G. Murphy   1915 -   "Pat"

Townsend, Warren M.   1886 - 1950
Tracy, Felix   d. 20 Mar 1861   73 yrs, b. Norwich, CT. d. Oramel,NY

Travis
    Alvin E.   1903 - 1930
    Clara M.   1891 - 1965

Tremain, Sarah Jennings   d. 15 May 1879   64 yrs, wife of Julius
Trost, George H.   20 Sep 1893 - 21 Feb 1969   Pvt Co A 59 Pioneer Inf WW I NY
Truax, Rachel   d. 23 Jan 1865   63 yrs, wife of Peter

Truesdell
    Hiram   1813 - 1855   b. Warren Co., lumbering
    Helen G.   1819 - 1892   b. Warren Co.
    Mary   1841 - 1916   b. Jefferson Co.
    John H.   1853 - 1925   b. Allegany co.

Turner
    Geroge W.   d. 3 May 1906   77 yrs
    Martha E., wife   d. 5 Apr 1890   53 yrs
    James M., son   d. 25 Mar 1861   3 yrs
    Fred D.   1861 - 1906
    Addie
    Jedediah   d. 12 Oct 1855   21 yrs
    his wife

Tyler
    Ralph L.   1897 - 1965
    Ethel M., wife   1896 -

Unfus
    Stephen   1908 - 1972

Ida Barringer, wife	1909 - 1984/5	
Richard S., son	17 Jun 1934 - 1 Jun 1952	drowned in river at Oramel

VanBentson (VanBenthuysen)
Frank W.	12 Dec 1814 - 28 May 1860	

VanBuskirk
Charles R.	1919 - 1962	WW II Veteran
David C., son	1948 - 1974	
John E.	1924 - 19	

VanCampen, Moses William	1896 - 1941	US Navy WW I
Van De Mark, Garrett	d. 14 Apr 1891	77 yrs

VanDusen
George B.	1875 - 1958
Lizzie, wife	1891 - 1984
Alice E.	1914 - 1919

VanFleet
Loyd H.	1886 - 1894
Herman B.	1853 - 1919
Julia A., wife	1860 - 1948

Valom, Helen

Vaughan
Charles H.	1902 - 1974
Marian R.	1907 - 1970
Merle Donald	1935 - 1937

Vaughan
Henry	22 Jun 1817 - 30 Jun 1885
Mary, his wife	9 Feb 1826 -

Vaughan
Mary Eva	1872 - 1951
Sheridan	1867 - 1940
Harry	1910 - 1913

Vaughan
Wallace E.	1844 - 1918	Co F 90 Regt NYV
Jennie V., wife	1849 - 1911	
William H.	d. Sep 1955	
James L.	d. Aug 1956	

Veley, Louis E.	1895 -19
Veley, R. Belle	1858 - 1928

Very
John C.	1831 - 1912	
Mary A., wife	1836 - 1924	
Adeline, daughter	d. 20 Sep 1855	2 mo 29 da
Elijah	1800 - 1883	
Olive, wife	1807 - 1867	
Charles E.	1857 - 1937	
Lillian S.	1860 - 1928	

Very
Martin	1864 - 1934
Clara	1880 - 1938

Viall, Albert M.   1885 - 1980

Vincent
Clarence	1895 - 1925	Pvt Co L 308th Inf
Mary L.	1862 - 1935	

Vincent
Fred H.	
Addie	2 May 1875 - 10 Jun 1928

Vincent
Harold	1900 - 1969
Violet M.	1904 - 19

Harold E.		
Vincent		
John E.	1898 - 1976	
Margaret	1899 -	
Voorhees		
William	1833 -	
Hannah Crawford, wife	1838 -	
Roy, son	1869 - 1870	
Vosburg		
Robert W.	1893 - 1958	
Grace Love	1912 - 1960	
Vossler		
Clarence	1895 - 1970	
Ruth, wife	1896 -	
Vossler		
Jacob	1860 - 1936	
Lena, wife	1864 - 1935	
Clarence, son	1895 - 1970	
Vreeland		
O.S.	11 May 1891 - 6 Aug 1891	
Daniel M.	1830 - 1922	
Sally A.	1830 - 1902	
Charlie	1859 - 1862	
George W.	1857 - 1935	Co C 17th Regt Inf, Indian War Veteran
Waddington		
Frank	1849 - 1924	
Mabel	1860 - 1917	
Waddington, Nellie	1858 - 1927	
Wadsworth, Roxy Petty	d. 1862	
Waggoner		
Charles W.	6 Mar 1842 - 2 Oct 1905	Co E 93 Reg NY Vol
Lucinda D., wife	11 Nov 1840 - 22 Sep 1888	
John	d. 28 Jan 1854	48 yr 9 mo
Waite		
Arthur E.	1890 - 1944	
Edith E.	1892 - 1977	
Waite, Mrs. D. - Lot sold to Deck Waite		
Walbridge		
Jesse	1881 - 1959	
Nora	1895 - 19	
Waldron, Constance R.		
Walker, Pauline M. Balcom	1908 - 1969	
Wallace		
Benjamin A.	1885 - 1945	
Agnes M., his wife	1886 - 1955	
Ward		
Henry W.	1867 - 1943	
Lida M.	1875 - 1941	
Warner		
Edgar	1826 - 1914	
Adaline, wife	1830 - 1888	
Warner		
Harry B.	1884 - 1958	
Ethel M.	1884 - 1971	
Washburn, Ella I. Granger	1880 - 1952	
Watrous		
Samuel	1827 - 1882	"A soldier", Co E 33rd Regt NY Vol
Delia S.	1846 - 1928	

Watson
    Burdette   1906 - 1968
    Minna   1908 -

Watson
    Henry T.   1879 - 1951
    Eva G.   1884 - 1961

Weaver
    Addison G.   1856 - 1909
    Mary E.   1861 - 1956
    Claude L.   1888 - 1958
    Florence C.   1888 - 1970

Weaver
    Harold B.   1898 - 1977
    Margaret E.   1906 - 1974   "Together Forever" - married 1925

Webb
    Charles S. Sr.   1883 - 1962
    Emily A., wife   1883 - 1966
    Charles S. Jr.   1904 - 1952
    Mary G., wife   1908 -

Webster
    Benjamin   d. 19 Nov 1840   81 yrs
    Silvester   d. 18 Mar 1842   52 yrs
    4 unknown

Webster, J.H.   9 Feb 1825 - 27 Apr 1890

Weir
    Elizur D.   1870 - 1915
    Augusta B., wife   1876 - 1948
    Pauline, daughter   d. 25 Dec 1989   cremated April 1990
    Helen Janet, daughter   cremated 7 Jul 1990

Welcher, Bertha

Wells
    Charles G.   1867 - 1942
    Clara M.   1879 - 1965

Wells, Helen Powers   1927 - 1945   1st wife of Norman Wells

Wells
    John
    Genevieve

Wert
    Benjamin G.   1830 - 1915
    Mary E. Foose, his wife   1836 - 1904
    Grant   1849 - 1948
    Frances, his wife   1850 - 1929
    George A., grandson   1854 - 1940

Wertz, George W.   1908 - 1971
Weston. John   d. 28 Jul 1948

Wheeler - stone flat on ground
    Charles   d. 1 Dec 1872   60 yr 3 mo
    wife   d. 11 Apr 1889

Wheeler, Emma J.   d. 12 Apr 1873   22 yr 3 mo 1 da
    - wife of Frank Wheeler, daughter of Alfred & Ann Gleason

Wheeler, William R.   1847 - 1916

Whipple
    Benjamin   16 Jan 1805 - 3 Aug 1888
    Harriet, his wife   15 Jan 1808 - 7 Mar 1832

Whipple
    Dallas B.   1844 - 1918   buried Springfield, Ohio
    Eliza Flinn, wife   1848 - 1913   buried Portsmouth, Virginia

Whipple
- E.M. 3 Dec 1812 -
- Phoebe B. 22 Dec 1818 -
- George L. 9 Apr 1870 - 26 Aug 1890
- W.J. 3 May 1874 -

Whipple
- Ellsworth O. 1862 - 1939
- Cora M. Shuart, wife 1864 - 1939

Whipple
- George R. 3 Sep 1918 - 7 mar 1968   S Sgt 78 FTR Cont 1 Sq AAf WW II
    - 2nd husband of Joan Davenport Vanbuskirk

Whipple
- Royal 1846 - 1912
- Julia 1857 - 1908
- Emma 1859 - 1940

White
- George I. 1833 - 1910
- Eliza 1831 - 1892

Whitehouse, George R.   3 Sep 1918 - 7 Mar 1968   S Sgt 78 FTR Cont 1 SqAAF WW II
- 2nd husband of Joan Davenport VanBuskirk

Whiting
- Ralph 1888 - 1958
- Viola 1888 - 1952

Wickwire, Maude   11 Dec 1900 - 24 Jun 1920

Wilcox, Josiah   d. 17 Aug 1847   81 yrs

Wilday
- L. Raymond 1883 - 19
- Ruth A. 1886 - 1958
- Esther Alice, daughter 1915 - 1935

Wildman
- Rev. E.A.M. 5 Jan 1829 - 28 Apr 1887   d. at Sorrento, Florida
- Helen P. d. 31 Jul 1869   35 yrs., wife of Proff.
- Helen M. d. 1861   1 yr
- Ettie d. 6 Oct 1869   3mo

Wildman, Edwin Rounseville   9 May 1867 - 3 Nov 1932
- author, publisher, war correspondent
- Vice Counsul General of the US at Hong Kong, Spanish American War

Wilkinson
- Warren E. 1854 - 1903
- Anna J., wife 1859 -

Wilkow
- Frank E. 1889 - 1966
- Esther L., wife 1890 - 1945

Willard
- Charels O.   Veteran
- Emma 1850 - 1913

Willard, Lottie Maty   1893- 1919   26 yrs

Williams, Aunty

Williams
- C. H. 1828 - 1903
- Eliza
- Eddie d. 26 Jul 1866   1 yr, son of C. H. & E. A
- Charlie d. 19 Apr 1873   16 yr, son of C. H. & E. A.
- Robert E. 1874 - 1922
- Anna E. 1852 - 1922
- Fred E. 1852 - 1922
- Arthur Elwyn 1854 - 1928
- Leonard

Williams, Rev. David	1881 - 1952	
Williams		
David O.	1877 - 1950	
Eva M., his wife	1883 - 1972	
Williams, Dora	1898 - 1970	
Williamsm Frank	1873 - 1944	
Williamson		
John A.C.	1864 - 1925	b. in Scotland
Harriette N.	1864 - 1942	
Willis		
Benjamin T.	1830 - 1901	
Mary E., wife	1836 - 1909	
Frank E.	1878 - 1905	
B.T. Jr.	1865 - 1894	
Delia, wife	1860 - 1897	
Willis		
Rodney M.	1827 - 1904	
Amanda, 1st wife	d. 28 Dec 1860	27 yrs
Sarah M., 2nd wife	1837 - 1904	
M.M., mother	1804 - 1886	
W.	1826 - 1898	
Sallie A., wife of W	d. 17 Dec 1875	16 yrs
Watson L.	1853 - 1892	
Helen V.	1857 - 1911	
Willis, Sarah A.	1848 - 1937	
Willison		
Abram	12 Mar 1813 - 1 Dec 1897	
Sally A., wife	10 Aug 1816 - 4 Mar 1904	
Abram Jr., son		56 yrs
Betsey J., daughter	21 Sep 1840 - 18 Sep 1845	
Cynthia, daughter	3 Dec 1850 - 14 Nov 1861	
Charles, son	13 Mar 1858 - 2 Nov 1858	
James, son	4 Oct 1859 - 6 Apr 1871	
Byron	1856 - 1940	
Margaret M Chamberlain	1871 - 1933	Byron's wife
Ira E.	1853 - 1940	
Marie, his wife	1846 - 1920	
Willison, Eva Wheeler	1859 - 1941	D of UN Civil War
Wilson		
Ahira	15 Jun 1822 - 9 Oct 1894	
Rebecca, wife	14 Dec 1823 - 17 Nov 1902	
Wilson		
Frank L.	1878 - 1925	WW I Veteran
Amelia W. Catlin, wife	1881 - 1964	
Wilson, Janice Hurley	1887 - 1967	
Wilson		
John S.	Oct 1806 - Aug 1891	
Polly	Sep 1816 - Nov 1897	
Simon A., son	Feb 1842 - Feb 1865	died in US Service
Henry, son	Sep 1837 - Apr 1841	
Samuel, son	Jul 1839 - Mar 1841	
Wilson		
Mason C.	1821 - 1890	
Lucinda Burbank	1822 - 1904	
Julia C.	1843 - 1871	
Frank	1852 - 1863	
Wilson		
Oscar	1836 - 1915	

Mary A., wife	1837 - 1909	
E. Manley, wife	1860 - 1901	
Edith, daughter	1863 - 1913	

Wilson
Samuel C.	1803 - 1888	b. Pennsylvania, lawyer
Sarah, his wife	1803 - 1886	b. NY
Adelaide M., daughter	d. 7 Sep 1850	15 yrs
Micajah P., son	d. 2 Apr 1856	9 yrs
Martin C.	1842 - 1903	
Jane		b. Connecticut
W. Henry	1828 - 1892	b. Allegany Co., merchant
baby boy		1 yr 3 mo
Curtis		b. Allegany Co.
Edwin A.	1830 -1910	b. Allegany Co., clerk

Wilson
Stephen	1772 - 1848	b. Pennsylvania, farmer
Anna, wife	1775 - 1865	b. Maine
Stephen Jr.	1808 - 1895	b. Pennsylvania
Martha A., wife	1812 - 1889	
Murray Stephen, son	d. 17 Jun 1853	19 yrs
Samuel C.	1803 - 1888	b. Pennsylvania
Sarah C., wife	1803 - 1886	b. Allegany Co.
Robert S.	1812 - 1882	
W. H.	1828 - 1892	
E.A.	1830 - 1910	
George W.	1852 - 1923	b. Allegany Co.
Lillian S., wife	1856 - 1936	

Windsor, Ida Truesdell	1847 - 1895	b. Livingston Co.

Windsor
William	8 Oct 1800 - 30 Dec 1891	
Eliza Lippet, his wife	4 Nov 1801 - 23 Jan 1877	

Wing - Lot purchased by Jira Wing in Nov 1855
Jira	18 Dec 1795 - 5 Oct 1853	
Julia, his wife		
Alonzo J.	13 Jun 1822 - 7 Oct 1881	b. Vermont
Angeline, his wife	29 Sep 1821 - 14 Feb 1890	b. Allegany Co.
Chris		
Milford G.	6 Nov 1866 - 7 Jun 1905	
Mae Estella	20 Jul 1871 - 18 Mar 1960	

Wingert
Glenn H.	1923 -	
Janis B.	1925	
James T., son	20 Mar 1945 - 1 Mar 1974	NY S Sgt US Army Vietnam
- killed in auto accident near Watertown, NY		
Bruce J.	1928 - 1970	
Janet B.	1930 -	

Wingert
Joseph H.	1872 - 1934	
Ella M. Huff, wife	1873 - 1956	
Wallace J., son	1898 - 1958	
Gladys L., wife	1899 - 1966	

Wixon
Lewis A.	1900 - 19	
Eva M.	1902 - 1946	

Woodin
Charles	1832 - 1905	
Isabel V.	1840 - 1922	"At Rest"

Worden
    George A.   1853 - 1909
    Margery A.   1862 - 1936
    George D.   1896 - 1942
    Harry S.   1885 - 1918
Wray, Leon G.   1893 - 1930
Wright, Kitty   1859 - 1933
Yager
    Walter E.   1870 - 1922
    Clara A.   1849 - 1927
Young
    Abram   1882 - 1949
    Leona M.   1888 - 1952
    Allan H.   1923 - 1966   WW II Veteran
    E. Jeanne, wife   1925 - 1960
Young - Lot purchased by Thomas Young in Nov 1855
    Alvy G.
    Mary B., wife   d. 27 Jan 1862   21 yrs
    Adell, child   d. 1842   2 yrs
    7 unknown
Young
    Clifton B.   1889 - 1924(43)   Cpl 15 Bn US Guards WW I
    Eva I.   10 Dec 1892 - 24 May 1975
Young, Dale T. Sr.   12 Aug 1960- 4 Oct 1983   Veteran
Young
    Donald
    Richard
    Raymond, infant
Young
    Edward   d. 23 May 1863   79 yrs
    Betsy E., wife   d. 18 Aug 1864   64 yr 1 mo 15 da
    Moses, son   d. 1837   21 yrs
    Silasa   d. 4 Sep 1887   49 yrs, Co F 5th NY Cav
    Anna F., daughter
Young
    Eugene   1882 - 1908
    Madge   1898 - 1900   daughter of Fred & Eda
    W.T.   Veteran
    Susan E., wife   1852 - 1905
Young
    Lewis T.   1874 - 1958
    Mima B.   1876 - 1953
    Roy E., son   1901 - 1908
    Leighman L., son   1897 - 1957
    Anna Irene, his wife   1903 - 1974
Young, Naomi   1801 - 1882
Young
    Samuel L.   1871 - 1948
    Margaret Mack, 1st wife   1878 - 1915
    Sylvia B., 2nd wife   1898 - 1978
    Elias   1834 - 1914
    Joanna, his wife   1842 - 1910
    Frank E., son   1867 - 1889
    Bertram L.   1880 - 1906
    William   d. 17 Aug 1879   86 yr 4 mo 24 da
Young, Thomas Jefferson   1875 - 1944
Young
    William A.

Sylvia B.	1921 - 1980	2nd wife of Sam Young
George W.	1872 - 1962	
Effie M.	1883 - 1956	

Younger
- Oscar   1883 - 1953
- Jennie B.   1883 - 1980

Zimmer - Lot purchased by Adam Zimmer in Nov 1855
- John   d. 14 Jun 1855   78 yr 1 mo 12 da, b. Schoharie Co.
- Rene, wife
- 4 unknown

Additional Cemetery Listing:

Muldoon
- Patrick   d. 27 Feb 1885   committed suicide

"Tis finished. The conflict is past. The months of affliction are o'er. The days and months of distress, We see him in anguish no more."

Maria, his wife	1814-1887	
Edward, son of P & M	1848-1930	Indian Wars Veteran
Julia	1849-1933	2nd wife of Edward
Daniel, son of P & M	1855-1859	

Sherman
Frank	no stone	
Emma L.	1882-1891	
	1815-1892	probably father or mother
	1815-1890	probably father or mother

    - three stones in a row near edge of Muldoon lot. No names given, just above dates. Information from Histed record book.

Stevens, baby

    - daughter of Enoch & Margaret Muldoon Stevens. Located on Muldoon lot. Enoch & Margaret are buried in Oramel cemtery.

Cemeteries of Allegany County

Rockville Cemetery

Lower Rockville - Many burials were removed to Belfast Riverside Cemetery as they were in the right of way of the Erie Railroad. Mostly overgrown and wild grape vines.

Boyle, William   d. 22 Nov 1844   23 yrs
    -b. Shannon Bridge, Kings County, Ireland, "Parents dear grieve not for me, I am not dead but sleeping here. My glass was ran. My grave ye see. Prepare for death and follow me. Requiescant in Pace. Amen.

Dort
    Darwin   d. 13 Sep 1838   2 yr 22 da, son of John & Roxcy Dort
    Roxcy   d. May 1812   2 yr 11 mo 22 da
       - daughter of John & Roxcy Dort, "She loves in heaven."

Kirkpatrick
    Elizabeth   d. 20 May 1838   3 yr 4 mo 22 da
       - daughter of William & Louise Kirkpatrick (William A. Kirkpatrick was Belfast Town Clerk in 1843.)

Miller
    Christian   18 May 1783 - 9 Jan 1857
       "My Saviour called. With Him I live no more to die."
    Susannah, his wife   d. 21 Mar 1843   60 yr 26 da

Raymond
    Daniel   d. 8 Oct 1838   50 yrs
    Daniel L., son   d. 17 Oct 1811   10 yrs

Steward
    Sarah A.   d. 20 Jan 1837   24 yrs, wife of Nathan Steward
       "Silent she lies beneath the sod, In life she usually sought her God. Beloved by all around."
    Iantha   d. 16 May 1832   19 yrs
       "Death oft destroys the husband's joys."

White Creek Cemetery

Close to Northwest intersection of White Creek & Tibbits Hill Road.
Just west of White Creek.

Borden, Annis	d. 12 Dec 1841	3 yr 4 mo 10 da, daughter of Stephen & Eliza Borden
Brainard		
Smith	1809 - 1900	
Phila A., wife of Smith	1818 - 1873	
Mary L., daughter	1866 - 1872	
Morhi	1870 - 1871	
Don G.	1873 1879	
Streeter, Lavis	1802 - 1873	servant to Brainard Family
Consalus, Elizabeth	d. 31 Dec 1851	37 yrs
Hayward		
Gideon	d. 1875	36 yrs
Sally	d. 22 Dec 1857	21 yr 3 mo, "Death oft destroys a husband's joy"
Hayward		
Josiah	d. 30 Oct 1851	"Soldier in the Revolution"
Margaret, his wife	d. 16 Aug 1862	57 yrs
Ogden		
Barzilla H.	d. 25 Feb 1874	46 yr 9 mo 14 da
Lucinda, his wife	d. 12 Jul 1850	35 yr 10 mo 23 da
Polly, his wife	d. 26 Sep 1869	50 yr
Lucinda, daughter	d. 31 Aug 1850	3 mo 25 da
Ogden		
Therza	d. 3 Dec 1841	56 yrs, wife of Daniel, mother of Barzilla
Partridge, Jasper	d. 27 Oct 1836	73 yr 9 da
"A Soldier brave and parent dear, A faithful friend lies buried here."		
Sumner		
Cooley	d. 31 Mar 1838	65 yrs
Sarah, his wife	d. 4 May 1833	66 yrs
Wilson		
Jesse B.	d. 5 Dec 1849	3 yrs
Charles	d. 24 Feb 1833	3 yr 14 da
Lydia	d. 13 Jun 1856	1 yr, daughter of Ahira & Rebecca Wilson
Esther	d. 20 Apr 1862	2 yrs, daughter of Ahira & Rebecca Wilson

www.ingramcontent.com/pod-product-compliance
Lightning Source LLC
Chambersburg PA
CBHW081131170426
43197CB00017B/2822